上山下海的行動醫療

我們都是「醫」家人

北區慈濟人醫會義診行記

楊金燕——著

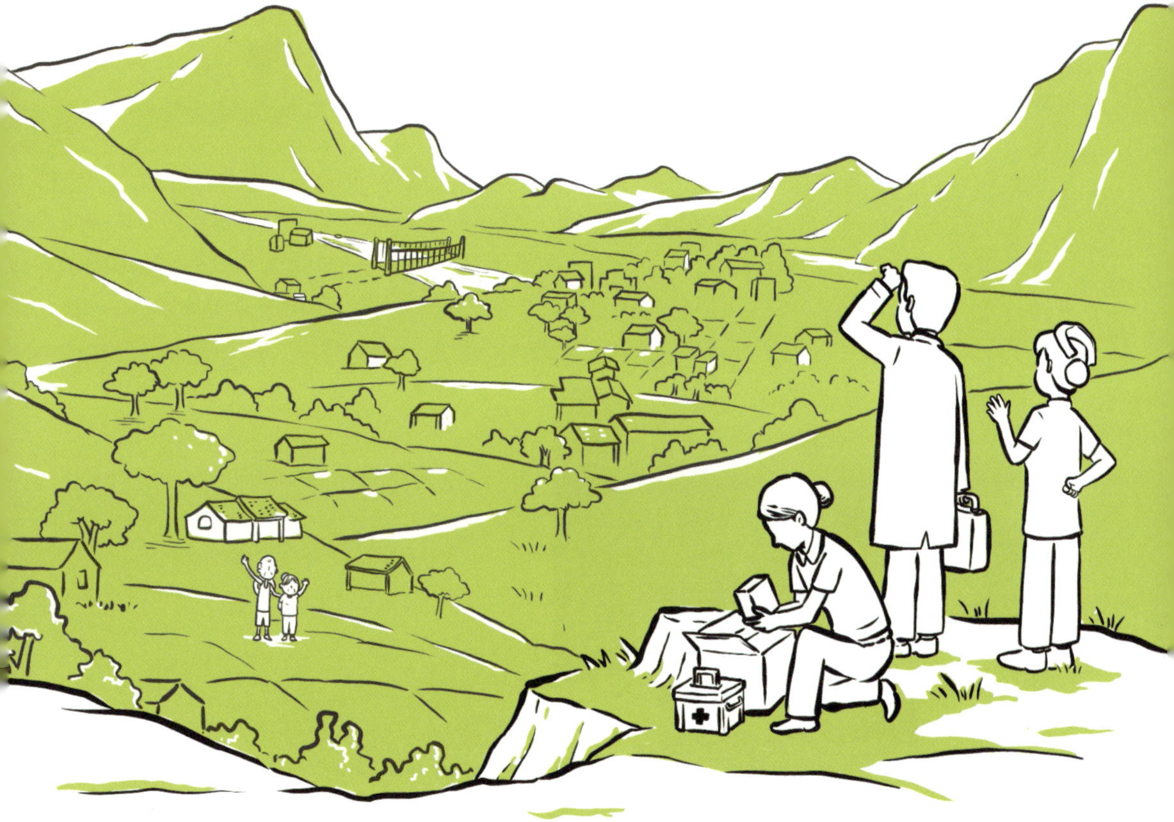

原水文化

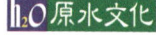

早年義診足跡

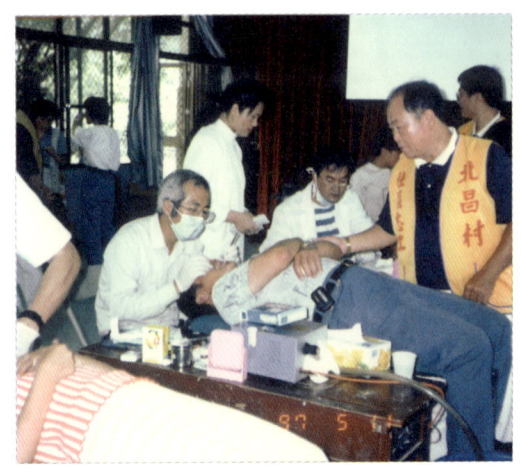

01 1997年慈濟人醫會發現偏鄉學童蛀牙嚴重，5月11日在花蓮秀林鄉富世國小展開首次義診；5月18日前往秀林國小進行第二梯義診，八床行動牙科診療同時啟動，也結合衛教團康，為學童及鄉親服務。
潘有益／攝

02 1997年花蓮縣秀林鄉義診，人醫會志工陳慧娟（左）、陳秀琇（右）為鄉親示範正確的刷牙方式。潘有益／攝

03 1997年首次義診，牙科張樹福醫師為花蓮富世國小的學童講解牙齒保健與口腔衛生。潘有益／攝

山區部落義診

04 1998年3月北區慈濟人醫會即在桃園復興鄉海拔1,230公尺的華陵村展開義診。圖為2004年，蔡宗賢醫師在復興鄉教導小朋友牙齒保健的正確觀念。林炎煌／攝

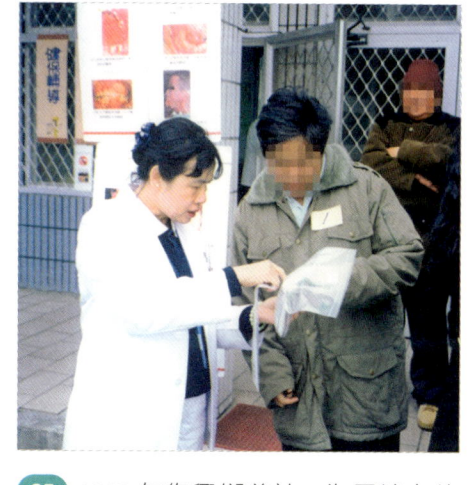

05 1998年復興鄉義診，為雲端上的聚落——華陵村、三光村的鄉親提供醫療服務，洪美惠藥師（左一）仔細叮嚀鄉親服藥注意事項。潘有益／攝

06 1998年人醫會即前往新竹尖石鄉、五峰鄉等部落定期義診，同時有內科、小兒科、牙科、中醫……等六個科別、宛如行動醫院在校園展開服務。潘有益／攝

07 每次前往山區義診，約有九輛廂型車、數輛轎車，圖為廂型車內志工合影，右一為時任總幹事的呂芳川，左一為水電機動志工黃金受。

潘有益／攝

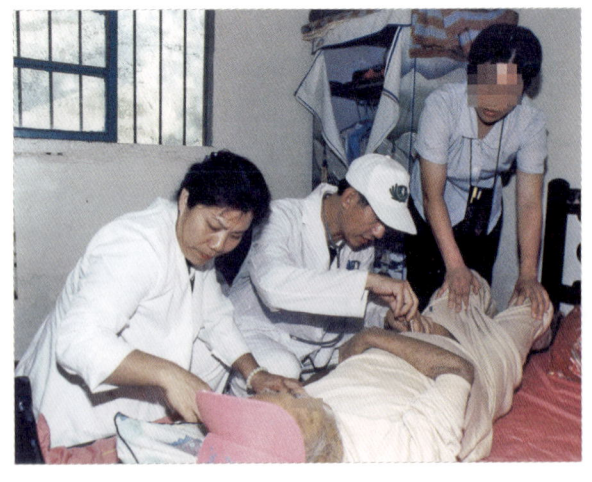

08 新竹深山部落，早年除了定點多科別義診外，同時也會派一組醫護隊伍到行動不便的案家中「往診」。左一為時任北區人醫會副總幹事的曾美玉。

潘有益／攝

09 2006年新竹人醫會至尖石鄉泰崗司那基部落義診。圖為志工劉月惠帶著孩子們手語團康及衛教。

鄭瑞雨／攝

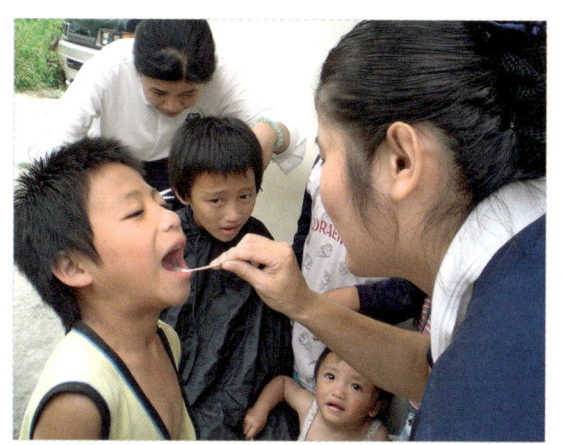

10 早年前往新竹縣尖石鄉義診服務，志工蕭郁蓮逐一為部落小朋友的牙齒塗氟。

范嘉琦／攝

11 慈濟人醫會前往海拔1,400多公尺的尖石鄉司那基部落，為村民們提供醫療服務。彭衛來醫師（右）親切問診，還為酒後吐心聲的村民療心。

吳瑞仁／攝

12 2008年尖石鄉梅花村義診，時任那羅部落天主教堂的趙修女（左四）感謝慈濟人醫會舉辦義診、造福村民。左三為新竹資深慈濟志工鄭粧師姊。

何增福／攝

⑬ 2014年於雙溪，邱鴻基醫師（由前至後）、志工張秀蘭與護理師彭秀靜、馬麗香，提著醫療器材與物資，跋山涉水、徒步50分鐘後，終於來到獨居山上的阿蓮阿公的住處。劉振江／攝

⑭ 邱鴻基醫師為阿蓮阿公看診、兩位護理師為他的傷口擦藥。左起：馬麗香、邱鴻基、彭秀靜。劉振江／攝

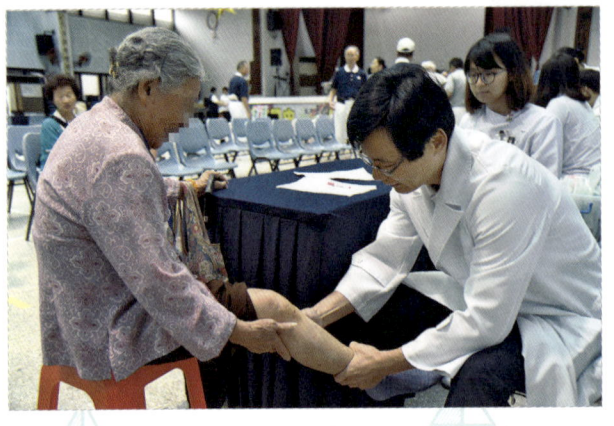

⑮ 2019年瑞芳定點義診，長年參與義診的骨科醫師黃勉倉（右）為腿疼的阿嬤仔細檢查。劉茂松／攝

16 台北慈濟醫院是北區人醫會最強後盾，趙有誠院長（左起）、徐榮源副院長（北區人醫會召集人）經常帶領院內醫療同仁參與偏鄉義診，圖為瑞芳義診。
黃麗琴／攝

17 平溪居家往診，人醫會兩組不同路線的往診團隊不約而同前往法親（志工）關懷，資深慈濟志工胡詹明珠師姊（中），一看到李嘉富醫師（右起）、張治球醫師，非常歡喜來迎接。林世欽／攝

18 三芝定期往診，輪椅上的阿嬤一看到人醫會進門就哭了。因為這次來晚了，阿嬤哭訴著，以為人醫會不理她了。林俊傑醫師連忙安慰：「會一直來看妳！」阿嬤也緊緊牽著志工的手。
李生旺／攝

19 2022年石門往診，人醫會關懷一位九十六歲的阿嬤，阿嬤原本不願意到醫院就醫，在陳振芳醫師（左）關懷勸說後，才同意到醫院就診。蔡淑蕙／攝

20 2013年張榮光師兄代表北區慈濟人醫會致贈禮盒給時任雙溪國小的高淑真校長，感恩她長期免費提供場所來讓義診使用。游錫璋／攝

北區偏鄉義診

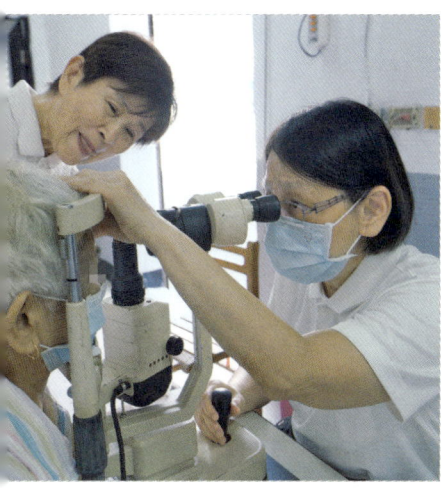

㉑ 眼科醫師林惠真（右）經常出現在各區義診，圖為貢寮定期義診，護理師留麗秋（左）親切協助病人。
蔡淑卿／攝

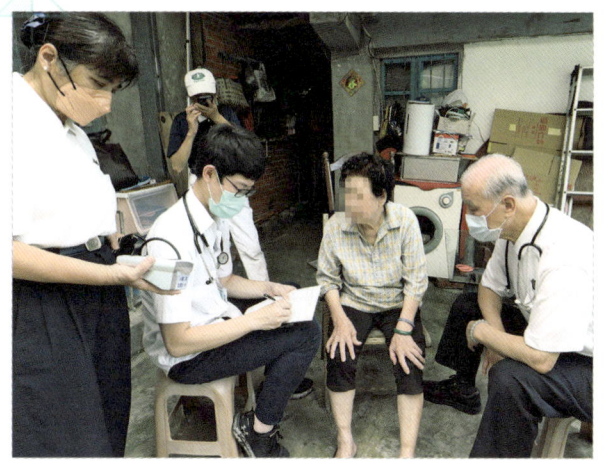

㉒ 平溪往診，參與了 26 年人醫會義診的沈士雄醫師（右一）跟許多往診的案家就像家人般親近。左一為陳金枝護理師。林群傑／攝

㉓ 2003 年人醫會前往臺灣最北端的石門義診，也在石門國中、老梅國小舉辦「親子健康生活營」推動社區健康促進，圖為學童跟著帶領的人醫會志工，開心唱跳暖身健康操。圖／黃秋良提供

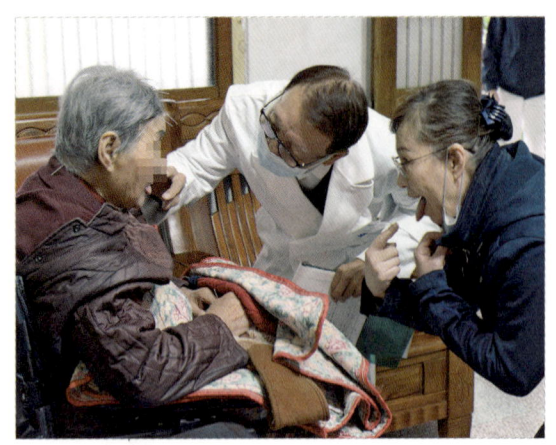

㉔ 卓資彬中醫師（中）長年投入義診，圖為他往診時，為行動不便的長輩把脈後還細心舌診。洪易辰／攝

㉕ 長年參與義診的洪茂雄藥師（左）經常提攜教導後輩、耐心為案家解釋用藥。往診時，他傾聽並安慰悲從中來的案家。林群傑／攝

㉖ 北區人醫會至移民署台北收容所（三峽）舉辦義診，關懷移工健康，（左起）高鶯鶯、洪美惠等藥師群依據醫師開立的藥品進行配藥。
陳李少民／攝

㉗ 鄭吉敦（中、蹲者）、郭玉玲（左）這對醫師夫婦曾於往診時，得知小霞阿嬤腰不舒服，此次往診特別送上護腰給阿嬤，鄭醫師幫她繫上讓她走走看會不會太緊，阿嬤感動得直道謝。賴大鑫／攝

 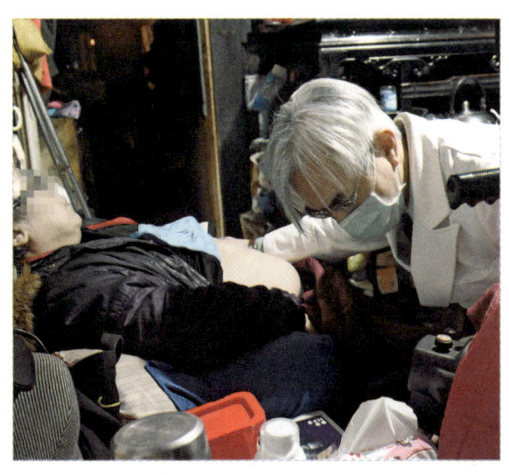

㉘（左圖）2012年雙溪義診，蘇銘堯醫師（左）仔細聆聽長者述說身體狀況；爾後他還與親友捐贈行動超音波（右圖為2023年在瑞芳）幫病人檢查肝膽腸胃，為義診發揮最大功效。
左圖：林宗賢／攝；右圖：林家如／攝

㉙ 人醫會在基隆瑞芳等地定期往診義診。2001年,基隆市八尺門海濱部落聚會所完工啟用典禮,時任北區慈濟人醫會總幹事的呂芳川受邀致詞。
顏霖沼／攝

㉚ 2014年,北區慈濟人醫會與台北慈濟醫院醫護同仁至新北市瑞芳義診,圖為長期參與的志工潘有益(左)見到游憲章醫師(右),分外歡喜。
吳麗花／攝

㉛ 長年協助偏鄉及牙科義診的牙助志工黃美玲、丁勝雄賢伉儷向來默默付出,圖為2018年高雄慈濟人醫會「牙科助理與管線初階課程」中,黃美玲師姊(中)前往支援,教導學員使用牙科器材。周麗花／攝

城市關懷

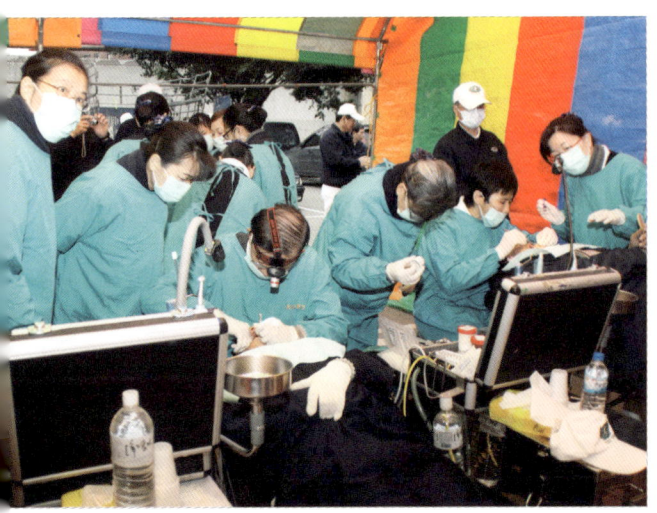

32　1998 年 1 月人醫會即在萬華龍山寺對面的公園停車場舉辦「街友義診」，七個不同科別的行動醫院浩浩蕩蕩展開，定期為街友健檢義診。圖為 2011 年在萬華雁鴨公園舉辦街友義診。
張嬬娥／攝

33　2003 年人醫會即在臺北市雙城公園舉辦「移工義診」，也邀請較資深的各國移工來擔任翻譯志工，爾後在臺北火車站、新北市定期舉辦移工義診，至今已 22 年。圖為 2005 年雙城公園義診，殷光達醫師（中）內科問診。
圖：黃秋良提供

34 北區人醫會在臺北市、新北市定期舉辦外籍移工義診,黃秋良師兄早年不僅籌辦義診,還曾舉辦過移工歌唱大賽。圖為2010年優秀外籍移工暨優秀雇主選拔,菲律賓籍的Susan(右)從黃秋良師兄(左)手中接獲獎品「環保毛毯」。賴春薇／攝

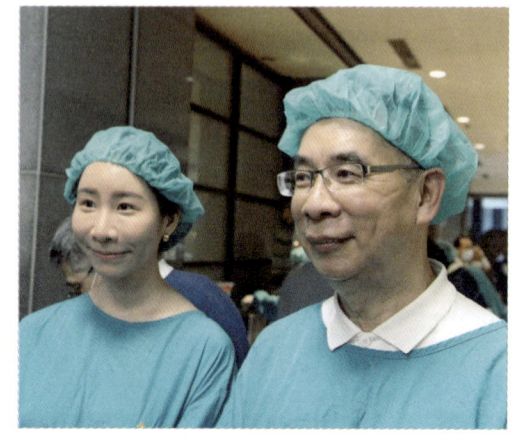

35 2024年新北市的印尼移工義診,長年投入人醫會甚深的醫師窗口黃祥麟醫師(右)邀請女兒黃美慈牙醫師(左)共襄盛舉,帶來傳承與希望。陳堯煇／攝

36 2024年新北市外籍移工義診現場、量測血壓。陳堯煇／攝

㊲ 2024年臺北車站大廳的移工義診，設有超音波檢查室、內科、耳鼻喉科、婦科、身心科、牙科、中醫等各專科、藥局各據一方，宛如一座行動醫院。陳李少民／攝

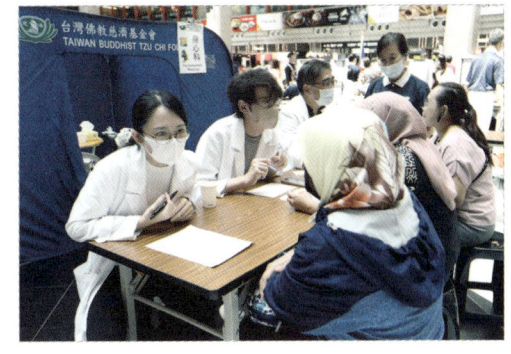

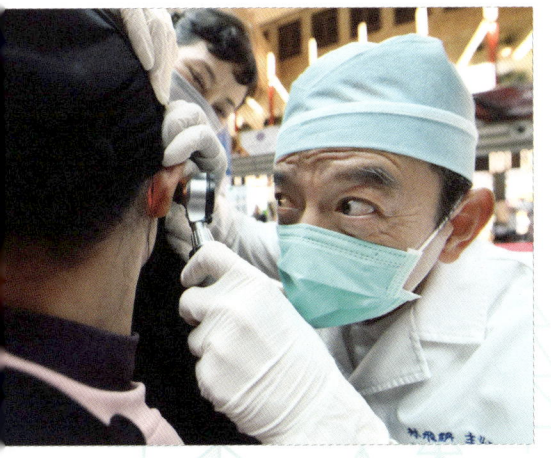

㊳ 2024年臺北車站移工義診，耳鼻喉科林飛麟醫師張大雙眼專注為病人看診。陳李少民／攝

17

牙科義診

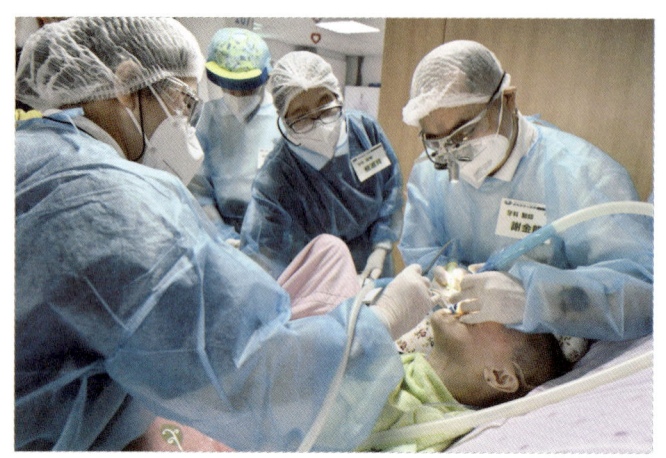

39 慈濟人醫會長期為身心障礙者、植物人定期舉辦牙科義診。圖為每半年一次前往臺東慎修養護中心，為失能長者、多重身心障礙者進行牙科、耳鼻喉科、外科診療照護及衛教義診。圖為2022年北區人醫會副召集人謝金龍醫師（右一）為住民治療牙齒。
林家如／攝

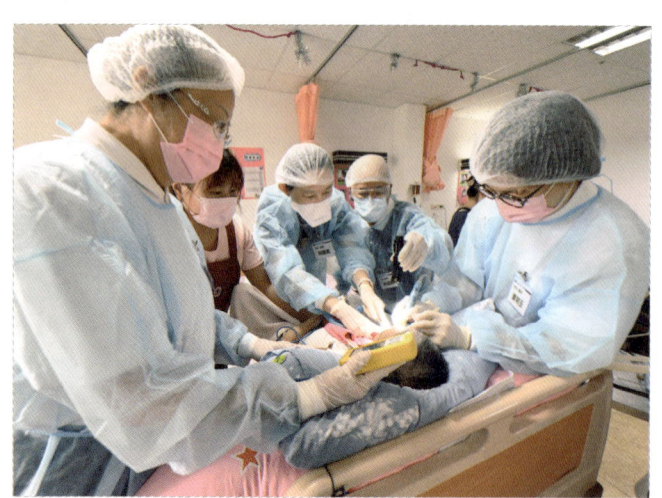

40 長年參與義診的曹明玉醫師（右一）為臺東慎修養護中心的住民洗牙、治療，牙助、志工及養護中心人員都上前協助。林家如／攝

41 北區人醫會至新店創世基金會牙科義診，義診前，夏毅然醫師（也是台北慈院醫療部副主任）叮嚀護理師及醫師戴粉紅色口罩、留意感染控制流程以維護大家的健康與安全。許金福／攝

42 2023年臺東仁愛之家義診，劉益志醫師與管線師兄一起裝設移動式殺菌臭氧水儀器，降低了管線師兄每次為牙科義診必須準備大量逆滲透過濾水的負擔，共同為安全把關。林家如／攝

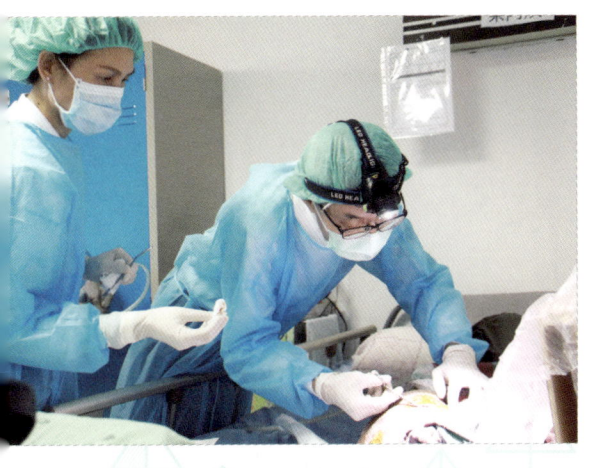

43 2018年臺東慎修養護中心的牙科義診結合了北區、中區、東區和高屏區慈濟人醫會，身為外科醫師，也是高屏區人醫會窗口的葉添浩醫師（右）總是率隊前來，為長年臥床的病人處理褥瘡傷口，左為陳香伶護理師。陳雪美／攝

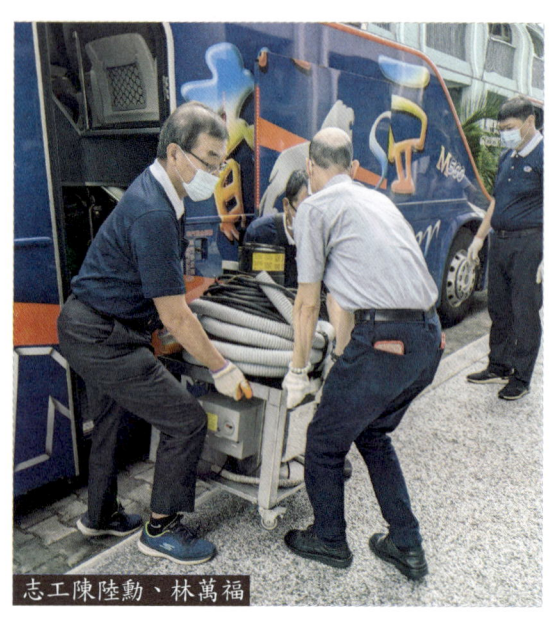
志工陳陸勳、林萬福

志工余江培

志工孫明輝

44 臺東仁愛之家義診，北區人醫會管線（機動）志工 20 餘人，搬運重達千斤的各式牙科器材、管線至現場組裝，好讓 11 個牙科診別同時啟動。他們總是最早抵達、最晚離開。

楊金燕/攝

志工林金助、黃秋祥

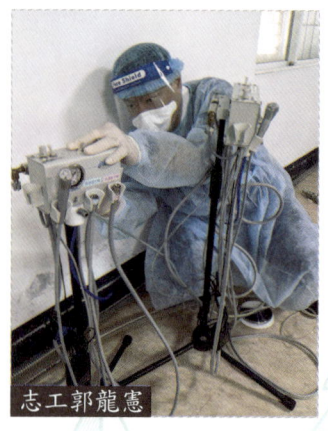
志工郭龍憲

桃園人醫會

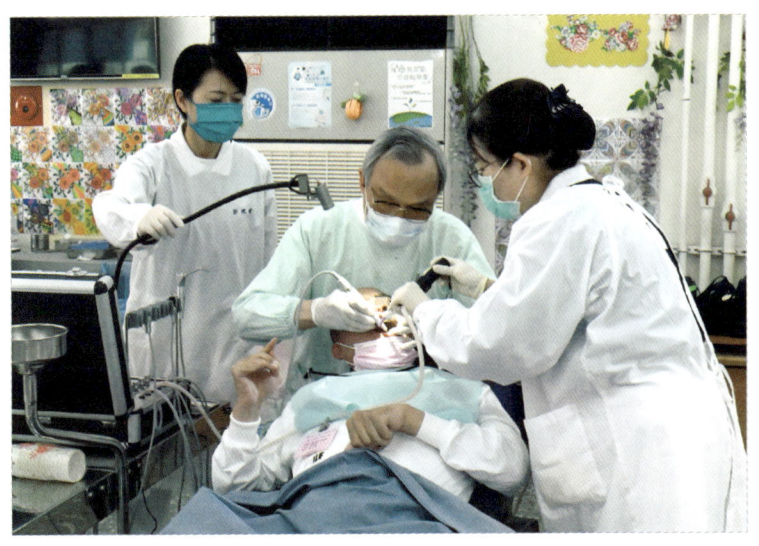

㊺ 2006年桃園人醫會即開辦「脊髓損傷傷友」多科別定期義診，至今已19年。圖為2023年隊長黃崇智醫師（中）為脊髓損傷傷友們洗牙治療。溫勝雄／攝

㊻ 2019年桃園人醫會至祥育啟智教養院為院生義診，黃崇智醫師（左）、李後基醫師（右）皆為牙醫師，長年參與人醫會義診，他們感謝移動式牙科診療工具在志工一再改良後、越來越順手。張素貞／攝

新竹人醫會

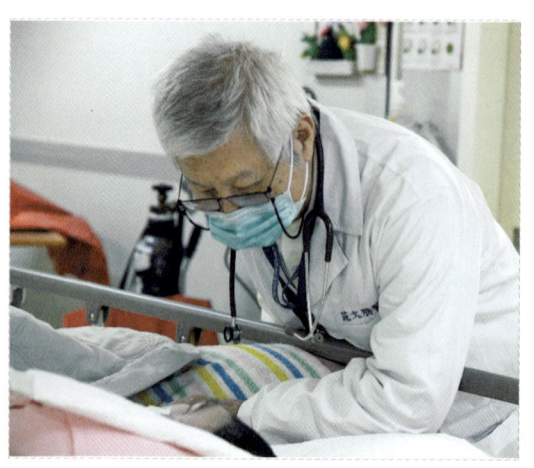

㊼ 新竹人醫會長期至創世新竹分院為植物人舉辦牙科義診、健康衛教，圖為 2023 年范文勝醫師輕聲膚慰一位年僅八歲的小住民。邱鏸靳／攝

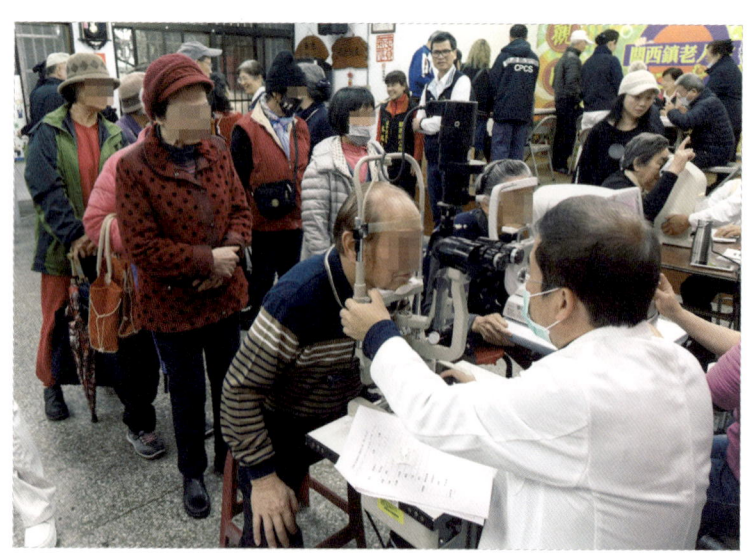

㊽ 2019 年新竹人醫會結合臺大醫院竹東分院、關西美里庄醫療群六家診所，在關西鎮長壽會館舉辦「憶能篩檢」活動，提倡「篩檢、門診、團體治療、社區醫療群」一條鞭做法，讓長者經由初篩提早發現是否有失智或失能情況，進而獲得後續妥善的治療。圖為長者排隊讓醫師檢查眼睛及視力。徐兆明／攝

離島及海外義診

㊾ 1998 年 7 月 19 日北區人醫會首次前往澎湖義診、衛教,地點選擇最缺乏醫療的三個離島中的離島——望安、將軍嶼、花嶼。林炎煌／攝

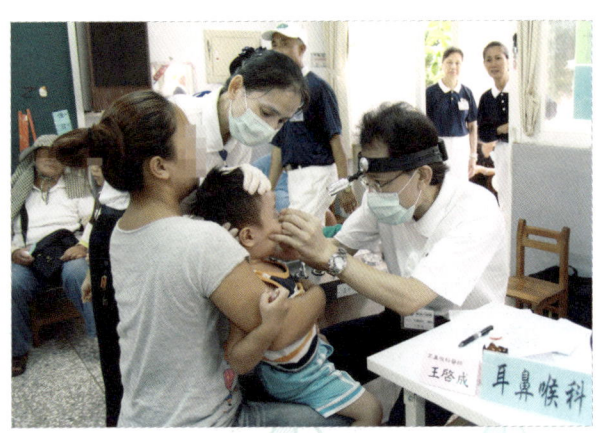

㊿ 2009 年,澎湖吉貝義診,耳鼻喉科醫師王啟成為孩童治療。張嫦娥／攝

51 慈濟人醫會自1999年即定期前往金門、小金門義診，圖為2016年，往診時與百歲人瑞方堃阿嬤歡喜合影。前排左起：陳金枝護理師、方堃阿嬤、林俊傑醫師（金門義診帶隊隊長）、志工張嫦娥；後排左起：徐榮源召集人、志工林德明及林欣璇、洪茂雄藥師、張治球醫師、許雪華護理師。
圖／張嫦娥提供

52 離島義診的牙科器械同樣飄洋過海，人醫會定期至金門義診，圖為2019年當時負責器材安裝團隊的周金元師兄（左二）以多年經驗傳承新手志工。陳何嬌／攝

53 慈濟志工前往約旦，為因戰亂逃難到此的敘利亞難民舉辦義診及發放活動，長年參與北區人醫會的管線機動志工吳啟明（中）、林金安師兄（左），以及阿布湯瑪斯師兄（右）一起組裝牙科診療床，為義診做準備。周幸弘／攝

54 每當重大災難發生時，慈濟人醫會總在第一時間動員，圖為 2009 年莫拉克風災，黃秋良率隊前往屏東林邊設醫護站義診送物資。志工顏渼姈在泥水中開車、水深便繞道，只求安全抵達災區。右起：藥師蘇芳霈，志工呂學正、顏渼姈、黃秋良及高光明、洪婉惠、許雪華三位護理師。圖／黃秋良提供

55 2019 年北區人醫會召集人徐榮源邀集今昔人醫會核心幹部團聚分享。前排右起：呂芳川、徐榮源、李嘉富、陳嘉琦。二排右起：高鶯鶯、李琳、洪美惠、高瑜菁、邱淑真、蘇芳霈、曾美玉、彭秀靜、余碧真。三排右起：林逸明、周根福、趙正文、張榮光、黃祥麟、黃金受、周素雲、馬麗香、賴秋英。四排右起：余江培、潘有益、謝金龍、范文勝、黃秋良。許金福／攝

目錄 CONTENTS

專文推薦1 上山下鄉，真誠膚慰病苦／釋證嚴——29
專文推薦2 大愛共伴若比鄰／顏博文——32
專文推薦3 跨世紀的醫療之愛／林俊龍——34

序曲 我們都是「醫」家人——37

第1部 走進偏鄉

1 路很遠，心很近—— 42
2 獨居山間的阿蓮阿公—— 48
3 殘骸居裡的小天地—— 51
4 陪你到最後—— 54
5 不看病，看健康—— 59
6 老老照顧——阿嬤的內心話—— 66
7 重啟人生的阿藍哥—— 70
8 寒冬裡獨居的阿公與父親—— 74
9 台北慈院出任務：特殊醫療個案—— 76

第2部 從無到有的開創

10 慈濟人醫會緣起—— 84
11 雲端上的義診—— 89
12 前進山區部落—— 93
13 華麗轉身的阿岳—— 101
14 掀開「無明」黑布—— 106

第3部 城市關懷

15 街友關懷：一個場所 兩個世界── 112
16 最難戒的癮── 119
17 為街友做假牙── 126
18 有溫度的移工義診：臺北市移工義診── 131
19 離鄉背井到臺灣：新北市移工義診── 141
20 收容所裡的春天── 147

第4部 挑戰與跨越

21 牙科1：特別的愛 給特別的你──牙科特殊診療── 152
22 牙科2：守護植物人的牙齒健康── 157
23 牙科3：愛的專業戶──南征北討的管線志工── 166
24 牙科4：從一個人到一群人的臺東義診── 175
25 藥師出任務1：以病人的用藥安全為起點── 185
26 藥師出任務2：值得珍惜的每一天── 189
27 藥師出任務3：從藥局畢業，把人醫當志業── 194
28 天涯海角尋醫記── 200
29 陪伴的意義── 205

目錄 CONTENTS

第 5 部　又遠又亮的星星

30 桃園 1：從尖叫到擊掌── 214
31 桃園 2：長年守護脊損傷友、街友、靜音菩薩── 223
32 新竹 1：推動社區醫療網── 233
33 新竹 2：為病人彎腰、打掃、推動健康蔬食── 241
34 離島義診：從澎湖花嶼到小金門── 248
35 投身重大災難現場 1：震出地表大愛的九二一── 256
36 投身重大災難現場 2：獨樹一幟的「慈悲醫療」── 261

第 6 部　希望與未來

37 高齡化時代的身心照護── 270
38 青醫團：蓄勢待發的新希望── 281

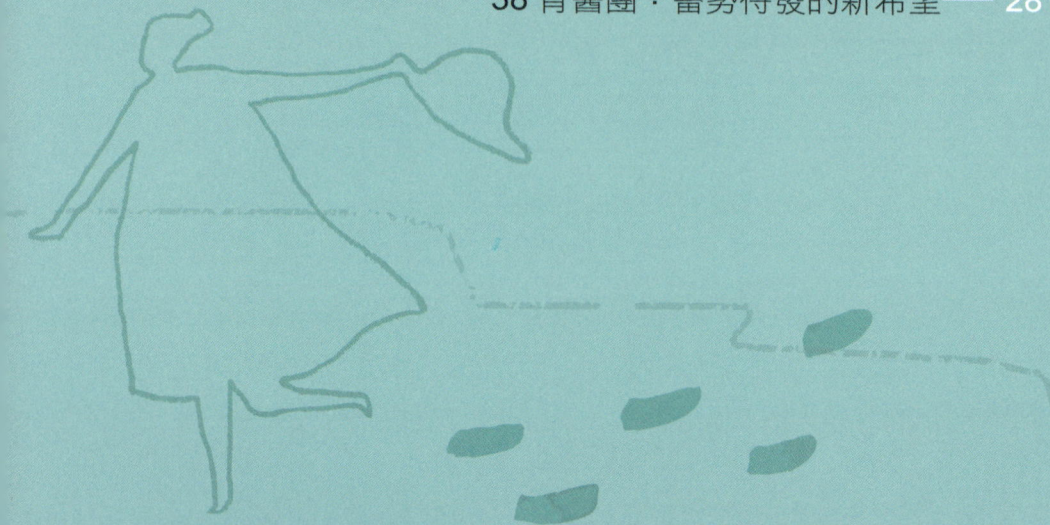

上山下鄉，真誠膚慰病苦

釋證嚴／佛教慈濟慈善事業基金會創辦人

慈濟功德會成立之初，旨在救濟貧困，卻是愈救人愈多，怎麼救都救不完！到底問題出在哪裡？我曾用六年的時間，一年兩度展開全臺訪視，去到最偏僻的鄉村，關心個案的日常生活，找出貧窮的原因。

才發現多數人是「因病而貧，因貧而病，貧病相生」。當時就想，若要消滅貧病，最根本的方式，就是預防不要小病拖成大病。剛剛生病時，就要趕緊送醫救他。所以，救病比救貧更重要，預防貧病的根本，必得救病為先。

1972年，慈濟設立義診所，醫護人員來自省立花蓮醫院幾位有愛心的醫師以及護士發心承擔。1986年12月，花蓮慈濟醫院啟業半年後，我們才結束長達15年的義診所任務。免費施醫施藥，總共嘉惠貧病者超過14萬人次。回顧過去，人間充滿了溫暖，總是不忘初心，就一路走過來。

為什麼要成立「慈濟人醫會」？因為還沒有組織之前，已經有許多醫師投入慈濟，也有很熱心的志工參加義診。我覺得何不組成一個「醫事人員聯誼會」？人醫團隊能為苦難人付出，是我最大的期待。人醫會的精神叫做「開道」，而後自然有浩蕩長的隊伍，繼續鋪就義診之路。

1996年起，社會上有一群大醫王，其中有許多開業醫師，或是

大醫院的醫師，也有藥劑師、護理師，都來響應義診。他們每個星期分成好幾個組，有的到偏僻的鄉下，或到寂寞的深山，也有到窮困人家進行「往診」。這群良醫不僅付出不求回報，付出以後還一直說感恩。他們當作這是工作以外的休閒，所以做得滿心歡喜。

臺灣已經實施全民健保，但是偏僻的山陬水涯就醫不便；如果能去這些地方義診，關懷、幫助他們，真是功德無量！常說都市的醫療很充足，哪裡還需要義診？其實還有很多。譬如街頭的遊民（現稱街友），他們沒有健保，身體總是病，只能四處流浪。

北區人醫會就針對都市的街友，定期去幫他們檢查，還要走上街頭巷尾去宣導，同時勸導他們要來健檢、還有醫師會來看。有時候志工也會跟著一起去，幫他們洗頭、剪頭髮等等，都是全套的服務。不在臺灣本島，就算跨海，如澎湖、大金門、小金門，同樣定期去看診。

「人醫會」如同一座活動的醫院，去到貧困人家展開義診，同時啟動關懷。有時還要走入監獄進行義診，付出的同時，還要為他們輔導，撒播愛。監獄裡的受刑人都說，見到慈濟人讓他感覺被外界關懷到了，將來也要為人世間付出這一分愛的溫馨。

也看到北區人醫會頂著高溫到貢寮義診，穿梭在巷弄間為長者往診。就算要爬山或者走過高低起伏的階梯，也要親自到長者家裡看診，還教導他們怎麼復健，真正做到「用生命走入生命，搶救生命」。真的很感恩，師父無法走到也做不到的，醫王、人醫菩薩代替我去擁抱他，膚慰他，解除他們身心的苦楚。

我們人醫會的牙醫師，也深入創世基金會，不僅照護北區的病

專文推薦

人，還要越區幫忙其他病人。很感恩我們的人醫菩薩、醫護同仁，無懼患者身體的狀況，是有傷、有破、有爛；還是一樣視病猶親，更是視病如己，將心比心去拔除他的苦難。

　　病苦的人走不出來，我們樂意走進去。讓他感覺到一生幸好有碰到好人，也被關心過了。各位人醫菩薩，你們的手接觸到病人的身體，要輕輕地撫摸著他、安慰他。「千手、萬手」，記得要帶著師父的手出去，你們要多摸一下，有如師父輕輕的撫摸、膚慰一樣，若能如此，師父生生世世都會記掛著你們，相信我們生生世世都可以同行菩薩道。

　　天天都在變與不變中，我們面對現代的醫療科技，一定要隨著醫療環境的「變」而進步，唯獨「不變」的是「愛」，因為生病非常的苦，需要醫師、護理師用愛心去照護。那分真誠的愛，在病人心靈中是最大的依靠。

專文推薦 2

大愛共伴若比鄰

顏博文 / 佛教慈濟慈善事業基金會執行長

　　慈濟慈善事業基金會即將在2026年迎來60周年，證嚴上人在1966年創辦慈濟，首推慈善的理念，繼而推動醫療、教育與人文四大志業，發展為互相連動的國際賑災、骨髓捐贈、環保及社區志工八大法印。截至2024年12月，慈濟在全球68個國家，超過600個聯絡點或分支會所，人道救援足跡已達到136個國家地區。

　　慈濟人醫會承載著慈善志業的深厚情懷，源自證嚴上人對「因病而貧、因貧而病」的悲憫體悟。從最初的義診所到慈濟醫院，每一步都滿載著對苦難眾生的關愛。1996年，「國際慈濟人醫會」成立至今，在全世界58個國家，舉行超過一萬九千場的義診，超過四百五十萬個病患受惠，讓醫療的溫暖走入偏鄉離島與城市角落，或是災難發生的第一線，彌補資源的不均，也帶來心靈的膚慰，實踐證嚴上人「苦難的人走不出來，有福的人要走進去」的慈悲精神，讓「慈悲醫療」大愛共伴、天涯比鄰。

　　世界經濟論壇（World Economic Forum, 簡稱 WEF）在 2024 年《全球風險報告》中指出，全球風險持續惡化，無論是氣候變遷、經濟動盪還是政治局勢。回首2020至2022年，我們挺過了艱困的COVID-19新冠疫情；2024年迎來全球有史以來最熱的一年，是天災年，也是武力衝突年，這些都使得弱勢地區、社會底層的民眾面臨更艱困的挑戰，慈濟所肩負的責任也更加重大。

　　在新冠疫情最嚴重的時期，我們見證全球醫療、公衛、宗教、

NGO慈善團體等為抗疫而勇敢投入，慈濟同樣努力克服種種困難，在全臺各地援建篩檢站；將口罩、防護衣等物資送到臺灣及海外98個國家地區超過一萬多個機構；慈濟也與台積電、鴻海暨永齡基金會共同捐贈1,500萬劑BNT疫苗。這段期間，慈濟人醫會的醫護志工也在施打疫苗的第一線，協助衛教鄉親、讓他們安心，時時刻刻都在付出。

慈濟人醫會的醫師、護理師、藥師、醫事人員及志工等，都是無償付出，甚至經常自備結緣品、物資給病苦者；而社區志工也與人醫會緊密結合，找出需要醫療協助的案家讓人醫會往診、經常前往陪伴特殊的醫療照顧戶，必要時連結「慈濟環保輔具平台」提供輔具給案家。社工有時也跟著人醫會往診，到獨老、老老照顧或病苦者家中，評估以「安美計畫」來協助改善長者的居家安全、安裝必要設施，減少長者因跌倒造成長期臥床或死亡風險，與人醫會一起建構「社會安全網」。

本書以臺灣「北區慈濟人醫會」為藍本，記錄29年來人醫會上山下海的行動醫療，也是臺灣人醫會的縮影。書中清晰的脈絡帶領讀者走入慈濟人醫會的慈善足跡，每一篇章都承載著醫者的仁心與志工的溫暖、映照出慈濟醫療人文的深厚精神，讓我們看見醫療不僅治病，更能傳遞希望與愛。

謹代表慈濟慈善事業基金會致敬林俊龍執行長的以身示範與帶領，以及所有為人醫會的創建與發展奉獻的前輩們；至誠感恩所有慈濟人醫會的志工菩薩，更感恩慈濟醫療志業長年作人醫會堅強後盾、助人醫會精益求精，我們將持續朝向「救援韌性、蔬食環保、淨零永續」共同努力。欣見本書付梓，敬為之序。

跨世紀的醫療之愛

林俊龍／國際慈濟人醫會總召集人、佛教慈濟醫療法人執行長

「國際慈濟人醫會」的義診行，一轉眼已經邁入第29年了，也從上一個世紀邁向新的世紀，很感恩無數位醫師、護理師、藥師、志工無私投入、長情陪伴偏鄉、都市角落的病苦鄉親。

而這份義診的因緣，最初源自 證嚴上人在1966年創辦了「佛教克難慈濟功德會」，不斷訪貧濟貧中，發現有許多困苦鄉親都是「因病而貧」或「因貧而病」，因而1972年在花蓮成立「義診所」；1986年更創辦了「佛教慈濟綜合醫院」（現為花蓮慈濟醫學中心），讓病人不必繳付保證金即可住院手術，也啟動花東偏鄉的巡迴義診。

把醫療送到最需要的地方

早年，我在美國行醫時，就看到許多移民因為無法支付醫藥費而忍受病苦，讓人十分不捨，所以當慈濟想在美國南加州創辦義診中心時，那份欣喜，難以言喻，我自然而然投入了籌備義診中心的過程，1993年美國洛杉磯慈濟義診中心啟用了，很幸運，也邀約到20多位醫師一起投入，好事大家做嘛！

在上人的邀請下，1995年我離開美國，決定回到臺灣服務，當時諸多親友都說我「頭殼壞掉」、頻頻勸退，他們認為好不容易打拚累積，在事業高峰[1]卻放下一切，太可惜了，但那卻是我人生中做過最好的決定之一。身為佛教徒，我認為已經把孩子養大、孩子也

懂得惜福付出，終於可以安心返臺投入佛教的慈善事業了。很感恩證嚴法師創辦慈濟、救苦扶貧，讓我有機會加入這個大家庭，發揮我的醫學專業。因為曾有籌設義診中心的經驗，1996年便在 上人的期許下，籌備並成立「慈濟醫事人員聯誼會」，眾心齊力中展開了義診服務，1998年更名為「國際慈濟人醫會」。

上人常說：「苦難的人走不出來，有福的人要走進去。」秉持著這樣的理念，慈濟人醫會上山下海，在臺灣各個偏鄉，定期、定點多科別駐診，也到走不出家門的鄉親家中往診；長期關懷飄洋過海到臺灣的移工的身心健康；為街友舉辦義診；也為植物人及多重身心障礙者定期洗牙、治療，把醫療送到最需要的地方。

我常說，醫療有兩個層面，一個是醫療專業，另一個是醫療人文。人醫會的醫師、護理師、藥師及志工等，不僅擁有各自專業，更難得的是懷抱著那份慈愛的心，陪伴案家、為他們解憂、不厭其煩的衛教、教他們鍛鍊肌力，還為老人家說唱逗笑，許多長年投入的醫護志工跟偏鄉長輩們，就像一家人，非常熟稔親近。每到人醫會的往診日，老人家老早就在門口等待著，這份真摯的醫病情正是醫療人文最好的體現。

慈濟人醫會最大的特色不只是義診醫療，更結合了慈善、教育與人文。醫療之外，在地社區志工不時關懷、送暖，他們最知道醫療照顧戶的需要，舉凡遇到需要經濟支持或助學者，都能接應。而慈濟醫療體系的八院一診所也成為臺灣慈濟人醫會的最強後盾。

① 林俊龍醫師時任美國加州北嶺醫學中心院長、美國加州北嶺醫學集團主席。

人醫會的規模在近三十年來不斷發展下，全球25個國家地區都設有國際慈濟人醫會，義診足跡則曾抵達58個國家地區。每當海內外有重大災難發生時，人醫會也在第一時間動員啟程。還記得八八風災時，土石流掩沒了許多道路，一般車輛進不去，慈濟的醫療團隊及人醫會克難搭乘山貓車挺進災區，每個人身上都揹著好幾個醫療包，裡邊裝了急救外傷的基本醫材，每到一戶人家就送上一包醫療包，提醒他們若有小傷就能使用，幫助受災戶度過艱難的時刻。

一群臺灣史懷哲 共譜醫愛之歌

　　這本書是以「北區慈濟人醫會」為主軸，包括臺北、新北、桃園、新竹，服務地點也延伸到臺東，以及澎湖、金門等離島，書中有人醫會一步一腳印落實偏鄉社區健康照顧的足跡，更有許多動人的醫病故事。感恩許多醫護志工從黑髮做到白髮，更不斷接引青壯輩投入義診行列，長年投入的北區慈濟人醫會的副總召集人謝金龍醫師說：「我們不是史懷哲，可是只要我們有很多人，我們也可以成為一個史懷哲！」

　　這也是一群臺灣史懷哲們的故事，不只是醫療，他們傾聽、陪伴、送暖，為病苦者帶來希望，如同千手千眼觀音；他們也從許多獨居長者身上看見生命的韌性、尊嚴與勇氣。醫療是是一份古老的行業，儘管如今我們擁有最新的醫療科技，然而我們對待病人的那份關懷、那份「愛」，將永遠是醫療的主旋律。非常非常感恩這麼多年來所有投入慈濟人醫會的醫師、護理師、藥師、各職類的志工，因為有他們，這份跨世紀的醫病之愛，將持續在山巔海濱高歌繚繞、響徹雲霄！感恩！

序曲　我們都是「醫」家人

　　春分時節的清晨，一向靜謐的雙溪卻顯得熱鬧非凡。慈濟人醫會的醫療志工在新北市雙溪國小的大禮堂及好幾間教室裡來回穿梭著，佈置掛號區、各科別[2]診療區、組裝牙科診療臺、眼科儀器、醫療床；將龐大的西藥箱、中藥箱一一扛進禮堂佈置成藥局，一所小學瞬間成了一間小型綜合醫院。

　　這是2023年新冠疫情後重啟的雙溪義診，北區慈濟人醫會已經持續24年，每兩個月一次來此義診。這天，140餘位醫師、護理師、藥師、志工等，從四面八方齊聚雙溪。就在場佈就緒、志工們端坐座椅上準備祈禱前，突然一陣騷動。

　　如同漣漪般，志工紛紛起身，他們最愛的雙溪慈濟志工、九十二歲的連吳盆師姊來了！從不缺席的她，好一段時間沒有出現在義診，大家歡喜驚呼，喊她「媽咪」。

　　「不能抱！不能抱！」 一旁陪伴著連吳盆的志工師姊，一手擋著、不斷叮嚀，攙著連吳盆緩步向前，**「兒子交代不能抱，才讓她出來的，拜託大家幫忙！」** 疫情期間，連吳盆師姊才剛從與病交戰中緩緩恢復健康，兒子拗不過媽媽心繫人醫會，一心想去看看她的寶貝們（往診照顧的案家長輩），才勉強同意讓她出門。

---

② 北區慈濟人醫會的偏鄉義診地點，包括雙溪、貢寮、平溪、瑞芳、三芝石門等地，皆為定點、定期義診。每次義診皆包括：多科別的「定點」（駐點）義診，以及「往診」（醫療團隊至行動不便者家中）服務。「定點」義診通常借用當地小學、中學或活動中心，邀集六、七個不同科別的醫師看診，同時有血壓量測等服務。

雙溪第一顆種子

志工連吳盆是慈濟在雙溪的第一顆種子，土生土長的雙溪人，她笑說：「我現在九十二歲，三十幾歲就出來做慈濟，也忘記幾歲出來，現在有一點退化，隨說隨忘。還好，菩薩保佑。」連吳盆早在2002年即投入北區慈濟人醫會，一步一腳印找出需要被醫療照護的長者，從雙溪車站、老街區到山上的泰平、牡丹村，舉凡雙溪有人住的地方，都有她關懷的足跡。

▲資深志工連吳盆師姊（右）踏遍雙溪，帶著北區人醫會探訪需要醫療關懷的鄉親。楊金燕／攝

有一年冬天，寒氣逼人。快過年了，連吳盆師姊照例準備了暖呼呼的湯圓，還有橘子、麵條、春聯等祝福禮，帶著人醫會的醫、護、藥師前去往診。那是一位雙眼幾近失明的老太太，家裡非常陰暗，她仍靠著雙眼極微弱的光影養著雞、種些菜。獨居的老太太跟她養的雞相依為命，雞隻在屋裡屋外來去自如。因為看不清，她的衣服、雙手混雜著雞糞、泥土與髒汙，也飄散著霉騷雞屎的氣味。

然而，連吳盆毫不介意，一個勁兒擁上前，歡喜叫了老太太的名。熟悉的聲音，讓老太太瞬間笑開了臉，「恁來啊！（臺語，妳來了啊）」天冷，連吳盆搓搓老太太雙手，隨即給她大擁抱，還把自己的臉緊緊貼著她的臉、像老友更像家人。

「那一幕，真的讓我非常感動。」當時的隨行醫師、也是北區慈濟人醫會召集人徐榮源[3]說，老太太是人醫會定期往診關懷的長

輩，大家也學著連吳盆去握握她的手，「她的手非常冰冷啊。」

慈濟人醫會這29年來，正是由許許多多像連吳盆師姊這樣的志工、醫師、護理師、藥師、社工師等，走遍臺灣偏鄉與都市暗角，帶來醫療關懷與希望。而這份醫愛最初的起點，來自1996年的豪情與壯志。

來自1996年的壯志

1996年10月12日，星空浩瀚的夜晚，慈濟臺北分會[4]會議室裡，三十多位醫事人員及志工，壯志凌雲，正在召開「慈濟醫事人員聯誼會」首次會議。召集人林俊龍醫師與大家熱烈討論著如何集結良醫良護，推動偏遠地區義診、高血壓防治與關懷戶的照顧。1997年，義診如火如荼地展開了；1998年，更名為「慈濟人醫會」，由曾在美國創辦過「美國慈濟義診中心」的林俊龍醫師[5]擔任總召集人。時任總幹事的志工呂芳川提出十項施行計畫，內容含括偏鄉、山區原住民、都會邊緣的街友及離島健康關懷……等，並在群策群力下逐一達成。隨著參與志工的擴增，臺灣慈濟人醫會也逐漸分為

序曲：我們都是「醫」家人

③ 徐榮源醫師現為台北慈濟醫院副院長，同時擔任臺灣「北區慈濟人醫會」總召集人。臺灣慈濟人醫會共分為北、中、雲嘉南、高屏、東區等，共五區。
④ 1996年，當時臺北分會位於臺北市忠孝東路三段，現為大安聯絡處。
⑤ 林俊龍醫師為心臟內科權威，現為慈濟醫療法人執行長，同時擔任「TIMA國際慈濟人醫會」總召集人。他長年旅居美國，曾任美國北嶺醫學中心第一位亞裔背景的院長。1993年協助成立全美第一所「慈濟義診中心」，在證嚴法師邀請下，1995年捨棄美國高薪職位，回臺灣協助慈濟醫療體系，曾任大林慈濟醫院院長。

39

北區、中區、雲嘉南、高屏、東區等五區。

本書的主軸聚焦在臺灣人醫會的起點——「北區慈濟人醫會」（臺北、新北、桃園、新竹）的故事。二十九年來，曾有數千名的醫事專業人員及志工投入，光是這些名字，一本書也無法書寫完全。他們自費自假，不畏冬寒暑熱、風雨路遙的參與義診、走進行動不便的病苦者家中往診；他們見苦知福、疼惜貧病眾生的心與願力，如浩瀚星空，閃耀天地。

感恩北區慈濟人醫會最初參與開創的前輩：呂芳川、潘有益、趙森發、洪美惠（藥師）、陳秀琇、陳慧娟……等志工，以及陳光榮、林鴻津、劉文昌……等無數醫師。感恩所有曾經無私付出的人醫志工們，儘管此書無法一一提及，但他們曾經膚慰病苦的軟語愛行，已然生根且不斷傳遞。人醫之愛早已複製、擴散至全球25個國家地區[6]（皆有慈濟人醫會組織），他們在世界各地的山巔海濱、都會角落綻放光芒。

---

[6] 國際慈濟人醫會於1996年成立，總會設於臺灣；在海外，則有25個國家地區設有慈濟人醫會。

第一部

走進偏鄉

「我常跟醫學生講,你們來義診,不是來學怎麼看病,而是來看這個世界,學習膚慰,如何膚慰這些病苦的人、如何來跟他們聊天,如何能讓他們內心的焦慮不安減到最低,這就是慈濟的人文。」

——張治球醫師

01 路很遠・心很近

「今天下雨，天氣微寒，但是那麼多人都放棄休假來義診，真的很感恩，也要請大家等一下『往診』時，務必留意安全。」慈濟人醫會北一區隊長邱鴻基醫師叮嚀著140餘位醫、護、藥師、志工。這是2023年3月在雙溪的定期駐診與往診[7]。

蜿蜒崎嶇的求醫路

這天，雙溪國小的「駐診點」設置了六個科別（內科、牙科、眼科、骨科、新陳代謝科、中醫科），宛若一座行動醫院。另外，還開出九條「往診」路線，每條路線都有引導、駕駛、訪視志工，以及醫師、護理師、藥師等共同前往。慈濟基金會「安美計畫」的社工也跟隨部分路線往診，實地勘察需要改善環境設施的獨老住居；還有「真善美志工」為義診留下珍貴的圖文、影像紀錄。

精神奕奕、一臉微笑的訪視志工連吳盆，儘管步履緩慢也不打算留在駐診點，九十二歲的她，迫不及待要跟著第二條往診線──烏山線，去看看她的鄉親寶貝們。

九條往診團隊各自奔馳而去。連吳盆與中醫師邱馨儀、藥師高鶯鶯等一行人，沿著山間蜿蜒小路前往泰平里烏山。沿途綠林滿溢、杜鵑盛開、月桃綻放著白花紅果，晚謝的櫻花猶在枝頭。窄小山路罕有來車，竟還能一瞥臺灣藍鵲躍飛而過。

然而，這條綿長美麗的二、三十公里路上，不見任何商店，更遑論藥局、醫護站。烏山再往前，就是宜蘭邊界了，這裡距離最近

的醫療站——雙溪衛生所，需要五十分鐘車程。

　　老人家若要到稍具規模的醫院看病、檢查，得先搭乘班次極少的公車到雙溪火車站，「他們從雙溪坐火車到八堵，再等公車到基隆長庚醫院，公車班次也很少，老人家很省、不搭計程車，萬一公車剛走，就得再等上一個半或兩個小時，所以他們去看病，來回至少要六個小時的奔波。」人醫會資深護理師、也是北一區行政統籌者彭秀靜說。因此每回義診、往診，老人家都很期待，不只是醫療需求，還有陪伴關懷的長情，每當人醫團隊要離去時，老人家總會說：「啊艾會記得來喔。（臺語，要記得來喔。）」人醫團隊也牢牢守著這個約定。

姊妹情誼

　　烏山線第一站來到阿蕊阿嬤（化名）的家，還沒進門，訪視志工便提醒醫護團隊，阿蕊阿嬤比較有個性、愛喝含糖飲料，「**請別當她的面說：『妳血壓怎麼那麼高』之類的話，她會不開心喔。**」

　　身形略為高壯的阿蕊阿嬤，從房間走向客廳時，有著太后般的英氣，眉宇間掩不住的威儀。奇妙的是，她才坐下、抬頭一見到連吳盆師姊（以下稱吳盆）時，又驚又喜，眼神立刻溫柔了起來，像

---

⑦　慈濟人醫會義診主要分為二個模式，一為定點的綜合科別義診（多借用學校或活動中心），如遇慢性疾病、需開處方箋的病人，便轉診給在地衛生所或鄰近醫療院所，讓病人就近獲得穩定照護。第二個模式是「往診」，人醫隊伍前往失能、行動不便的鄉親家中看診、居家關懷、衛教。醫師若有開藥，則由定點駐診藥師配藥後，再由機動志工當日為鄉親送達藥品並核對。

個小女孩般，瞅著吳盆，前後判若兩人。

身形嬌小、一頭白髮挽著髮髻的吳盆師姊，因身體微恙已有段時日沒能來往診，因而阿蕊見到她，萬分欣喜。吳盆以她經典的娃娃音，笑咪咪說著：「她（阿蕊）是我帶的、雙溪第一位環保志工，還有收到上人的獎狀喔。」待護理師量完血壓、測完血糖，中醫師把完脈、問完診，吳盆立刻坐到阿蕊身邊，兩人緊緊挨著、挽著臂膀拉著手。

這位在兒子、媳婦、甚至志工眼中頗有威儀的阿蕊，儘管白髮蒼蒼、此刻卻像個撒嬌又靦腆的小妹妹。阿蕊的血壓、血糖略高，吳盆溫柔說著：「我們不要吃太甜喔。」阿蕊點頭，像個孩子般的回：「好。」

「也不要吃太多零食喔。」吳盆又再叮嚀一句，阿蕊也再點頭說好。吳盆稱讚她：「好聽話、好乖喔。」

八十四歲的阿蕊，只聽吳盆的。

這是二十多年來，吳盆經年累月關懷、還帶著阿蕊做環保所積累的情誼。每逢年節，阿蕊會做她拿手的菜粿給吳盆阿姊；阿蕊一家三代，吳盆熟得不能再熟，都是她眼中的寶貝。

北區慈濟人醫會早在2000年，便由時任第三隊隊長的張榮光，定期帶著團隊循著蜿蜒山路，在雙溪義診、往診。首次義診時，來了三百多位鄉親；往診則從最初僅一支隊伍，擴展至今，九至十條往診路線，由九到十組醫護隊伍同時出發，照顧雙溪八十餘位行動不便的長者或鄉親。2014年4月，第三隊交棒給邱鴻基醫師主責帶隊。2015年，人醫會改組為地區任務制，原先的第三隊改為「北一

區」，負責雙溪、貢寮、瑞芳三地義診，雙溪義診至今已邁入第25年。

說好，不能抱！

烏山往診的下一站，來到阿芳阿嬤（化名）的家。開車的機動師兄沿著山路不斷攀升、繞了好幾個彎，才抵達這座獨立於山間、由石頭、土埆砌成的老宅。迎接人醫團隊的，是瞬間降到十二度的低溫，到了夜晚，還會再降三、四度。這樣的溫度起伏、驟冷與潮濕是山上人家的日常，稍有不慎便容易染上風寒，但他們卻離醫療最為遙遠。

人醫會一行人一下車，寒氣逼人。這家的兒媳婦阿枝恰巧周日返家，一見到吳盆，立刻衝向前庭，大喊：「媽咪！」吳盆顧不得兒子擔憂她身體初癒、最怕感染，把三令五申的「禁擁抱」全拋諸腦後，伸出雙臂和阿枝忘情相擁。「媽咪，我們好想妳！」阿枝喊著。

「媽咪」是許多雙溪人對吳盆的稱呼，慈濟志工簡碧雲曾說，「**她是大家的媽咪。**」以飽滿又柔和的愛，在雙溪照顧了許多老老少少。她總是惦記著每位醫療照顧戶的需求，比如快入冬前，急著把棉被送進家徒四壁的獨居長者家裡。

總是帶來溫暖的吳盆，其實也曾歷經人生重創。四十一歲時，她的先生往生了，留下四個孩子，「**怎麼會一個感冒，人就走了呢？**」她歸因當時對醫學認知不足、延誤了就醫，這也化為她日後為醫療資源不足的雙溪奮力奔走的動力。這二十多年來，她跑遍雙溪各個聚落，找出需要醫療協助的個案，讓人醫會去往診，義診之

外,她也不時去關懷這些鄉親。她曾在受訪時說:「我現在兒女一大堆,真的很感恩,如果沒有進慈濟,就是每天看著先生的照片、哭一哭吧。」她感謝慈濟讓她重生,「我要做到最後一口氣。」她說。

然而很少人知道,總是笑瞇瞇的吳盆師姊,左眼早已喪失視力,多年來,她僅憑右眼微弱視力,在雙溪有愛無礙的看顧著她的「眾兒女、眾姊妹、眾弟兄」們,憑著一顆赤誠的心,她不必對焦,沒有遠近,比雙眼更為通透明亮的守護著在地鄉親。

行駛在白霧茫茫的山路上

三月陰雨山間,一過午後便起霧,自烏山回程,一路與寒霧同行。負責駕駛的師兄小心翼翼、緩緩開車;坐在前座引導、報路的吳銘龍師兄始終睜大雙眼,不敢分心地專注認路。

兩周前,吳銘龍由雙溪在地師姊帶路,跑過一趟「往診・烏山線」,逐一標註每位案家位置。他是第一次帶這條路線,說來有些傷感,新冠疫情三年,帶走了兩位原本負責引導、駕駛的志工——張金財、林昭枝師兄,於是情商他來協助。

家住基隆的吳銘龍,深怕自己不熟悉、帶錯路,義診一周前,他又獨自從基隆開車前來,再熟悉一次路線。那天,迎接他的是一場白茫茫的濃霧,僅能看到四、五公尺遠。而這條往診線上的案家,是Google地圖也找不到的地方;更慘的是,一入山便收不到網路訊號,探訪的案家相隔皆遠,有好幾處叉路,他必須逐一記下,哪一戶在幾公里處要轉彎、幾公里處又要留意叉路等等。

「有些山路非常窄,如果遇到會車,是會進退兩難的。」吳銘

龍說。幸運的是，沿途一輛車也沒有。

幾年前，吳銘龍曾被找來雙溪臨時支援勤務。人醫會在雙溪國小「駐診點」會安排機動志工載送行動不便的老菩薩返家；以及將往診醫師看完診、所開立的藥品，立刻送往各個案家。那回，他載一位老菩薩返家，回程時卻在起霧的山裡迷了路，手機連不上訊號，繞了老半天，沿途不見半輛車、連問路也問不成。他心裡閃過一絲擔憂，萬一車子突然拋錨，應該會叫天天不應吧。還好，他繞著繞著，最後還是繞出來了。

每次義診，光是負責駕駛的機動志工便高達三、四十位。清早六點，他們分別在慈濟大安聯絡處、新店台北慈濟醫院以及基隆的四處[8]定點集合，將人醫會各職別志工載往雙溪國小；接著，再協助運載九到十條往診線的團員到各個案家（每條往診線約需兩輛車）。

他們長年來在假日裡出勤，清早五點多便出門，駕著自家轎車、自行負擔油錢，卻樂此不疲，甚至將人醫會的任務視為神聖使命，這些機動志工們，無疑是北區慈濟人醫會義診起跑的第一棒，最早抵達、最晚離開，且永遠使命必達！

---

[8] 基隆集合地點分別在：劉銘傳路口、中正路、大武崙、長庚醫院側門等四處。

02 獨居山間的阿蓮阿公

　　雙溪深山小徑裡，邱鴻基醫師與彭秀靜、馬麗香兩位護理師及張秀蘭志工等，穿著及膝雨鞋、或揹或提著沉重的醫療器材、物資等，小心翼翼的手拉著手、踩石涉溪。「哇！」一聲驚叫，有人跌了一跤，還好無礙。

　　這是慈濟基金會通報給人醫會的個案，也是北區慈濟人醫會「往診」探訪案家中，最遙遠的距離。從臺北開一個多小時車來到雙溪國小，再車行蜿蜒山路四十多分鐘後，醫護志工們換上雨鞋，開始徒步在山徑中，有幾段路，一邊靠著山壁，另一邊即是山谷，只能容許一個人行走。他們上上下下翻過兩座小山、涉過兩次小溪，跋山涉水五十分鐘後，終於抵達阿蓮阿公（化名）的家。

　　八十多歲的阿蓮阿公獨居在此深山，他的家，是以各種畸零石塊為基底，土塊、工地回收的板材、不規則的石頭、殘磚、混著水泥石灰，築成了四面矮牆。屋頂則是一大塊藍白相間的大帆布，以繩索綁著地上的大石塊，穩穩覆蓋著，帆布上佈滿經年累月的青苔與汙漬。

中氣十足唱山歌

　　護理師彭秀靜跟阿公介紹著：「邱鴻基醫師特地上山來看您了！」滿頭白髮、精瘦的阿蓮阿公一聽笑呵呵，他在山上住那麼久，第一次有醫生上山來看他。阿公得知邱醫師跟他同姓，便親切的喊邱醫師：「堂仔！」（臺語，意旨同宗）。護理師取出扛上山的血壓機，幫他量血壓、測血糖，發現他的手農作時割傷了，幫他

消毒、敷藥。

山上沒電、沒自來水，阿蓮阿公養雞鴨、種蔬果、取溪水、燒柴火，遺世獨立般自給自足的山居生活，他樂得自在。平時也伐竹挖筍，竹筍還能揹到山下販售、貼補生活開銷。他長年獨身，兄弟相繼過世，弟弟生前將女兒過繼給他當養女，女兒有時也會上山，為他補給糧食。

這天，難得有一群醫護志工跋山涉水來看他，他一開心，說起幾句吉祥話順口溜，還唱起山歌，中氣十足啊。

爾後，人醫會定期上山看了他好幾次，偶爾邱鴻基醫師沒現身，阿公還會叨唸著「『堂仔』怎麼沒來……」。

後來颱風把房子吹得屋斜頂掀，加上老人家年紀漸長，砍柴升火已漸吃力，小屋也常漏雨潮濕，於是志工力勸他下山生活。慈濟志工在山下幫他找到了租住處，房東也是慈濟基金會長期關懷的一對夫妻，志工們幫忙修繕清理老屋、備妥床鋪桌椅後，便把阿公接下山生活了。房東成了鄰居，每天順便煮一份餐食給阿公吃，互相有個照應，人醫會及雙溪在地志工也比較放心了。

說什麼也不肯上醫院

有一次人醫會往診，彭秀靜護理師看阿蓮阿公水腫得厲害又有點喘，擔心他心臟積水，想帶他去醫院檢查，但阿公不願意。說是坐車會暈車，怎麼也不肯離開家，後來彭秀靜等志工費了好大功夫、連哄帶騙，說是讓他針灸、復健，才把阿公帶到人醫會的雙溪駐診點，中西醫聯合為他診療，接著要再帶他去醫院，他就怎麼也

不願意了。

　　2018年，寒氣逼人的一月天，人醫會前往阿蓮阿公家，拄著拐杖的阿蓮阿公早早等在那裡，邱鴻基醫師才一踏出車外，阿公便喊著：「堂仔！堂仔！」邱醫師一個箭步奔向前，為他圍上帶來送他的圍巾。阿公看到吳銘龍等志工，熱情喊道：「阿孫來了！阿孫！」眉開眼笑，最後又唱起山歌來。

　　護理師發現阿公的血壓偏高，藥師核對著用藥，邱醫師邊聊邊問診，最後叮嚀他：「一定要按時吃藥……」聊著聊著終究要道別，還有下一戶案家要往診，阿蓮阿公卻十分不捨：「不能再多待一會兒嗎？」

　　他的「阿孫」吳銘龍湊到他耳邊細語、哄著他，阿公又笑了，揮手道別，相約下次再見！

彌足珍貴的相伴

　　然而義診兩天後卻傳來意外的訊息，八十九歲的阿蓮阿公過世了。

　　他的堂仔、阿孫，以及這四年多來持續陪伴他的醫護、志工，很難不落淚。這麼開朗、勇敢，總是逗得大家哈哈大笑的長輩，也是他們珍愛的阿公啊。

　　阿蓮阿公出殯這天，邱鴻基隊長等二十多位人醫會志工、慈濟訪視志工全都到基隆靈堂送別，一起念佛、頻頻拭淚，送老人家最後一程。俏皮的阿公若天上看著，大概會說：「麥哭啦（別哭啦），我只是先走一步，還會再相見！」

03 殘骸居裡的小天地

2023年初夏，人醫會車行濱海公路，一路碧海藍天地來到了北臺灣的衝浪勝地，車子轉進窄小山路，沿山坡徐行，不久便停駐在一處斑駁破舊的大鐵門前。

鐵門內，一棟棟廢棄的水泥樓房，灰撲撲的在眼前展開，讓人怵目驚心。偌大園區裡，一戶戶已被拆除門、窗的黑洞，如骷髏深不見底的眼窩；處處是鋼筋裸露、牆面殘破的危樓，就像被轟炸過的殘骸廢墟。

再往裡走，雜草沿著殘壁蔓生。園區邊上的一樓，卻有一戶人家，門窗完好、門前潔淨，那是小霞阿嬤（化名）的家，她是這荒廢社區裡唯一的住戶。

她也是人醫會北三區長期關懷往診的獨居長輩，今年八十三歲。新冠疫情稍微平穩後，重啟往診時，隊長林俊傑醫師及志工們，最擔心的長者也包括她。

去程車上，訪視志工洪秀梅提及，阿嬤的血壓往下掉且看起來比較虛弱。林俊傑醫師提醒，「那等一下我們先量血壓，請藥師先檢查用藥，如果血壓已經太低了，她的藥袋還有降血壓藥的話，就要提醒阿嬤得跟她的主治醫師反應，降壓藥恐怕得先停止。」阿嬤每三個月會去榮民總醫院回診、拿處方箋用藥。

殷切等待的阿嬤

走過連棟廢墟，人醫志工們遠遠就看到小霞阿嬤早已搬了椅

子、坐在門外等著。「妳怎麼越來越瘦，上次還沒那麼瘦啊。」林俊傑心疼說著。大家關心著阿嬤：「吃早餐了嗎？」阿嬤說，還沒，等等準備要煎麵包加蛋，午餐還有菜豆可煮。

「中午不是有基金會送餐過來嗎？」洪秀梅關切著。

「因為飯比較硬，我沒辦法吃，就請他們別送了，還是自己煮比較方便……」小霞阿嬤說。

護理師王瑋琦為阿嬤量血壓，92／57，血壓偏低且心律不整。看著又瘦又小、不到四十公斤的阿嬤，擔心她牙口不好吃太少，肌肉不斷流失，王瑋琦建議阿嬤，喝高蛋白加牛奶來補充營養；李麗俐藥師也建議她，「做蒸蛋，比較好入口」。中醫師陳文慶為阿嬤把脈、檢查腰椎、診療。

王瑋琦問起阿嬤臉上快癒合的小傷痕，阿嬤說，倒垃圾時不小心刮到鐵門，女兒還特地買了蜂膠軟膏來給她擦，所以快好了。正當大家在屋外跟阿嬤聊得起勁時，林俊傑醫師卻不見人影。

原來他默默去查看阿嬤家裡是不是真的有蛋可煮，直到看到滿滿一盒雞蛋，還有蔬菜、麵條、安素……等食品，這才安下心來。

三十年前，小霞阿嬤和先生買下這間房舍，幾年後才發現是海砂屋，社區裡的住戶擔心輻射鋼筋、屋內泥塊不時掉落、砸傷人，一一搬走。小霞阿嬤努力補強房舍，在先生過世，女兒出嫁後，便獨居於此。

阿嬤的住屋前方有一小塊公共庭院，榕樹穩穩扎著根、幾株七里香散放著白色芬芳、虎尾蘭昂首向上。這是小霞阿嬤守護的一方天地，井然有序、綠意盎然，既無雜草也無落葉，對比殘破社區的

荒煙漫草，簡直是兩個世界。

持續多年的關懷

人醫會的鄭吉敦（耳鼻喉科醫師）、郭玉玲（皮膚科醫師）這對醫師夫婦，也來過小霞阿嬤的世界。郭玉玲醫師曾問她：「阿嬤，妳一個人住在這裡，會不會覺得孤單？」

「沒辦法啊，先生很早就走了。」小霞阿嬤說，兒子不到四十歲也走了；女兒出嫁後，很自然就自己一個人住在這裡，也很習慣了。

有一回，鄭吉敦醫師知道小霞阿嬤腰不舒服，再次往診時，帶了「護腰」來送她。一邊幫她戴上，一邊問著：「這樣會不會太緊？妳走走試試，會束得太緊嗎？」阿嬤淺淺笑著：「不會太緊，這樣剛好，謝謝啊。」

「那要經常戴著喔。」鄭吉敦叮嚀著。

看著艱苦中安穩度日的阿嬤，鄭吉敦感性說道，「義診總是讓自己的內心更柔軟、更溫暖；每次來就像讓自己內心再洗滌一次，是必要的定期保養。」而在郭玉玲眼裡，阿嬤雖然獨居陋室，生命歷經許多挫折，「但是她很豁達，每次都很愉快地跟大家聊天。我就覺得，哇，她從不抱怨，還是很安穩、很認命的過她自己的生活，蠻了不起的。」

阿嬤的處世哲學或許就像她所整理的那片綠地，不論生命的春夏秋冬如何變化，她認命迎受，也迎接著七里香開花、虎尾蘭冒出新葉，繼續澆灌這方綠蔭、自煮自食過著她的小日子。

04 陪你到最後

　　林俊傑醫師等一行人踏進阿金嬤（化名）家時，竟有陣陣燒焦味伴隨濃煙飄散，志工師兄連忙走向廚房，把瓦斯爐的火給關了。

　　阿金嬤煮了稀飯要吃，火開著呢，卻完完全全給遺忘了。這會兒連焦煙也沒察覺，鍋子早已燒得焦黑。人醫會陪伴阿金嬤十年，這次狀況卻讓大家憂心不已。

▲ 一生守護女兒的高齡母親

　　身形略瘦的阿嬤，一頭銀灰色短髮，已經九十歲了，獨自照顧著六十多歲、智能障礙的女兒。隨著年歲漸長、氣力漸失，家中也愈顯凌亂。醫護志工看著年邁阿嬤費心看顧女兒，總誇她：「阿嬤，妳很了不起。」

　　「沒辦法，我生了她，她就是我的責任，一定要把她帶在身邊。」阿金嬤說。

　　一旁的女兒年過六十好幾，但心智上仍是個小小孩。這回，阿嬤難得吐出遺憾，「唉，我這傻女兒，都不會跟我說好話哪。」

　　大家知道後，再次前往義診時，帶了小禮物。

　　郭玉玲醫師、志工跟女兒哄著：「妳跟媽媽說：『媽媽我愛你』好嗎？這樣，我們就把這個禮物送給妳，好不好？」內在住著三歲孩子般的女兒，很吃這一套，眼巴巴看著禮物，開開心心地跟阿金嬤說：「媽媽，我愛妳。」

等了超過一甲子，第一次聽到女兒說好話，還是重量級的「我愛妳」，阿金嬤顯得有些激動，「飼一世人的戇囡仔（養了一輩子的傻孩子）……」，終於讓她等到這一天。

又過一個月，人醫會再去往診時，便傳來阿金嬤往生的消息。為了女兒，她努力活到九十多歲，擔心了一輩子的女兒，則被其他親人接走了。

「雖然知道人生最終還是避不了生命法則，但畢竟是我們往診了很久、很多年的長輩，還是會不捨。」林俊傑醫師說。

走出方寸診間

牙醫師林俊傑第一次參加人醫會義診，是在二十年前的坪林。他依稀記得，「山嵐氤氳的山城很美，但隱藏在明媚風光背後，卻看見了貧病與孤獨，這對從小就被父母兄姊呵護、寵愛，一直生活在舒適無憂環境裡的我，確實是另一種的震撼。」林俊傑說，在診所行醫看診，侷限在既有空間，身為牙醫師的他，所見也被限縮在口腔內；走出診間，讓他伸出觸角，看見不一樣的世界與醫病關係，也讓心眼更寬廣、內在更踏實。

多年前，林俊傑跟著人醫會志工游春美、黃鳳嬌等多位師姊，走進校園推廣牙科衛教、為特教班學童檢查口腔，也家訪了幾位特教班的家庭。有位母親，為了照顧腦性麻痺且曾遭燙傷的孩子，在家中開設安親班；另一位媽媽，兒子十五歲了，弱智併其他障礙，她得隨伺在側，因此接家庭代工活來謀生計。幾次家訪下來，讓原本對兒子有些嚴格的林俊傑，也變得更柔軟了。他看到那些母親的辛苦與飽滿的愛，深自反省，好像不需要對自己孩子這麼要求，孩

子健康快樂已是萬幸,「義診,不見得都是我們在付出,許多看不見的收穫滋養著我們,得到最多的,往往是自己。」他說。

他曾探訪三芝一位九十歲的阿嬤,雖然有些慢性病,但身體十分硬朗。每次人醫會關懷她,要送她物資時,「她總是非常客氣的說『不用、不用,我都有』,阿嬤是個完全不貪的人。」阿嬤還曾活力十足的帶著人醫志工們,去她的田裡採地瓜葉呢。

「記得我們要離開,往外走了一段路了,我一回頭,看到阿嬤還在門口目送著我們。」林俊傑及志工朝她喊著:「阿嬤,快進門,別著涼啊。」阿嬤還是依依不捨的揮著手。那年,林俊傑的母親往生了,他看著阿嬤,想起母親,就像老母倚門望子歸⋯⋯心一酸,只得低頭強忍著眼眶冒出淚來。

天上的母親一定很欣慰吧,自己的兒子繼續守護著山巔海濱許許多多倚門等待的母親們,這份親緣,依然流轉,不曾消逝。

下次什麼時候來看我呀?

2018年夏天,林俊傑帶著第一次參與人醫會的外科醫師曾文尚來到劉奶奶(化名)病床前,從未想過,會是這番景象。

九十二歲的劉奶奶瘦得不成人形,窩在床榻上,面容憔悴,見到醫師的第一句話竟是:「我活⋯⋯太⋯⋯久⋯⋯了,活得⋯⋯很苦,不想⋯⋯活了。」虛弱與生病,讓她短短一句話,吐得十分吃力。

更讓醫護志工揪心的是,一問之下才得知,劉奶奶幾乎一天沒吃東西了。林俊傑與曾文尚立刻奔下樓,到附近店家扛了兩箱安素

上來。瘦弱的劉奶奶應該是餓極了，曾醫師緩緩餵她喝了一瓶還不夠，再喝下第二瓶。

罹患巴金森氏症的劉奶奶，多重慢性病纏身，幾年前重重摔了一跤，跌斷了腰椎，從此臥床不起。理應照顧她的兒子卻因事業失意、家道中落，經常借酒消愁便顧不上她。她幾度表達厭世，醫護寬慰著，聽到她咳嗽，為她翻身、拍背。

得知劉奶奶受過日本教育，志工唱起日語歌，童謠〈桃太郎〉一哼，劉奶奶竟也笑了。醫護趁勢帶著老人家做些臥床復健運動，曾文尚醫師還逗她，「下次師姊唱歌、我來跳舞。」劉奶奶又笑了，「那你們下次什麼時候來看我呀？」

下個月第二個禮拜天，一定來！

放不下的掛念

因為掛念，等不了一個月，曾文尚便跟林俊傑隊長商議，再去一趟，送些物資給劉奶奶。於是一周後，這兩位醫師、志工、人醫團隊帶著花生油、米麵、水果……等，再度前往。曾文尚還帶著最初力邀他參與人醫會的妻子郭鳳如（眼科醫師）、一雙兒女，要給劉奶奶認識。

因為惦記著聽歌會笑的劉奶奶，曾文尚買了一臺白色全新的播放機、蒐集了許多日語歌曲存進隨身碟，好讓長期臥床的劉奶奶隨時都能聽聽歌、解解悶。

劉奶奶一見到這群人醫，又驚又喜。曾醫師電源一接、日語歌一播，劉奶奶高興極了，吃力說著，好幾年沒能聽歌了。大家鼓勵她，躺在床上還是可以動動手、動動身體、避免肌肉萎縮。

人醫會持續往診了一段時日，有一回，劉奶奶牙齒不舒服，林俊傑邀約牙科管線團隊帶了移動式牙科器械前往組裝，在床邊為老人家洗牙治療。就著矮床，讓林醫師、牙助等都彎腰彎得很辛苦，劉奶奶也緊張得緊閉雙眼，林醫師偶爾站起來休息時，還不忘說笑逗樂劉奶奶、讓她放鬆，最後終於清除完牙結石。「**只是想讓她舒服一點，牙齒清乾淨了，也可以降低上呼吸道感染的風險。**」林俊傑說。還有一回，老奶奶無法解尿，人醫會的護理師也協助處理尿管，讓她順利排尿。

　　就這樣，在人醫會每月定期往診，志工簡美玉、江明德、洪秀梅等持續陪伴下，劉奶奶又度過一段有笑有淚的人生，儘管最終不敵老病往生了，但在她人生最後這段時光裡，有慈濟為她解憂，她的笑容也溫暖了許多人醫志工。老奶奶無病無痛了，若有緣，來生或許會以不同形式，再相遇。

▲整形外科醫師曾文尚（左一）在妻子郭鳳如醫師、林俊傑醫師邀約下，走入人醫會三芝往診，他們關懷多位長者，得知長期往診的許爺爺（化名）很想到戶外走走，就陪著老人家散步圓夢。林群傑／攝

05 不看病，看健康

　　2021年4月，百合綻放的春天，人醫會北二區隊長張治球醫師見疫情稍緩，立刻重啟平溪義診。這些時日來，不只他急，志工們也按捺不住，頻頻來問：「隊長啊，我們什麼時候可以出隊？」

阿嬤的等待

　　然而，義診重啟這日，當中醫師卓資彬一行人來到林阿嬤家看診時，卻討了頓罵：「我就相信你們，也不知道要去哪裡找你！」

　　「我會來找妳啊……」來此義診十餘年的卓醫師連忙哄慰著阿嬤。一場世紀之疫，打亂了兩個月一次的定期義診。一別五個月，阿嬤像孩子般的撒嬌、抱怨。只是萬萬沒想到，這次義診結束不到一個月，全臺疫情大爆發，端賴志工電話維繫問好，人醫會再到平溪，已經是八個月後的冬日，可把大家給急壞了。

　　中醫師張治球說，疫情期間，走了七位長輩，都是他們看顧了十多年的老人家，相當不捨啊！北區慈濟人醫會從2000年開始，便風雨無阻地走進平溪、貢寮、三芝、雙溪、瑞芳等地定期、定點義診。這個「定」，有如大船下錨，安定著鄉親的心，同時也是一份愛的約定。

　　平溪義診，除了在活動中心有多科別（內科、眼科、牙科、皮膚科、中醫科……等）駐點外；在十分的成安宮也有一組醫護人員駐站。這20多年來，陸續開發了八至十條「往診」路線，每到義診日，各隊伍同時出發，走進行動不便或獨居長者家裡看診，從平溪

59

老街、靜安路、嶺腳、菁桐到山區石筍尖，都有他們往診的足跡。

每每團隊尚未抵達，遠遠就看到老人家已經坐在門口翹首盼望，他們接到志工通知，便開始期待了。「天氣這麼冷，阿伯，咱趕緊進屋。」志工扶著老人家進門，阿伯則笑說著：「看到你們，我足歡喜！」這是時間醞釀出的親密與信任。

最老鄉鎮的興衰枯榮

每回平溪義診日，平均約有150位醫、護、藥師與志工，來為百餘位平溪鄉親看診。隊長張治球醫師驕傲的說：「但是我們來平溪，不是來看病，是來『看健康』！」

每一組「居家往診」隊伍都有醫師、護理師、藥師、志工等，簡直是把門診服務送到家了，張治球一見到阿公、阿嬤，總說：「我們來『看健康』了。」因為問診外，更重要的是來關懷、衛教、檢查藥袋、叮嚀正確用藥，以及教長輩如何鍛鍊肌力或復健等。這一、二十年照顧下來，平溪義診實際開藥的比例逐年降低，該去醫院進一步檢查治療者，也會在徵求老人家同意後，現場直撥電話提醒子女。

以放天燈聞名的平溪，山水秀麗，曾經是臺灣最重要的產煤鄉之一，早年靠著煤礦產業發達，吸引了許多外移人口、養活了整村人。村裡耆老也有不少「坑道豪傑」，深入地底挖煤產礦，不分男女。他們曾從人丁興旺繁盛，一路看著村莊凋零沉寂，甚至曾榮登全臺「最老鄉鎮」第一名，近年來，連出生率都掛零。

沒有工作機會，子女只能離鄉、往外地發展。因此不論是「老老照顧」的家庭或獨居長輩，有時也難免心生孤寂。人醫團隊走進

他們家裡，量血壓、測血糖，問問身體近況、唱唱歌，這份「鬧烈」（熱鬧）與親近感，讓長輩感到有人關心，而不是被時代給遺忘了。

有些孩子想把父母接到都市一起住，但老人家住不到三、五天，便吵著「住不慣、要回家了！」更多長輩心疼子女在外打拚辛勞，就算身體不適，也總「忍著不說」。直到人醫團隊前來，老人家才會一一講起：「跤頭趺痛（膝蓋痛）、腳骨無力（腿腳無力）」、「腰脊骨痛（腰痛）」、「睏某眠」、「肚子邊痛」、「眼睛乾澀」、「頭暈暈」⋯⋯。沒問題，讓同時擁有中、西醫的人醫團隊一個個來看顧。

來偏鄉 學膚慰

機動志工翁昆陽，若見到鬱鬱寡歡或是行動不太方便的長輩，便會展開他幽默溫暖的聊天術。在人文真善美的紀錄中，有一回，中醫師為一位八十九歲的阿嬤針灸後，鼓勵阿嬤起身活動看看，只見阿嬤扶著助步器越走越快，翁師兄直誇：「**這要推到平溪區公所，給里長頒獎啦！**」阿嬤隨即笑回：「**若有五千元（獎金），我就有法度（有辦法）走到平溪。**」讓大夥兒笑聲不斷。

翁昆陽總是自備痠痛貼布、人工淚液，提供給需要的長者，十足「得人疼」。他還記得，曾有位獨居老伯見到人醫團隊來訪，滿臉燦笑：「看到你們來，我就歡喜，稍等我一下，」阿伯隨即轉身往雞寮：「我去殺一隻雞，來請您們！」這份熱情可把醫護志工們嚇壞了，「免、免、免！阿伯，我們吃素啦。」

「來久了，大家都像老朋友，彼此都會期待！」翁昆陽說。

這份扎根的情感，讓他在不能出隊的疫情期間，不時打電話問候長輩，還趁著疫情稍緩，驅車來到平溪，探訪幾位他擔心的長者，見一位老人家膝蓋都流膿了，趕緊聯絡社工，送至台北慈濟醫院治療。

北臺灣的偏鄉義診，經常有台北慈濟醫院的醫護參與。在院長趙有誠、副院長徐榮源（也是北區慈濟人醫會召集人）的鼓勵推動、派車接送下，醫院同仁、實習醫學生也跟著上山下海。帶隊的張治球醫師常提醒這些年輕人，儘管資深醫師、藥師都會很認真的診邊教學，「但是你們來這裡，不是來學怎麼看病的；而是來看這個世界，學習膚慰。如何膚慰這些病苦的人，能讓他們內心的焦慮不安減到最低，這就是慈濟的人文，也是證嚴上人最常提醒我們的。」

永不失望的悲心

1997年，當時四十五歲的張治球也是在踏入慈濟人醫會後，看見另一個截然不同的世界。他曾去探訪一位四十多歲的臥床男子，是從電線桿摔落導致癱瘓，男子從摔落的那刻起，人生一併跌至谷底，「見到他時，他已經躺了二十年了，我心想，人生有幾個二十年啊，他的世界只有一張床、一個天花板，他是如何面對的？這對我的震撼非常大。」

這也讓他思維，人生無常，「如何從無常中去取得積極的生命態度，也是我們參與義診的人應該學習的功課。」

張醫師還曾在一處小村落裡，看到宛如電影《小偷家族》那般，沒有血緣關係卻住在一起、彼此扶持，成為偽家人一般的存

在，後來那當中還有人因為吸毒被抓去關了。「有些孩子一出生，就在很辛苦的家庭，或許家裡已經一團亂了，你要他怎麼學好？很困難。」張治球說，如此複雜的業力牽引，卻像一張看不見的網，把他們網在一起，也容易坐困其中。

他也遇過人生失意、嗜酒成性，導致一身病的鄉親。儘管勸不聽，人醫團隊依然定期看診關懷。學佛多年的張治球謹記印順導師曾說，「要懷抱永不失望的悲心」，「他現在聽不懂或聽不進去，沒關係，來生來世，他再見到你，就不會那麼排斥了，因為見過面，總是一面情。」

還有一回，張治球與精神科醫師李嘉富[9]（北區慈濟人醫會副總召）在走往菁桐的往診路上，碰到一位熟識鄉親告訴他們，某位老人家過世了好幾天，才被發現。李嘉富一聽紅了眼，哽咽著說：「如果我們知道，早點來關懷他，或許就不會這樣了……」當下大家都很難過，那位往生者年紀不到七十，長期失業靠鄰居救濟，但有時鄰人找他，他又不開門，沒想到就往生了。

張治球認為「孤獨死」在臺灣會越來越常發生。在鄉村，村人彼此熟識，孤苦殘疾者有左鄰右舍照應，就算有人情維繫的力量，依然無法阻止孤獨死的發生，可以想見都市邊緣人或獨居長者的處境恐怕更為嚴峻。

老年的智慧：跟長者學豁達

早年，人醫會在平溪活動中心的駐診點，總有一百多位鄉親

---

⑨ 李嘉富醫師為北區慈濟人醫會副總召，同時也是台北慈濟醫院社區暨長照服務部副主任、失智共照中心主任。

來看病，當時機動志工負責開車去接行動不便或住居太遠的老人家來看診，負責中醫的張治球每次都要多邀好幾位中醫師，一起來看診，才看得完。隨著政府促成各大醫院認養偏鄉的巡迴醫療計畫施行後，義診實際醫療的需求漸緩，但人醫會也發現，高齡化的鄉村，長輩們更需要的，是關懷。

人醫會透過義診，像巡田水般，定期看顧每位長輩的身體狀況、步態、耐心衛教、指導健康飲食、教長者怎麼運動、檢查用藥、甚至提前發現疾病徵兆等，這些需求仍是存在的。這便是平溪義診「**不看病，看健康**」的長情陪伴。

「每次我們去，老人家都會高興好幾天呢。」這是鄰居、親屬給張治球醫師的回饋。平溪一點都不平，上上下下沿著山巒起伏，許多坡道階梯，老人家生活單純又經常走動，身體也硬朗，他反而從這些長輩身上讀到樂觀、豁達的人生智慧。

張治球最常跑貢寮、平溪義診，一個漁村、一個山城。在貢寮，村人從小到大面對大海的饋贈與挑戰，總有風浪襲捲的海上意外；在平溪，有不少女性曾當過礦工，或曾遇上礦坑坍塌，親人身亡。

但每每老人家提起過去家中的亡命事件簿，卻像在講著別人家的故事，似乎把「意外」也當成人生的一部分，就像突然遇到大雨卻忘了帶傘，難免淋了一身濕的，全給接受了，聽不見半

▲ 2024 年，平溪往診，經常參與義診的呂張却中醫師與護理師劉河英（左一）一起關懷長者。王震宇／攝

點怨尤。也或許他們光是要活著、求生存，就得全力以赴，沒有餘裕怨嘆，「他們非常有生命韌性，這樣的韌性在當今臺灣社會好像越來越不容易看到了。」

參與人醫會已27年的張治球，走進偏鄉聚落，最常見到的是老人家的笑容與熱情。每次幫長輩鄉親針灸、推拿後，看到他們舒緩放鬆的神情，「我晚上睡覺都會微笑呢。」

▲長期參與平溪義診的汪津樑中醫師，細心問診、處理病人的疑難雜症。
洪易辰／攝

「這是會上癮的，你懂吧。」張治球說，明明大家都很辛苦，但疫情最嚴重被迫暫停義診時，志工們卻頻頻來催促「可以出隊了嗎？」還有一位往診二十年的沈士雄醫師，「他跟那些長輩根本就像家人一樣。」沈醫師知道哪位鄉親眼睛不舒服、哪位皮膚癢，總是記得帶眼藥水、藥品、保養品過去膚慰老人家。

張治球醫師今年邁入七十一歲了，但他看起來精氣神十足，與實際年齡落差頗大。他覺得自己好像仍活在二十歲，「因為我一直保有二十歲時的熱情，雖然不像年輕時那樣外顯，但生命的火花一直在內部燃燒著，那是永不熄滅的光明。」

這片光明，沒有盡頭，是一群人、千手千眼散放出的光明，在天燈之外，持續守護著平溪鄉親。

06 老老照顧——阿嬤的內心話

　　緊鄰著平溪的瑞芳，曾是全臺煤礦產量最高之地。1952年，臺大醫院胸腔內科醫師楊思標[10]，只因發現三位前來求診的肺疾患者皆是礦工，讓他下鄉，赴瑞芳金瓜石礦區展開醫學田野調查，為261位礦工做胸部X光檢查，追蹤出臺灣最早因工作環境所導致的疾病——肺塵症。

　　2000年，北臺灣最後四個煤礦礦場宣告停業，煤礦產業正式畫上句點，但昔日採礦者的病痛卻越演越烈。人醫會在2009年走進瑞芳的阿美家園、建基新村義診。建基新村是早年礦場為採礦工人搭建的宿舍，位於瑞芳與基隆之間，隨著礦業沒落，社區也隨之凋零、殘破。

　　沿山勢而建的建基新村有許多階梯，形似九份。住居在此的老礦工，幾乎都有肺塵病，加上年紀大，眼睛、關節都退化，行動也不靈活，外出一趟，返家時還得爬上百個階梯，讓時任北區第三隊的隊長張榮光相當不捨，而在此展開人醫往診服務。

　　2013年，邱鴻基接任隊長，依然目睹許多老人家深受肺塵症困擾，呼吸喘、咳嗽、胸痛，肺部纖維化，讓自由呼吸都成了奢侈。

⛰ 不敢熟睡的阿嬤

　　護理師彭秀靜，就曾在瑞芳往診中，見一位鍾愛螃蟹蘭的蘭花阿公（化名）因為肺塵病，夜晚無法平躺入睡，只能半坐半臥著入眠，靠著呼吸器緊接著口鼻來呼吸。彭秀靜看著因長期照顧阿公而

顯得有些疲憊的阿嬤，藉機把她拉到屋外關懷：「阿嬤，妳照顧阿公時，最擔心什麼事？」

「我最煩擾，伊忽然間袂曉喘氣（我最擔心，他忽然間不會呼吸）；怕機器忽然停止時，就不知欲按怎（就不知道要怎麼辦）？」阿嬤因為擔心，每晚會起床三、四次，查看呼吸器有沒有在運轉，還不時把手放在阿公鼻前，檢查他有沒有在呼吸。

「阿嬤，妳這樣等於都沒有睡覺啊。」彭秀靜心疼。

「啊嘛沒法度啊（也沒辦法啊）。」阿嬤說。

「阿嬤，妳一定很愛阿公，所以都捨不得自己好好睡覺，一直起來看他。」

阿嬤一聽，眼淚奪眶而出，哭了起來。累積的情緒傾瀉而下，好像終於有人懂她了。照顧病人原本壓力就大，「老老照顧」更考驗著衰微的體力。為了顧阿公，阿嬤不敢出門，有時只是出去買個菜也來去匆匆，一路急奔著回家。

阿嬤說：「都顧這麼多年了，就繼續顧啊。萬一伊若走（萬一他走了），我要怎麼對這些孩子交代？」一語道出了照顧者最大的精神壓力源頭——把老伴的生命攬在自己的照護上，然而生死有

⑩ 楊思標（1920—2021）日本東京新潟大學醫學博士。曾任臺大醫院院長、臺灣大學醫學院院長、慈濟護專（今慈濟大學）首任校長、中華民國防癆協會理事長，為臺灣結核病的診治、抗疫與研究，貢獻卓越。自1978年起，每周定期往返花蓮慈濟醫院，義務協助看診教學，長達40餘年，育才無數，對偏鄉醫療有不可抹滅的貢獻。

命,再厲害的照顧者乃至醫護,也無法阻擋生命由生向死的進程。

彭秀靜抱著哭泣的阿嬤,輕拍著她:「阿嬤,妳顧得非常好,阿公的面(臉),都這樣紅光赤幾(紅光滿面),營養很足夠呢。」

或許,光是好好撫慰照顧者,也能舒緩這日復一日的看顧壓力,在長期照護的烏雲下帶來一絲陽光與暖意。

愛種螃蟹蘭的阿公

蘭花阿公的氧氣管拉得特別長,好讓他能照顧庭院裡他鍾愛的螃蟹蘭,紅花綠枝的多肉植物開滿了他們家整個庭院。「阿公,你好會養花,好漂亮!」彭秀靜說道。阿公還送上一盆螃蟹蘭給她。過了一、兩年,彭秀靜原本照顧得好好的螃蟹蘭卻突然陣亡了,

▲人醫會瑞芳定期義診,圖為 2014 年往診隊伍出發留影,醫師、護理師、藥師及志工將前往案家關懷。右二為萬人傑醫師、右三為黃耀寬醫師。游錫璋/攝

「我後來才發現，就在那個時候，蘭花阿公也過世了。」人醫有情，萬物有靈，螃蟹蘭也跟著阿公去極樂世界了。

一代又一代的礦工，曾為能源尚未多元起步的臺灣創造了經濟奇蹟背後的重要電能，他們在陰暗潮濕且高溫的坑道中鑽礦、採礦，經常受傷。有位礦工曾說，這個職業的受傷率是「百分之百」，但受傷對他們而言事小，1969年，瑞芳瑞三煤礦因煤塵爆炸，最終三十七人死亡，輕重傷者六十餘人，這還只是多次礦場崩塌的其中一次。從受傷、死亡到終生倚賴呼吸器的肺塵病礦工，他們勞動的身影，曾創造過時代的輝煌，衷心感謝、但願我們永不遺忘。

07 重啟人生的阿藍哥

　　新北市雙溪郊區，慈濟人醫會往診團隊沿著產業道路、走過荒天蔓草，來到獨居的阿藍哥（化名）家中。他的家緊挨著山邊，是黑瓦石屋平房，外加一間紅磚屋，獨立於山間，沒有鄰居，屋前有個小水塘卻混濁不堪。

　　癱坐在地的阿藍哥，顯得有些暴躁，恨天罵地怨人生，不時夾雜著幾句三字經。畢竟才四十多歲，人生氣盛時，下半身卻癱了。

　　他靠雙臂撐地、拖著屁股走路，因為大小便失禁，有時床鋪、地板都是糞便，他拖著身體到廚房沖洗，再回到客廳，拖著拖著，屁股都磨破皮了。他曾在地區醫院動了脊椎手術，卻始終好不了、病情每況愈下。

　　人醫會團隊到訪後，深覺需進一步檢查、醫治，次日緊急送他至台北慈濟醫院（以下簡稱「台北慈院」）就醫治療，才發現他因為神經病毒感染到脊髓，導致下半身癱瘓，他數度進出台北慈院醫治，也開刀換了髖關節。

　　阿藍哥出院後，北區人醫會依然定期探訪他。邱鴻基醫師鼓勵他，彭秀靜護理師叮嚀他一定要復健：「你只能靠自己，沒有別人。」大家給了他一個希望，只要他復健到能站立、能扶著助步器走到家門外，便設法張羅四輪電動摩托車，讓他能走出家門。

　　數個月後，他真的做到了。

　　慈濟志工們送上帶著頂棚的四輪電動摩托車，阿藍哥也從半身

癱瘓的窩居人生，邁向市場、廟宇、衛生所（復健），重啟新的人生。

比兄弟姊妹還親

還有個小插曲，2013年，慈濟接獲里長通報、前往探訪時，志工張秀蘭才發現被通報的阿藍竟是國小同學，更加不捨，經常前往探訪、鼓勵。人醫會在持續往診三年後，發現他長骨刺，再送往台北慈院開刀治療，住院期間，張秀蘭夫婦時常去探望他。

某日，一位師兄略顯嚴肅，唸著阿藍：「你現在倒下去，這麼多師兄師姊在關心你，你有沒有想想看，自己過去做多少善事，你要去思考這個問題……」

躺在病床上的阿藍哥，猛擦著不斷掉落的眼淚，身旁兩位師姊趕緊遞上衛生紙，張秀蘭連忙說：「我們會改、我們會改。」就像護著自己兒子的媽媽一般。

師兄沒罷休，繼續撂下重磅提醒：「你要改的，是你的心態……」

張秀蘭也柔聲低語：「他心態改很多了……真的改很多了……」

這份溫暖柔軟，阿藍哥不敢忘。多年後，他在接受慈濟人文真善美志工採訪時，曾說：「我一倒下去，身邊的人都跑光光了。就只有慈濟啊，比兄弟姊妹還親！頭一年，張秀蘭師姊，等於是每天都來看我。」

志工張秀蘭回憶，她和先生每次去醫院看阿藍哥時，他都不在病床上，而是去做復健，「他是真的想要站起來，而不是要放棄人生。」

寧可搭公車 省錢捐慈濟

阿藍哥出院返家後，慈濟的師兄們幫他把住家前後的雜草雜樹砍除，整理出清爽、安全的環境。阿藍哥開始每天投20元進竹筒，等到慈濟人醫會前來往診時，他便捐出他的竹筒。

理著平頭的阿藍哥也非常努力照顧自己，每周兩次騎著電動機車到衛生所復健，且定期回診。對行動不便的人來說，雙溪到台北慈濟醫院非常遙遠，叫乘復康巴士，是最方便的選擇，但阿藍哥卻不這麼做。

每到了回診日，他夜裡三點半便醒來、準備出門，凌晨四點半，他騎上電動摩托車，抵達雙溪火車站時天還沒亮呢。站務人員協助他，連同電動車一起上區間火車。到了臺北車站，他再換捷運到大坪林站，上上下下，再騎著電動車來到台北慈院，光是交通整整花了三個小時。回程時，電動車的電力不足，他得在臺北火車站充飽電，再回返，回到家已臨夜。

一整天坐下來，坐到屁股都痛了，阿藍哥卻心甘情願。因為叫一趟復康巴士要一千元；他自己舟車勞頓，只花兩百元車錢。他說：「慈濟幫我這麼久，我想把坐康復巴士的錢省下來，捐給慈濟，去幫助更需要的人。」

當他把塞了滿滿百元紙鈔的橘色小豬筒，交給志工時，這回，換大家的眼眶都紅了。

成為義診大使

自從有了電動機車後,阿藍哥每到慈濟雙溪義診日,便自行駕車到雙溪國小的駐診點,不必再讓人醫往診。他一到義診現場,還會熱情招呼來此看病的鄉親或志工,爽朗宏亮的笑聲:「早安!早安!」就像義診的迎賓大使。

他來看中醫、針灸。等到醫護有空檔時,他便像大家的老友般,東聊聊、西聊聊,跟許多醫、護、志工等,都成了好朋友。

在慈濟當區志工、人醫會夥伴、台北慈濟醫院的協助下,阿藍哥重啟人生,從三字經不離口、癱坐在地,到滿眼和氣、坐上電動輪椅自助助人,他為自己的人生寫下了嶄新的奇蹟。

08 寒冬裡獨居的阿公與父親

眼前，八十多歲的賴阿公（化名）又瘦又駝背，一看上去便十足的營養不良，在這個雙溪山城的寒冬，更顯得瘦小孤寂。

他的餐桌上有一鍋快吃完的稀飯，旁邊擺著醬瓜罐。前去往診的慈濟人醫會北一區團隊，還沒開始問診，便關心著他早餐吃了沒，三餐怎麼吃。

賴阿公的餐食是女兒幫他準備的。在臺北上班的女兒每周返家一次，幫他煮上一大鍋粥、滷一大鍋肉，作為阿公一周的主餐，要吃時再從冰箱取出、電鍋加熱。阿公可能滷肉吃完了，只剩花瓜罐頭，而罐頭裡也只剩下兩三片醬瓜。團隊到訪時還不到中午，接下來還有午餐、晚餐，那阿公要吃什麼呢？

更讓團隊心疼的，還在後面。

阿公的行動不太方便，隆冬的雙溪又濕又冷，但阿公的床板上卻沒有墊被，被子被堆在櫃子高處。護理師彭秀靜問起，阿公說他都直接睡在木板上，「阿公，被子要拿出來墊，才不會冷啊。」

「萬一尿濕了，被子不會乾，也不好洗。」阿公回。

原來阿公會夜尿，晚上若要起來，沒人幫他，他動作緩慢，來不及只好尿在床上，隔天再擦木板也方便多了。人醫團隊跟阿公商量著怎麼解決，阿公會願意穿上紙尿褲嗎？也立刻聯絡慈濟當區志工，請他們協助關懷、送餐。

那天，看完阿公，彭秀靜想起自己的父親，「那我爸爸到底吃

了什麼？」義診結束後，她匆匆衝回基隆看爸爸，也跟爸爸聊起這位阿公。爸爸一聽，立刻趕她走，「妳趕緊回去看看那個阿公有沒有飯吃！我很好，別擔心，快回去看看！」

「**爸爸讓我很感動。**」彭秀靜說，她的父親罹患巴金森氏症很久了，因為勤運動維持得算不錯，她希望帶著爸爸的愛、同伴的愛，在這條義診路上越走越虔敬。

09 台北慈院出任務：
特殊醫療個案

第一部／走進偏鄉

人醫會第一次見到阿偉時，他已經癱在床上六個多月了，人高馬大、160公斤的體重，已讓照顧他的姊姊疲憊不堪、瀕臨崩潰。他被在地醫院診斷為極可能終身癱瘓後，也有了輕生的念頭。

那是2016年春天，阿偉不過四十一歲，正值壯年，慈濟基隆訪視志工十分不捨，通報了北區人醫會。北區召集人徐榮源，也是台北慈院副院長，立刻邀請院內的神經外科醫師黃國烽，隨人醫會前往看診評估。

就在阿偉即將被送往安養機構之際，黃醫師評估仍有診治機會。那天，六、七位壯漢級親友原本是來協助將無法動彈的阿偉從二樓住處抬到一樓，準備送往安養機構。然而在阿偉及家屬同意下，路線改變了。

眾人盼著一線生機，這條改往台北慈濟醫院之路，真的能改變阿偉的癱躺人生嗎？

敗血性休克 危機接踵而來

在台北慈院各項檢查、核磁共振影像醫學毫不留情的顯影下，阿偉脊椎有膿瘍，是嚴重的感染性脊髓炎。他還有多項共病，肝炎、胃潰瘍、心臟衰竭、肺炎、腰椎關節沾黏併神經病變、薦髂關節炎併恥骨聯合損傷；且營養不良，血白蛋白只有1.5mg/dl（正常值須大於3.5）。

院方為阿偉安排清創手術，這無疑是場硬仗。

儘管做好萬全準備，最不希望的結果卻發生了──阿偉消化性出血、敗血性休克，緊急送往加護病房。徐榮源醫師接到電話匆匆趕往病房，緊急召開跨團隊醫療會議。「**我壓力非常大，心裡想，他雖然癱瘓，也是好好的進醫院，總不能……唉……**」徐副院長傾團隊之力為阿偉治療，祈福他好好活下去！

菩薩與阿偉似乎都聽見殷切的祈願，醫護團隊硬是把阿偉從鬼門關前拉了回來，終於又有呼吸心跳了。然而，過了一周，阿偉幾乎潰堤的免疫系統，儘管有抗生素大軍奮戰，仍難敵全身上下伺機而動的病菌。團隊的內外科醫師，不放過任何可能救治的線索，依然陷入苦戰，阿偉大量吐血，再次病危。

三次病危，考驗著醫療團隊，一次又一次奮力拉回那條生命線。所幸，阿偉的病情終於獲得控制。住院期間，資深志工也是醫院行政同仁的張雁寒，去加護病房探望阿偉時，便發現重達160公斤的阿偉很難找到合身的衣服，商請志工火速為他特製超大尺碼的T恤，讓他住院治療期間更舒適。徐榮源副院長三不五時就繞去病房為他加油打氣，還經常遇見來自基隆、曾陪伴過阿偉的志工張秀霞，「**秀霞師姊連揹著孫子，都一路從基隆搭車、轉車到台北慈院來陪伴，看了真的很感動。**」

三個月後的盛夏，原本癱瘓的阿偉逐漸康復，已能起身扶著助步器緩緩走出病房了。他感謝黃國烽等醫師的治療，感謝徐榮源副院長、趙有誠院長為他組醫療團隊、還經常前來看他，「**謝謝你們這幾個月的照顧，使我從不能站起來，到現在可以走出門口了，真**

的很高興,我心裡想,我終於重生了。」儘管復健、練習走路會痛,但他希望自己更勇敢,不辜負所有人給他的幫助,在醫院協助下,他也減重了30公斤。

阿偉出院後,慈濟志工張秀霞、蕭明智夫婦持續陪伴,關心他該怎麼吃、才能吃得健康。阿偉立志戒酒,張秀霞夫婦為了讓他有生活重心,邀他、也陪他去靜思堂、環保站做志工,帶著他協助修剪枝葉、做環保。只要是張秀霞夫婦的邀約,阿偉總是跟得緊,也很有話聊。同年年底,阿偉已不用助步器,還跟著人醫會至雙溪往診、當起志工。

▲北區人醫會召集人徐榮源(右一站立者)帶著台北慈院醫療團隊把阿偉(左)從癱瘓中救回,在志工陪伴下,阿偉開始參與環保培訓、義診。圖為2019年阿偉也跟著人醫會往診、鼓舞身心受苦的鄉親。
吳雲英／攝

隔年,阿偉已經可以跟友人去龍洞浮潛了,只是老天又給了他新的考驗。他罹患甲狀腺癌,接受手術治療,然而未按時服藥一度讓他病況加劇,徐榮源醫師探訪時非常擔心,請他務必按時服藥,阿偉也聽進去了。

阿偉在接受大愛電視臺訪問時曾說:「我沒有看過醫師像他們這樣,這麼細心、用心的對待一個病患。」阿偉的姊姊們幾乎都是基督徒,大姊一開始曾懷疑慈濟到底有何目的,到後來很感謝慈濟的陪伴、讓一家人的關係也變好了。阿偉與姊姊們開始小額捐款給慈濟,且連年參與慈濟的歲末圍爐。2020年1月阿偉還與三位姊姊、姪子等八人,一起在笑聲中利用回收紅包袋,摺成一隻隻可愛

的老鼠來歡慶鼠年。然而，半年後的端午前夕，阿偉因下肢蜂窩性組織炎緊急到鄰近醫院，卻發現已是壞死性筋膜炎，因為併有肝硬化，病情危急住進了加護病房，長期陪伴他的志工蕭明智、台北慈院的高專張雁寒及社工都趕赴基隆到加護病房探望他，只是萬萬沒想到，過沒多久阿偉便休克往生了。

阿偉的姊姊說，因為慈濟讓弟弟重新站起來、姊弟關係也變好了，最後這幾年家庭更和樂。人醫會與慈濟志工超過五年多的陪伴，雖然惋惜他的離世，但也虔誠祝福他無病無痛、乘願再來。

溪邊搭寮的獨居者

若不是親眼所見，人醫會一行人很難想像，從濱海大道彎進山間小徑不遠處，竟有位六十多歲的男子阿義（化名），在這處破舊工寮獨居了五年。這裡沒水沒電，工寮是由回收木板、鐵皮、廢棄大帆布搭建而成。人醫會首次抵達是在2013年的夏天。

當護理師馬麗香打開阿義右腳包覆的紗布時，異味讓蒼蠅全飛了過來，他的腳背膿腫，輕輕一碰便流出白膿、腳跟已嚴重潰爛，連肌肉都被腐蝕了。馬麗香強忍著驚訝與不捨，為他換藥，但要他趕緊就醫時，他卻連連搖頭，說什麼也不願意。人醫會再度前往勸他就醫，他依然拒絕，顯得有些自我放棄，醫護輕聲問他是不是擔心醫藥費，他才勉強點頭。大家要他別擔心，先治療，阿義敵不過人醫會醫護志工的關切，終於答應，志工隨即將他送往台北慈濟醫院急診。

阿義是阿美族人，家鄉在臺東，二十多歲時落腳基隆、跟船捕魚多年，直到五年前，他腰傷、腳傷等舊疾復發，因疼痛而無法工

作，後來連房租也無力支付，才落居山間溪邊這處工寮。

阿義不肯去醫院，還有個原因，是怕醫師要鋸掉他的腿。因為早先朋友曾陪他到基隆就醫，醫師告訴他要截肢才能保命。徐榮源請台北慈院感染科主任彭銘業為他看診，彭醫師非常驚訝他竟然拖到如此嚴重才來就醫，細菌已將他的右腳跟骨吃掉一部分，無法復原，最後演變成慢性骨髓炎。彭醫師認為如果內外科跨團隊合作，清創手術、施打抗生素六周，加上高壓氧治療，應該有七、八成機率可以成功治療，不必截肢。於是找骨科醫師會診，感染科也從阿義的傷口檢體驗出了五種細菌，來施打抗生素。他們也發現阿義曾因車禍傷及腰椎，導致右腳掌下壓時沒有力量，常出現右腳麻痺。

在台北慈院悉心治療照顧下，阿義終於康復出院了。出院前，長期關懷他的慈濟志工蕭明智早已為他在自家附近找好租屋，十餘坪的空間、有小廚房、有衛浴。阿義說，以前腳痛，要四、五天才能去溪邊舀水來洗澡，現在每天都可以洗澡，還是熱水，又可以自己煮飯，他一臉歡喜。

蕭明智夫婦三天兩頭就去看看阿義，從住院、出院到後續安身安家，像自己兄弟一樣的照顧他。阿義則從一開始的懷疑——「**怎麼會有人對我這麼好？**」到逐漸信任，「**他們比我自己的家人還要親。**」阿義說。阿義跟著蕭師兄去環保站，還跟阿偉一起報名「環保志工培訓」，也跟著人醫會去義診。人醫會在他出院後，依然定期往診、追蹤他的傷口變化。

兩年多後，阿義的骨髓炎復發轉為癌症，這回只能截肢保命，他也終於接受了。台北慈院為他手術後，慈濟志工協助、陪伴他裝設義肢。

又過了一年多，阿義大小便失禁，張秀霞師姊帶他去台北慈院看診時，阿義的大便就掉落在彭銘業醫師手上，「彭醫師真的很慈悲，像沒事一樣，洗完手繼續為阿義細心問診、關心他。」因為需要日常照護，阿義住進了安養機構。最後，他難敵病情惡化離開了，但在人醫會、慈濟志工、台北慈濟醫院長達七、八年的關懷陪伴下，阿義曾有尊嚴的度過一段美麗人生、走完最後一哩路。

為罕病者創造再次站起的力量

人醫會也曾結合台北慈濟醫院，協助過罹患罕病「威爾森氏症」的年輕女孩小安（化名）。小安十七歲發病，人醫會見到她時，她已二十五歲、坐輪椅三年、無法言語、靠鼻胃管進食。

小安唯一的心願是能走幾步路、自行進廁所，不必再依賴爸爸抱進抱出。2017年，資深人醫、台北慈院的趙有誠院長組了跨科別團隊為小安治療。神經科為小安注射肉毒桿菌，處理腳的肌肉不自主張力；中醫師為她針灸；復健科為她矯正。在她思量四個月後，骨科為她開刀，第一次手術後，她已經可以用助步器走到廁所；後來再開另一隻腳，並且順利出院。當北區人醫會團隊、趙有誠院長、徐榮源總召等人前往探訪時，小安和媽媽特地下樓迎接、臉上滿溢著笑容，小安已經可以透過扶持上下樓梯、不用再靠爸爸揹了，母女倆還送上存滿的竹筒要捐給慈濟。

無法言語的小安，以顫抖的手在手機上敲下了一段話給趙院長：「我真的很感謝慈濟的醫療團隊，我現在在家練站十分鐘，一天站三次……爸爸幫我做了一個桌子，最近開始練習寫字了！」

除了寫字，小安也透過畫畫做手部復健。這七年來人醫會持續

關懷，藥師徐莞曾每回往診都帶著幼女桃桃同行，桃桃也愛畫畫，還跟小安交換畫作，兩人總期待著「往診日」的到來，這次對方會畫些什麼呢？小安以簡單的線條畫出風韻；桃桃畫過下雨天送傘的女孩、聖誕節的麋鹿等，小安還把畫作寫成了故事呢。時間不斷向前，往診至今，桃桃已經是小學四年級的學生了。

台北慈濟醫院向來是北區慈濟人醫會最強後盾，不僅長年鼓勵院內同仁參與義診，也共同協助像阿偉、阿義、小安⋯⋯等病苦者，在愛的保護傘下，人生即使經歷狂風暴雨，仍會有雨後天晴的一刻。

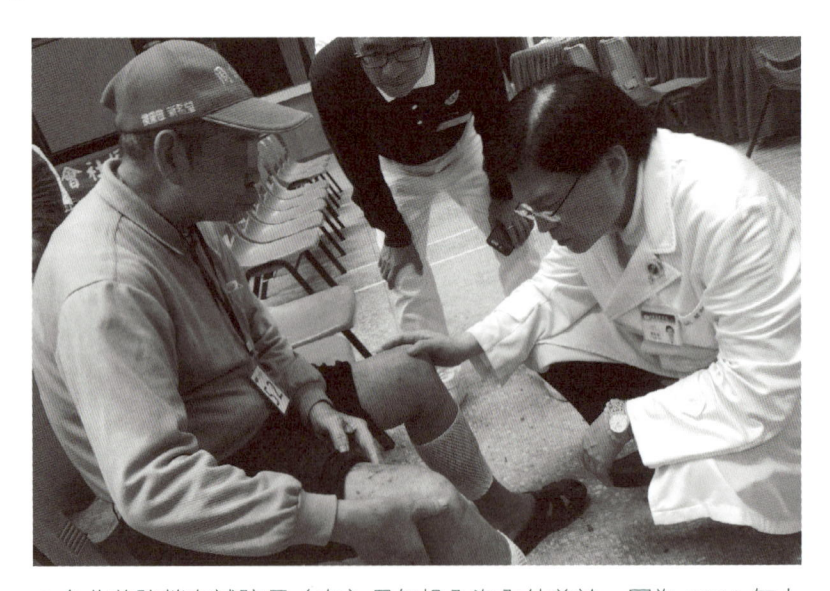

▲台北慈院趙有誠院長（右）長年投入海內外義診，圖為 2018 年人醫會瑞芳義診，趙院長關心長者的傷勢，建議即刻住院治療，經安排就近送往基隆礦工醫院治療。鄭碧玲／攝

第二部
從無到有的開創

「一個人的價值,取決於你對這個社會的回饋、
貢獻有多少,而不在於你賺多少錢,
或是留給你的子孫什麼。」
——邱鴻基醫師

10 慈濟人醫會緣起

從1966到1996

1966年，證嚴法師在花蓮創辦「佛教克難慈濟功德會」時，即開始訪貧、濟貧，更體會到貧苦人家「**因病而貧、因貧而病**」相依相生，因而1972年在花蓮市仁愛街成立「義診所」。1986年，更在花蓮創辦了「佛教慈濟綜合醫院」[11]，讓病人不必繳付保證金即可住院、手術，爾後更展開了花蓮偏鄉的定期巡迴義診。

1995年3月，政府實施全民健保，然而偏遠地區的民眾卻感嘆：「**我們有健保卡，但是沒有醫生，也沒有用啊。**」偏鄉或離島往往幅員廣大，有些鄉鎮卻僅能倚賴全區一間衛生所或衛生室，他們早已學會「**小病用忍的，大病再滾下山**」，但往往拖到回天乏術，或明明可治癒的疾病卻因拖延導致嚴重惡化。

1995年底，歲末祝福時，證嚴法師殷切期盼慈濟醫療要「普遍化」，1996年委託其弟子——由美國返臺投入慈濟醫療志業的林俊龍醫師[12]擔任總召集人，成立「慈濟醫事人員聯誼會」，盼能照顧偏鄉地區的民眾。

同年，被推舉為人醫

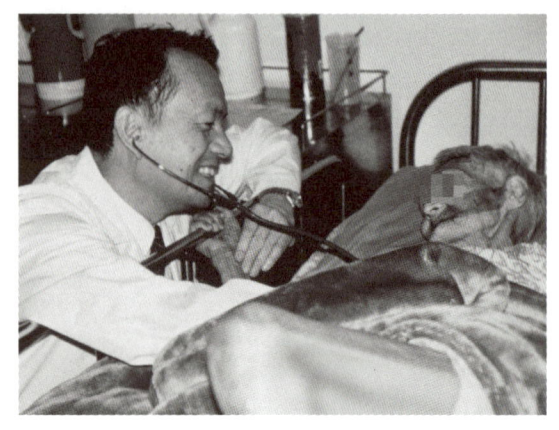

▲林俊龍醫師長年自費自假投入海內外義診，他對待病人總像對待自家長輩、老友般親切。圖為1996年，他至花蓮原鄉部落為紋面的原住民阿嬤往診。

第二部／從無到有的開創

84

會總幹事的呂芳川[13]，在蒐集臺灣社會的醫療需求後，洋洋灑灑規劃12頁的接引醫事志工到偏鄉各地的「十項計畫書」[14]呈給證嚴法師。讓呂芳川感動的是，次日，慈濟精舍觀音殿的會客室裡，證嚴法師手上拿著計劃書，交回給他並勉勵說：「**可以喔！好好去推動吧。**」於是，慈濟義診從偏鄉、離島、原鄉的無醫村，到都會邊緣的街友關懷等，風風火火的展開了。

1996年10月12日晚間，總召集人林俊龍、總幹事呂芳川、王英偉醫師……等三十多位醫事人員與志工舉辦首次幹部會議，討論偏鄉義診形式、高血壓防治，以及照顧戶的健康關懷等等。大家初步決議，廣邀各地醫護參與，以「醫病、醫人、醫心」且「定時、定點」的長期關懷來舉辦義診，服務鄉親。

1998年，慈濟醫事人員聯誼會更名為「慈濟人醫會」。呂芳川笑談，當證嚴法師提議改成「人醫會」時，大家直覺以為是仁慈的「仁」，但沒想到，證嚴法師繼續詮釋：「**來義診的醫師，本就懷有仁心仁術，不需強調『仁』，而是要『以人為本』，成為『人』**

---

⑪ 「佛教慈濟綜合醫院」，2002年升格為醫學中心，現稱為「花蓮慈濟醫學中心」，是臺灣東部唯一的醫學中心。

⑫ 林俊龍醫師為心臟內科權威，現為慈濟醫療法人執行長，同時擔任「TIMA國際慈濟人醫會」總召集人。（請參照本書〈序曲〉註解5）

⑬ 呂芳川師兄當時自營貿易與服飾批發事業，長期投入慈濟國際賑災、曾任全臺慈青慈懿會總幹事，是資深慈濟志工，現為慈濟基金會慈善志業發展處主任。

⑭ 十項計畫包括：偏遠深山、離島、都市原住民、都市遊民健檢、弱勢族群感恩戶關懷、社區健檢、社區健康講座、老人社區健檢義診、貧民住宅區關懷、國際賑災。

醫。」既是「慈濟人」,也是「人醫會」,因此取名「慈濟人醫會」,「這是多麼有教育性的建議啊。」呂芳川說。

首次義診 花蓮秀林鄉

1997年5月11日,慈濟人醫會總召集人林俊龍醫師、總幹事呂芳川、花蓮慈濟醫院的家醫科主任王英偉,領著來自臺北、臺中、花蓮的牙科醫師,一起來到花蓮秀林鄉富士國小義診。5月18日緊接著在秀林國小進行第二場義診,首度規劃的兩梯次牙醫義診,一共19位醫師參與[15]。

這是慈濟人醫會的首次義診,起因於當時已在花東巡迴義診的王英偉醫師[16]看到偏鄉孩童嚴重的蛀牙問題而促成。「四一五口腔醫療服務團」的林鴻津、蕭於仁等醫師,不僅提供移動式的牙醫診療床與器械,更號召其他牙科醫師參與。

八張牙科行動診療床在山林環抱的國小教室裡壯觀排開,不僅為滿口蛀牙的孩子補牙、拔牙、衛教,連國寶級的紋面老奶奶也來看牙,慈濟志工師姊不忍其艱困跛行,遠遠見著便直奔過去把老奶奶揹在背上,帶著她看診,再送她搭車返家。那天,志工忙著掛號、牙醫師們的手也沒停過,部落裡的老少青壯全都來排隊看牙了。

邱鴻基醫師回憶起二十八年前的首場義診,滿臉笑意。他說,當時花蓮山區的孩子看牙醫不容易,而他是在臺北的開業醫師,接觸的病人都在都會區,第一次到部落義診,看到孩子們天真的笑容,心都開了,「蛀牙的孩子非常多,大家都很高興能為他們義診,一天下來,補了不少牙。」

▲ 1997年人醫會首次義診在花蓮縣秀林鄉舉辦，志工王年芬師姊揹著行動不便的長者就診。潘有益／攝

當然也有些免不了要拔牙，一天就拔了一百多顆牙齒；除了孩童，還有正值壯年的鄉親，口腔黏膜已纖維化了，導致張口不易，讓醫師十分不捨，叮勸著他們要戒檳榔啊！

1997年，慈濟人醫會的義診腳步也隨著總召集人林俊龍走進了嘉義縣阿里山鄉、大埔鄉、梅山鄉等無醫村，臺灣人醫會正式劃分為北、中、南、東四區。

北區在總幹事呂芳川帶領下，走進了桃園復興鄉、新竹尖石

⑮ 參與1997年5月11日義診的醫師，包括：林俊龍、王英偉、林鴻津、蕭於仁、邱鴻基、陳光榮、黃銘傑、高春明、張樹福……等醫師。參與5月18日的醫師包括：王英偉、曹明玉、蔡爾貴、沈鋸進、陳光榮、朱于燁、陳景松、林麗香、張樹福、陳丁義、鐘治河……等醫師。藥劑師洪美惠，兩場皆參與。兩場次護理師則包括何蓮嬌、洪美玉、姜瑞琴、邱惠美、湯小萍等人。

⑯ 王英偉醫師，1997年時任花蓮慈濟醫院家醫科主任，曾任國健署署長，現為慈濟大學醫學系部定教授、花蓮慈濟醫院院長室顧問、緩和醫學中心主任。

10 慈濟人醫會緣起

鄉等地；同時開啟了遊民義診、都市原住民健康關懷等活動。中區，前往南投最遠的仁愛鄉。南區，行至屏東霧台鄉等地。東區，依然在花東偏鄉定期義診。

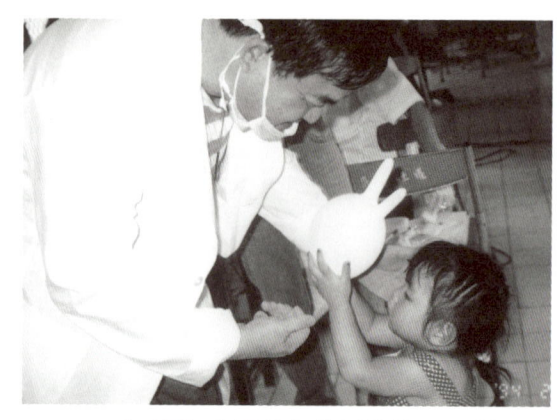

▲ 1997年花蓮秀林鄉富世村義診，張樹福牙醫師將手套吹成氣球，安撫小朋友緊張的情緒，有時忙碌中還兼顧保姆、唱歌逗哄小小孩，好讓孩子的媽媽專心接受治療。潘有益／攝

「千里之行，始於足下」，如今，慈濟人醫會在臺灣，已分為五個菩薩隊伍：北區、中區、雲嘉南、高屏、東區，五個區域。在海外，則涵蓋菲律賓、印尼、馬來西亞、新加坡、美國、巴西、巴拉圭、越南、泰國、緬甸、澳洲、斯里蘭卡、汶萊、香港、約旦、加拿大、宏都拉斯、墨西哥……等，全球25個國家地區都有「國際慈濟人醫會」的組織。截至2023年底，義診的足跡遍及全球58個國家地區，歷年累計義診1萬8千420場[17]。

動員世界各地的醫護人員累計達44萬7千831人次，服務了近402萬4千人次民眾[18]。至今依然一步一腳印，活躍在臺灣乃至全球各個角落，守護健康、守護生命、守護愛。

[17] 資料來源取自《2023慈濟年鑑》、慈濟全球資訊網
[18] 資料來源取自《2023慈濟年鑑》

11 雲端上的義診

　　1998年3月，清晨六點，慈濟人醫會十餘部車已在慈濟臺北舊分會巷口、忠孝東路四段的台麗地毯公司前前後後排著，等候醫、護、藥師、志工來報到，隨即前往桃園復興鄉[19]義診。

　　桃園聽起來很近，但復興鄉海拔1,230公尺的華陵村巴陵國小卻非常遙遠，光是從復興鄉衛生所，沿著蜿蜒顛簸的山路行駛，便需一個多小時車程。從臺北出發的人醫會，整整三個多小時後，終於抵達群山環繞的巴陵國小。而早在一個小時前，人醫會先遣部隊的趙森發[20]、尤俠、黃金受三位師兄早已抵達，先行場佈、整備好診療床、安裝牙科水電及各科診療器械，等候大醫王、護理師等志工的到來。

暴雨突襲 膽戰心驚

　　這是北區慈濟人醫會首次到復興鄉義診。然而義診前，狂風暴雨來攪局。接連幾日的豪雨特報，讓呂芳川與同伴們不斷思考：「那到底要不要去？」

　　他們擔憂，都已上山探勘，拜訪了衛生所、村長、校長、校護等，一切聯繫妥當，也對部落鄉親宣傳了義診日期，並且是第一

---

[19] 現已更名為桃園市復興區華陵里。
[20] 趙森發為慈濟資深志工，曾任北區慈濟人醫會第一隊隊長，出錢出力，全心全意護持義診，持續十年率隊前往臺灣北部各偏遠山區及離島金門義診，於2013年往生，其恩德至今仍讓後輩追念。

次義診，「如果因暴雨取消，鄉親對我們的信任是否會因此打了折？」於是再次聯繫了當地學校、衛生所、村／鄰長後，得知山上落雨微小，一切安好。人醫會行前協商後，決定照常上山，除非山路中斷。

呂芳川說，那次他是下了「很大膽的決定」。一大早集合時，雖無雨但烏雲密布，行經三峽，驟然下起傾盆大雨，車窗以最快速的雨刷才勉強看得清前路，讓他膽戰心驚，他可是帶著十三輛車、滿載著醫護藥師志工啊。

一入山，無線對講機持續聯繫著山上的雨況、路況，車行半山腰時，陽光竟然衝破雲層，斜射下來，讓大家忍不住驚呼！對講機裡更傳來山上晴空萬里的好消息，呂芳川心上的大石總算落下，一路緊繃的臉終於嶄露微笑。原來是因為雲層低，山上部落超過海拔一千公尺，所以山下大雨、山上晴朗。車行蜿蜒向上、穿越烏雲，這會兒，大家可都在雲端上義診了。

巴陵國小自創校以來，第一次聚集了那麼多醫師、護理師、藥師、志工；牙科、內科、婦科、中醫科、眼科、外科，全都來了。掛號處、各科別、四張牙科診療床、藥局領藥處，在各個教室裡井然有序的排開。校園瞬間成了行動醫院，讓校方、村民大開眼界。

部落裡的村人們，幾乎七、八成都來看病了，且同一位鄉親往往同時看了好幾個科別，讓醫師們大嘆：「**看診的人這麼多，這裡真的非常需要巡迴醫療服務。**」行動不便、無法來看病的，則由醫護人員與志工前往居家看診。這趟義診行，讓冒著豪雨前來的所有人醫志工們，帶著微笑返程，相約下次再來！

兩周後的第二次復興鄉義診，同樣遇到豪雨特報來攪局，彷彿

再次考驗著人醫會的決心。他們依然謹慎聯繫路況雨況、依然決定前行，也依然平安地完成任務。

前進更遠的部落

1998年4月26日，北區人醫會前進更遠的復興鄉後山，這次同時派出三支醫護隊伍，分別前往華陵村光華國小、三光村三光國小，以及雪霧鬧部落。

中醫師張治球猶記得，車行山路間，第一部前導車會隨時透過無線電通報路況：「哪邊路特別窄要小心；有會車要留意……等等。」開了好久的車，終於抵達部落，正好原住民朋友們去做禮拜，有幾位慈濟師姊也跟著去，做完禮拜便把他們帶來義診。雖不相識，但原民朋友的熱情爽朗、醫師的體貼問診，讓義診充滿溫情與歡笑。

志工師姊們也帶著食材上山煮飯燒菜，備好義診團的午餐，餐後大家分享討論。這美好感受，讓張治球一路參與各地義診、受證成為慈濟人，如今承擔北二區隊長。

人醫會總召集人林俊龍則先巡看了光華國小、三光國小義診後，再與醫師、志工等，前往人跡罕至的雪霧鬧部落義診。途經過一處相當陡峭的斜坡道，「哐啷」一聲，車子底盤卡到石頭，車輪被架高，進退兩難，只好下車，所幸師兄處理後得以繼續前行。

但是這路越開越窄，且被兩旁雜草蔓過路跡，眼前一片荒野山林，部落在哪兒啊？

過了好一陣子，終於看到遠處一戶人家，才得知，還要繼續往前呢。行過杳無人煙之路，終於抵達雪霧鬧部落。二十餘戶平房住

家、一座小教會，像遺世獨立的桃花源。林俊龍與志工們找好定點，火速搬了桌椅，充當看診區。不一會兒，村民陸續前來，教會門口很快就擠滿人了。有些鄉親步履蹣跚，因為痛風。

心臟內科權威林俊龍醫師戴起聽診器，為鄉親聽診，他問診仔細，微笑苦勸鄉親正確飲食、少喝酒，吃藥才會有效。一位大叔直誇他：「謝謝你，你真的是很好的醫師捏。」

一旁，醫護協助抽血檢驗時，護理師忍不住唸了一位微醺的鄉親，「牧師不是有先提醒你們，今天要抽血檢驗，不能喝酒嗎……」「唉呦，知道啦，但是怎麼受得了嘛。」鄉親撒嬌式的笑答，讓護理師也唸不下去。

這組最小支的八人人醫隊伍看完診、準備離開時，村民們夾道歡送，直到他們驅車遠去。這一幕深深烙印在大家心底，同樣的路，回程見到的盡是碧草藍天、世外桃源及原民純厚的情意。

就這樣，人醫會定期在復興鄉最高最遠的華陵村、三光村輪流巡迴義診。直到第三個月，碰上颱風，不得不取消，也開始調整義診的腳步。

志工們輪番致電呂芳川，「我們這個人醫會上山義診，是不是沒有要辦了？」、「呂師兄，怎麼那麼久沒有出隊啊？」

「才停這麼一次，您們就哇哇叫……」呂芳川聽著抱怨、回應著，心裡卻歡喜得踏實。他知道，這群人都有要上山服務的心，少一次，都不行！

12 前進山區部落

在診所、醫院遍布的臺北市或都會區，若突然生病了，快則五到十分鐘，慢則三十分鐘內就可抵達醫療院所；但新竹尖石鄉後山的民眾，可就沒那麼幸運了。心再急，也得在山間彎彎繞繞兩、三個小時車程，才能趕到竹東鎮上去看病。

1998年夏天，北區慈濟人醫會總幹事呂芳川，帶領幹部數次前往尖石鄉後山，拜訪在地村鄰長、牧師、衛生所醫護等要人。每次探勘踩點時，呂芳川與趙森發等隊友們，身上只帶乾糧、麵包、茶水，跑一整天，從不把時間耗費在用餐，只求訪查到在地真正需求、適合義診的時間地點、村民的就醫習慣等，以妥善安排義診的流程細節。

當時他們便曾聽聞，尖石後山一位婦女即將臨盆、羊水破了，卻因路途遙遠延誤就醫、胎兒不幸死亡；還有腦膜炎延誤就醫竟成植物人等等，不勝唏噓。人醫會最後選定海拔約一千公尺、最深山的玉峰村、秀巒村，展開巡迴義診。

兩周一次的部落巡迴義診

最初探勘時，人醫會曾車行新竹關西到尖石鄉，但入山後，山路崎嶇、許多路段午後易起大霧，因此最後選擇行駛路程稍遠、行經桃園復興鄉三光國小旁的泰平隧道，前進尖石鄉玉峰村。活動前，人醫會也請在地牧師、里長、鄰長等，協助逐家逐戶宣傳義診。

1998年6月7日，九輛廂型車、近百人的北區人醫團隊，清晨六點多從臺北出發，四小時後抵達玉峰村石磊國小。中醫科、內科、小兒科、婦科、牙科、皮膚科、外科，七個科別在各個教室裡安排妥當，還有血壓量測、婦女抹片檢查、藥局等。人醫會自此開啟了每兩周一次的尖石後山巡迴義診，看診時間從上午十點半到下午三點。

義診開始不久後，只見一輛小貨車載滿親友鄰人前來看病、他們來自隔壁部落；石磊的鄉親們做完教會禮拜後也陸續湧進學校；還有一位外國籍牧師特地來看中醫。小學課桌成了問診桌，醫師坐在低矮的學童椅凳上看診。長條走廊上坐滿了等待義診的鄉親，志工們把握時間做衛教。

有人一臉擔憂問著：「醫生啊，我這個病可以治好嗎？」醫師回應：「按時吃藥，會好的，不要太擔心。」泰雅鄉親平時在醫院裡不敢多問、細問的問題，在自家部落看到親切的醫護，什麼都敢問了。還有一對夫妻檔，老婆跟醫師告丈夫的狀：「我叫他不要喝酒，他都不聽……」丈夫也不甘示弱的回應：「我是有那麼誇張嗎？」

一位中年婦人說著：「就算花錢到醫院，也不一定有像你們這麼好的醫生、護士。」、「mhowaysu（泰雅族語，謝謝）。」、「謝謝，上帝祝福你們！」還有老人家看完診，緊緊握著醫師的手，以族語道謝。當日一共服務了155位鄉親，義診結束後，留下一支醫、護、志工隊伍，繼續居家往診服務，為臥床、走不出家門的病人看診、教導居家復健，或就近轉介至醫療院所復健。

兩周後，人醫會第二次義診、巡迴到田埔國小時，呂芳川及醫

護們卻發現有些該來複診的病人，竟遲遲沒有出現。

一問之下，才得知，即使巡迴義診地點就在隔壁部落，但交通也成問題，老人家沒有人接送，便來不了。人醫會立即變通，把載送醫護的廂型車化為「醫療接駁車」，前往各部落接送需要的病人到駐診點。

光是這一年，人醫會去了尖石鄉八趟巡迴義診，自許為深山部落的家庭醫師，足跡遍布最遠的司馬庫斯、新光國小，也協助轉介需要至醫療院所治療的病人。消息一傳開，新竹的峨眉鄉、五峰鄉紛紛來請求慈濟人醫會前往義診，後來也陸續成行。

每次義診結束，人醫團隊便圍成圓圈來分享、互道感恩。曾有位醫師說，他以前都在四面白牆的診間看診，病患輪番來到眼前；但是到山上義診，突然打開了他的生活世界，才發覺偏遠深山的原鄉，有那麼多病人需要他們。

「許多醫師只要跟著我們去過一趟深山，便覺得這個工作是值得投入的，所以，我們再度邀請，幾乎沒有人拒絕。」呂芳川說。

爾後，有更多醫師把人醫會的任務當成生命中神聖的使命，甚至看得比自己開業或執業的診所還要重要，他們或在自己擅長的領域、或在人醫會，一路服務至今。

牙科義診需求大

慈濟人醫會的行動牙科設備，向來讓外界嘆為觀止，即使在29年前，一般小診所都不見得有超音波洗牙機時，人醫會即有此設施。這端賴「四一五口腔醫療服務團」的林鴻津以及陳光榮等醫師們大方分享行動設備，以及人醫會歷任暱稱「管線組」的水電志

工,如黃金受[21]、周金元、吳啟明、游耀輝⋯⋯等無數志工,與牙醫師們合作,逐年改善設備。

牙醫師曹明玉長年參與慈濟人醫會義診,用情至深。1998年,他跟隨人醫會前往新竹山區義診時,驚訝的發現,部落裡多位成年男性牙結石非常嚴重,內側、外側都滿滿一排結石,這一般健保得分三到六次才能完成的清除任務,但是他大老遠跑來了,便決心一次清乾淨。

於是,曹明玉等牙醫師,左手拿著口腔鏡,右手拿著超音波洗牙機頭;右腳踩著機器,左腳踩著抽吸機踏板,雙手雙腳並用,與牙結石奮戰。當時為了方便執行任務,曹醫師幾乎全程「站著」為病人洗牙!

這群牙醫師也發現,偏鄉部落因為遠,看牙難,不少成年人、老人家,二十年沒有看過牙醫,任憑缺牙、牙結石;山上學童更是嚴重蛀牙、小乳牙側生等。為了能讓更多牙科醫師上山服務,人醫會不僅開班授課培訓「牙科助理」;同時加強牙科衛教宣導。志工們出錢出力,採購大型牙齒牙刷模型,每場義診必定同時衛教,活潑逗趣的教孩子及鄉親怎麼刷牙、要注意那些常見疾病、如何預防三高等。

1999年春天,北區慈濟人醫會第一隊隊長趙森發,更帶領團隊、號召牙醫師們,為桃園縣復興鄉的介壽國中、五所小學、三所幼稚園、一所托兒所的學童們檢查牙齒。全鄉六百多位學童、青少年,一個都不漏的完成牙科檢查、治療與衛教,並為他們建立口腔健檢記錄卡(簡稱「口卡」),也提供給當地衛生所,一起照顧部落孩子的牙齒健康。

慈濟人醫會光是前兩年在臺灣各地偏鄉的義診，牙科服務人數就超過2,800人，參與的牙醫師不斷擴增、醫師甚至捐贈牙科器材來壯大服務。

　　更讓人感動的是，當時人醫會訓練了二十多位牙科助理，每次義診回來，他們還須負責仔細清洗、高溫消毒牙科器械（四到十床）、補充衛材、醫材等[22]。「我們經常出隊，這麼複雜、頻繁、辛苦的工作，一、二十年來沒有人叫苦，每個人見面都是感恩！」呂芳川說。

　　由志工組成的慈濟人醫會團隊日漸壯大，要如何有效率的帶領並發揮團隊力量呢？證嚴法師提綱挈領的引導大方向，每次提到人醫會總是不斷感恩所有成員，自然是人醫會最大的支持與助力。而時任總幹事的呂芳川，更提醒每隊隊長從隊伍中務必再選出四位副隊長，承擔不同任務，來提高執行力與向心力。

在部落推動健康促進、以茶代酒

　　人醫會連著兩年的山區義診跑下來，發現部落族人肺結核比例

---

[21] 黃金受師兄為資深慈濟志工，2020年因病往生。擁有水電專業的他，1998年即參與人醫會義診，從山區部落到偏遠地區都有他的足跡，他為牙科義診解決水電問題，也曾為身障者設計義診專用折疊椅。每每在部落借用學校義診時，黃金受師兄只要看到廁所或洗手臺漏水、便趁機修繕。人醫會隊友潘有益還記得，有一回在義診路途中，黃金受看到大樹下有大型廢棄電池，特地停車去將廢電池回收，還說著：「廢棄電池如果沒有撿起來，土地會被汙染，這片田地也不能再耕種了。」他大愛無私的行誼，深深影響後輩。

[22] 早期（1997年起）由牙科助理協助清洗消毒牙科器械，爾後陸續發展，改由機動、管線組來承擔牙科器械清理、消毒等。

較高；肝炎、痛風是常見疾病，而「意外事故」導致的傷殘或死亡竟也居高不下，而後三者都與飲酒有密切關係。

在新竹山上，呂芳川就碰到許多受痛風之苦的鄉親，其中一位男性族人告訴他：「有一天，我的腳（痛風）痛得實在太厲害了，我就想，用火把它烤一烤，會不會比較不痛，結果更痛更慘。」這位族人的腳因此而萎縮，懊悔中去做了隻高筒的黑鞋，才能勉強拖著腳走路。這讓呂芳川開始思考，百年前的部落是否也有痛風問題呢？

透過文獻研究，呂芳川發現，一百五十年前，傳教士馬偕博士來到臺灣的高山部落時，曾說：「山上氣候清涼，原住民少有疾病，因此不需要外來的醫療資源。」「我和次高山（雪山）附近的原住民同住了數星期，發現他們幾乎都是健康的。」

那如今的酒癮又是從哪裡來的呢？呂芳川再查文獻，發現日治時期推行公賣酒制度，讓酒變得相對便宜（如：米酒）且容易取得。但更為嚴重的是，從日治時期的理蕃政策（強制遷離原居地）至近代經濟發展的快速變遷，政治、社會與文化的多重衝擊，讓原民部落的生存方式被迫徹頭徹尾改變，也被迫融入一個以漢文化為主的、新的生存法則，而這一切不過發生在近百年間，三至四代人，並不太久遠。

不只是在臺灣，幾乎全世界的原住民部落都遇到同樣的問題，有些被迫遷移、被迫改變生活方式、學習新的語言與生存文化，不斷挫折中，同樣有著酒癮的問題。

跑遍了北臺灣部落的呂芳川，於是發想：「以茶代酒」可行嗎？1998年，他開始在尖石鄉秀巒村推動「以茶代酒」。呂芳川開

著車上山,臨晚才能遇到下了工的族人一起商討,他在秀巒村好幾個部落都成立健康促進會,每次前往部落,必定準備各式茶包:茉莉花茶、烏龍茶、紅茶、綠茶樣樣都有,贈予在地「以茶代酒」。

為了融入族人,呂芳川也去參加豐年祭。豐年祭時,他們會吃用鹽巴醃製的魚、肉,配酒喝。但是,他們只要跟呂芳川在一起時,就不喝酒。

如此宣導了近一年,呂芳川發現,自己像在唱獨角戲,因而規劃了「茶友會」,每個據點都找在地人擔任幹事,就近鼓勵、督促鄉親,讓以茶代酒扎根部落。

部落裡,有位Loshing長老不想讓他的孩子喝酒,於是買了很多果汁給兒子,「你要喝就喝果汁。」他跟兒子說。但呂芳川推動以茶代酒後,Loshing長老告訴他,兒子改喝茶了,因為果汁越喝越渴,喝茶還比較解渴。爾後,呂芳川也在花蓮崇德、鳳林的基督教長老教會與天主堂等,分享、推動以茶代酒。

轉往平地偏鄉義診

北區人醫會隨著幅員擴增,參與的醫護志工越來越多,也展開分隊服務。第一隊由趙森發隊長帶領,服務桃園縣復興鄉;第二隊由張文吉隊長領隊,走進新竹尖石鄉、五峰鄉;第三隊延伸至宜蘭大同鄉、南澳鄉義診,由陳明入率隊,後交棒給張榮光師兄。

1999年,衛生署推動「全民健康保險山地離島地區醫療給付效益提昇計畫」(Integrated Delivery System,簡稱IDS),鼓勵醫療院所至山地離島提供醫療服務,人醫會巡迴北部各深山村落陸續已有醫院認領。為避免醫療資源重疊,2000年,北區人醫會山區部落

的多科別大型義診暫告一段落，日後改以照顧戶往診等專案需求進行義診。適巧，時任臺北縣（現為新北市）衛生局的李龍騰局長向呂芳川提到縣郊區域醫療資源不足，希望慈濟人醫會協助。因此，第一隊轉往服務都會區街友及離島；第二隊前往平溪、貢寮義診；第三隊照顧雙溪。2003年成立的北區第四隊，由黃秋良領隊，服務三芝、石門鄉親。

2004年11月，桃園地區成立人醫會，為北區第五隊，由蔡宗賢醫師領軍[23]；2005年1月，新竹成立人醫會，為北區第六隊，由彭衛來醫師帶領[24]。2006年，澎湖在北區人醫會長期義診下，由時任澎湖衛生局局長的鄭鴻藝承擔隊長，成立澎湖人醫會，為北區第七隊，人醫會前往澎湖義診後，也由他率隊協助後續關懷。不論桃園、新竹、澎湖，這些隊長們皆廣邀在地醫師、護理師、藥師投入義診行列。

在上千雙感恩的手與心的護持下，北區人醫會愈發茁壯。2005年5月8日台北慈濟醫院啟業，更成為北區人醫會堅強的後盾，台北慈院不僅出人出力參與義診，有時遇到困難照顧或狀況危急的個案，還能立即接手救治，讓北區愛的醫療網更臻完善。呂芳川提到，一年52周，當時北區人醫會在各隊的努力下舉辦了400多場活動，從「三天兩夜或兩天一夜」的澎湖、金門離島義診；「一日」往返部落、偏鄉或收容所的義診；到「半日」的社區健康衛教講座等，以不同形式接引醫事人員，照顧各地鄉親的健康。

㉓ 桃園人醫會由蔡宗賢醫師領軍，兩年後交棒給黃崇智醫師。
㉔ 新竹人醫會由彭衛來醫師領軍十餘年，後交棒給范文勝醫師。

13 華麗轉身的阿岳

2006年夏天，北區人醫會第四隊前往濱海石門一戶人家往診時，竟吃了閉門羹。

隊長黃秋良又是敲門又是喊話：「有人在家嗎？」沒有半點回應。於是請鄰居來幫忙，任憑怎麼喊，大門依舊深鎖。黃秋良心裡很不安，又找來里長看個究竟，最後終於把門打開了。

一進門才發現屋主阿岳（化名）的妻子服用過量的安眠藥。她哭著說不想活了……醫護輕拍著她，趕緊給她水喝、為她量血壓，傾聽她的苦處。

殘酷的意外人生

阿岳原在基隆工作，清理水溝時不慎受傷，沒想到竟感染成敗血症，得截肢才能保命。他的妻子不斷懇求醫師，能不能不要截肢，因為全家生計都靠丈夫，家裡還有三個孩子。然而最後，為了保住性命只得截肢。

兩周內，阿岳的雙腳、雙手全給截肢了，而他不過五十歲，換做任何人，都很難接受這場突如其來的意外。

人醫會知道阿岳的苦，不屈不撓破門而入，就是怕萬一。看著眼前失去雙手、雙腳的阿岳，黃秋良的心緊緊揪著，連呼吸都覺得疼，「這樣的病苦、心苦，要怎麼過日子啊……」黃秋良苦思，光靠人醫會定期義診關懷遠遠不夠，得先解決他的經濟難題，還得要有更多人來關照。他聯繫在地里長、鄉長、慈濟當區志工，日後也

在多方合作下，為阿岳訂製雙手雙腳義肢。淡水區慈濟志工朱來枝及李建隆、呂品佳夫妻更不時前往關懷。

在妻子眼中，阿岳是個什麼事都會做、也都肯做的萬能丈夫，讓她婚後無憂無慮。但這場意外，把日子撞得漆黑無邊，深不見底的淚水與壓抑，讓她不敢想未來。起初，李建隆夫妻幾乎天天造訪，讓她一度覺得「很煩、很囉唆」。但不知道從哪一天起，這對闖進他們生活的夫妻，竟成了晦暗不明中悄悄綻放的光亮，也讓阿岳的妻子轉念、長出勇氣，要陪伴丈夫一起好好度過下半輩子！

人醫會依然定期往診，終於在阿岳夫妻臉上看見笑容。不僅只有慈濟志工，里長也常去關懷，日子一天天向前奔，阿岳漸漸熟悉了全身上下的鐵甲義肢。

第二年，阿岳使用義肢更加得心應手，黃秋良便邀阿岳一起去義診，拜訪一位下半身癱瘓臥床的鄉親，阿岳身穿鋼鐵義肢卻滿臉朝陽的現身，即使不善言詞，他的存在、微笑與加油，已給了臥床的鄉親莫大的鼓舞。

爾後，阿岳的意志愈發強韌，黃秋良繼續邀請他們夫妻倆到石門、三芝的義診駐診點，分享他們如何走過生命之難，迎來眾人起身鼓掌，更砥礪了現場的病苦者，絕地逢生的希望。

在慈濟相伴十年後，2016年，阿岳夫妻應邀前往慈濟雙和靜思堂演講，在慈濟人文真善美的紀錄中，阿岳妻子感謝慈濟的無私協助：「那時，真的是在黑暗中，讓我看到光明的一面，也讓我們夫妻有勇氣再往前走。」他們還不忘幽默自嘲帶來歡笑。伴著阿岳的感謝，妻子最後感性說道，人生中能遇到貴人，是非常難得且幸運的，而人醫會和志工李建隆、呂品佳夫妻，「他們是我生命中的貴

人！」

　　這些年來，阿岳也成為鄰居鄉親的貴人。即使失去雙手雙腳，穿上義肢的他也沒閒著，經常在社區裡巡邏，東晃晃、西瞧瞧，遇到哪位鄰居有東西壞了，他便試著幫忙修復。如今夫妻倆的堅毅與爽朗笑顏已成為標配，持續照亮自己與他人的來路。曾陪伴他們的人醫志工黃秋良、顏渼妗（法名慮耀）盛讚，阿岳可是從如煉獄般的人生低谷，華麗轉身成了「守護當地的土地公」呢！

感同身受 撫慰艱苦人

　　遇到特殊個案，第四隊創隊隊長黃秋良總能智巧膚慰病苦人，特別接地氣。他的妻子顏渼妗說：「他是帶著很深的情感，親身入苦去感受、去關懷。」

　　黃秋良來自貧困家庭，自幼，母親便告訴他，就算再窮還是可以「奉茶」來行善，他從小學四年級起，便在父母教導下提著一壺水到大樹下奉茶。國中畢業後，他北上工作，從商職到大學靠著半工半讀、多份兼差完成學業——天未亮即騎單車送報、一早送乳酸飲料（千百樂）到商家，遇上紅燈時還拿出英文單字來背誦。只要有工讀機會他都願意做，苦拚實幹的精神，不僅在貿易公司工讀期間受老闆賞識，更讓他日後白手起家，把貿易事業做得有聲有色。

　　個性陽光熱情的黃秋良號召了許多師兄姊投入義診，曾擔任過副隊長的資深志工余江培至今仍感念黃秋良師兄滿懷理想、赤誠的引領。黃秋良做事也常突破常規、創新思考，他有位執行力強、帶著俠女性格、說話直率，在他口中「很有才華」的妻子——顏渼妗，夫婦倆投入義診多年，曾先後擔任過第四隊隊長。

2003年，他們率隊走進臺灣本島最北邊的石門鄉義診。首次義診，在石門國中體育館舉辦，內科、牙科、中醫科、婦科、眼科、骨科、皮膚科等七個科別，宛如行動醫院般展開，吸引了290位鄉親前來看診，當時可轟動了這個安靜的濱海小聚落。

　　日後，他們也開啟了臺北市、新北市「移工義診」、「員警健康關懷」，並與謝金龍、黃祥麟……等多位牙醫師群，一起壯大「牙科義診」的規模至今。

校園健康生活，好好玩！

　　義診之外，北區人醫會更察覺偏鄉社區健康宣導的重要。當時「意外死亡」在偏鄉的發生率頗高，如果衛教、急救訓練做得好，就能預防疾病與意外。2003年，黃秋良率隊在石門國中、老梅國小，舉辦了「親子健康生活體驗營」推動社區健康促進，結合了臺北市婦幼醫院醫護、慈濟青年志工共同合作。營隊課程從活潑的團康、CPR急救訓練、防疫、毒品防範到兩性關係、情緒管理等，兼顧身體與心理健康。

　　現場還有眼科檢查、口腔衛教，更為所有師生、家長檢測「體適能」。這幾場把健康服務「直送校園」的營隊大獲好評，且人人有獎品、證書、點心，也讓參加的學童、青少年、家長們體認到自我健康照顧的重要。爾後，人醫會也因應政府衛生福利政策與學校需求，持續在各個校園舉辦兩性平權、生命教育等講座。

　　石門的「每月」義診持續了一年半後，有感於鄉親在人醫會診療、衛教宣導下，已懂得生病就須前往醫療院所看診追蹤、避免拖延，義診需求也降低了，因此自2005年起改為「兩個月」一次義

診，重點在關懷、繼續衛教與疾病預防，地點則移往人口較為集中的老梅活動中心。

2008年，人醫會逐步開發、照顧三芝偏遠地區的鄉親。石門義診長達七年後，2011年因應政府已有更完善的巡迴醫療服務，改以定期「居家往診」來照顧走不出家門的鄉親，正如證嚴法師常叮嚀的：「苦難的人走不出來，有福的人要走進去」，持續至今。

14 掀開「無明」黑布

長年義診，讓志工黃秋良、顏湶姈看到許多人間苦相。黃秋良憶起，最初去義診時，照顧戶每每看到人醫會進門就非常感動，因為這是第一次有穿白袍的醫師，不遠千里、親自登門來關懷他的健康，有些長者甚至感動得淚流滿面，那情景彷如昨日。

他們曾訪視一戶人家，一位滿頭白髮的媽媽，照顧著因車禍下半身癱瘓的壯年兒子小章（化名）。小章似乎把媽媽的照護視為理所當然，更把自己的不幸與委屈，全潑灑在媽媽身上，總是對母親不耐煩，甚至口出惡言。人醫會去了好幾回，除了往診醫療，也帶著點心、物資去關懷。

直到有一天，黃秋良忍不住問起小章：「媽媽這麼照顧你，我們來跟媽媽說聲感謝，好嗎？」小章低著頭默默不語。

黃秋良繼續鼓勵他：「那你會寫字嗎？寫下『媽媽，感恩您』，會嗎？」兒子這才答：「會。」

黃秋良遞上紙筆，兒子寫下了：「媽媽，感恩您。」

黃秋良再問：「那你會不會唸？」他說：「會。」

「那你唸大聲一點喔。」

「媽媽，感恩您。」兒子低聲說道。

「握著媽媽的手，再大聲一點，讓媽媽聽得到。」黃秋良說。

兒子伸手握住媽媽：「媽媽，感恩您！」

瞬間，無聲的淚水自白髮媽媽的眼眶滴落而下。這是她人生第一次，聽到兒子說感謝。

從來不搭理人的頑冥兒，為什麼願意照著黃秋良的話做呢？「其實在這之前，我們已經去了好多趟，有一些『愛的存款』，他是相信我們的。而我也相信人心都是良善的，但是因為被後天的『無明』黑布覆蓋著，只要持續跟他互動，他也會感受到我們的真誠，就有機會慢慢掀開那塊黑布。」黃秋良說。

此後，這位理著平頭的壯年兒對媽媽的態度漸漸改變了，人醫會持續往診關懷了這對母子五、六年，每逢年節，送上水果、春聯、靜思語，來祝福這家人。

不耽溺失去的，想想還擁有的

還有一位同樣因車禍脊髓損傷，導致下半身癱瘓的「心」苦人羅先生。人醫會首次往診時，他已經躺在家裡的木板床上二十多年了。起初，他總是忍不住傷心落淚、哀嘆人生。黃秋良隨著醫護去了好幾回，累積了愛的資本後，開始勸慰他，雖然雙腳沒辦法動了，真的很辛苦，「但是我們呼吸還在、上半身還能動，如果一直想著我們所失去的，難免會痛苦；不如想想，我們還擁有什麼……」黃秋良以口足畫家謝坤山為例，他因高壓電失去右小腿及雙手，後來連右眼也看不見，但他仍不放棄，以嘴銜筆揮灑出彩色人生。

這番話似乎讓羅先生深鎖的眉頭鬆了許多；又過了幾個月，黃秋良帶著雙手雙腳都被截肢的阿岳去探望他，讓他倍受鼓舞，心又更開了。慈濟志工特地為他在天花板安裝吊環，讓羅先生可以藉著

雙手拉環起身、增加行動靈活度，也便於雙手復健。羅先生曾提起，自己除了醫院外，已經三十年沒出過門，於是人醫會邀請他到義診駐診點分享人生點滴。

那天，志工朱來枝師兄一把抱起羅先生，將他抱上車。抵達義診點，另一位街友志工再將他揹到輪椅上。羅先生一到現場，人醫會上百人如雷掌聲不斷，他靦腆笑著，這是三十年來，第一次看見家與醫院之外的世界，他顯得格外開懷。他與鄉親、人醫們分享：「我們出生來到這個人世間，都是命，不要怨天。每個人都有業障，每個人都有福報，是多和少而已。」心態一轉，羅先生似乎也接受了禍福相依的命運，逐漸走出心靈困境。

儘管人生不如意「十之八九」，若能看到、珍惜尚稱如意的「一、二」，也能活出轉運人生呢。

◉ 與社區志工合作無間

「師姊，我們又找到幾位個案，你們要不要過來看看？」顏渼妗接起電話，志工呂品佳雀躍說著。2008年，北區人醫會前往三芝義診，慈濟志工李建隆、呂品佳夫妻扮演了功不可沒的關鍵角色。他們幾乎每個周末、周日都往三芝跑，尋訪是否有需要協助的個案或獨居老人，再轉介給慈濟人醫會。

一開始，還曾讓長輩把他們當成詐騙集團，嚴密防範著，直到在地耆老、村長引薦，才突破心防。為了服務三芝民眾，李建隆夫妻在當地成立了社區志工據點，訪貧、教插花、手語課、做環保等，又讓在地鄉親起疑：「他們是要來競選里長的吧？」

當然不是啊！他們只是想做到證嚴法師的期待——「落實社區

關懷」。如此努力,後來讓鄉親笑稱:「慈濟人可以出來選里長了,現在走進山裡,每個人都認識。」

2008年,在眾人努力下,人醫會在三芝關帝廟、三芝國小設有定期定點義診,同時也有七條「往診」路線照顧在地鄉親。第四隊副隊長余江培負責張羅義診車輛、號召機動志工等行政協調,每次出隊,十多輛車、上百人,非常壯觀。

在三芝,人醫會曾遇到一走進駐診點便淚眼汪汪,說自己全身都在痛的老人家;還有些每次都來報到檢查、身體無大恙,來聊天寬心的長輩。也曾在往診時,遇到許多阿公、阿嬤,早早就坐在門前等,其中還有一位九十歲的阿公,總是備好罐裝沙士,一見到人醫會團隊來,笑得合不攏嘴,招呼大家喝沙士,因此被稱為「沙士阿公」。2015年,三芝義診交棒給林俊傑醫師率隊看顧,點點滴滴的醫病情誼,依然在三芝山海間溫暖傳遞著。

第二部／從無到有的開創

第三部
城市關懷

「組織團隊、找人進來，你要給他事情做，要讓他覺得自己很有用、缺一不可。所以，不是說（志工）只有搬器材、搬桌子，而是他們站在這裡，他們就是主角。」
——資深志工・顏渼姈

15 街友關懷：
一個場所 兩個世界

　　1998年1月18日，寒流來襲又飄著細雨，北區慈濟人醫會在臺北市龍山寺對面的十二號公園停車場，搭起U字型的白色營帳，浩浩蕩蕩舉辦「遊民義診」（現稱為「街友」）。一百多位醫護、藥師、志工，包含檢驗科，共七個科別[25]的行動醫院在此展開，胸腔X光巡迴車也在旁服務。

　　場地佈置時，有些提早到來的街友自動加入場佈的行列，有幾位則穿起雨衣與慈濟人一起指揮交通。一位七十餘歲的老街友，拖著蹣跚步伐一拐一拐走進會場，他數年前車禍被撞、肇事者逃逸，受傷卻讓他原本提供「包住」的大廈管理員工作也丟了，只好過起街頭人生。他積欠醫藥費沒能清償，也無法就醫。今天，他小心翼翼的收著人醫會醫師開給他的轉診單，開心說著：「**醫生說，有這張單子就可以去看病，也不會被趕了。**」

　　「你好，身體哪裡不舒服呢？」內科醫師溫柔問著，六十歲的阿源（化名）說自己心臟不舒服又受過傷，腰痛腿疼，全身都有病，沒辦法工作、更沒有錢看醫師，說著說著便落淚了，哽咽謝謝醫師幫他看病，一旁志工也連忙安撫著。

♡ 白天與黑夜 迥異的兩個世界

　　1998年冬夜，龍山寺附近的一處牆角，堆起了快兩公尺高的回收垃圾。然而一位街友，竟然走向垃圾堆，對著垃圾說起話來：

「我今天有打零工……」

前來訪視街友的志工呂芳川正納悶著，怎麼會有人對著垃圾堆說話？又隔了好一會兒，垃圾堆裡竟然傳出斷斷續續的聲音……。會是廣播收音機嗎？才這麼一想，垃圾堆裡竟冒出頭來，也是一位街友。原來垃圾堆裡藏著一個小蚊帳、睡著一位街友，他不想被人打擾，就躲進垃圾堆，撐起小空間、安睡其中。

這是呂芳川非常難忘的情景。他也曾跟隨社工前往龍山寺對面的山水市場，一入夜，簡直是兩個世界。「**整個菜市場睡滿了人，不管檯上、檯下。**」到了夜晚，攤商賣菜賣肉的檯子上，早已鋪上厚紙板，躺著人；下方，油水混雜的汙漬地上，同樣鋪了紙箱紙板，也是一個床位，坐臥著街友。其中一位四十多歲的中年人，看上去特別乾淨，他原是公司老闆，經商失敗，最後落腳至此。

這一年，慈濟人醫會的呂芳川、曾美玉、吳啟明……等多位志工，曾隨著臺北市政府社會局社工，夜訪街友。他們曾遇過一位老榮民，睡在廢棄的貨車裡，但是他把貨車裡裡外外打理得非常乾淨，點著一盞小燈，昏黃中有著浪跡天涯的安穩。

還有一對夫妻，為了躲債，帶著兩個孩子睡在廢棄貨櫃底下，不論日夜都得抵抗蚊子大軍的侵擾。人醫志工們也曾在臺北、新北市交會處的水泥橋下，見到窩居老人；還曾在兩座大橋交會處，壓低身子再往上爬，竟有個小天地，上頭有回收家具、床板、床墊，街友們有各自的起居空間。

㉕ 內科、外科、牙科、婦產科、中醫科、精神科及檢驗科。

有一回，時任人醫會副總幹事的曾美玉與志工吳啟明等人，來到了新北市一處公墓，夜訪街友，心裡難免毛毛的，但街友卻十分安然自在，睡臥在墓碑前方那一小塊平臺，說著：「死人不會吵我，只有活人才會吵我、會抓我。」讓曾美玉聽了十分心酸。多數遊民（昔稱遊民，現稱街友）都不喜歡住進「遊民收容所」，規矩多且不自在，但若被警察抓了，就得進收容所。

這些街友，各有不同的人生際遇及獨特個性，工傷、車禍、沒有家人、曾犯錯與家人決裂，甚至被遺棄的老人、智能障礙或精神疾患者……等，他們並非居無定所，市場、公園、車站、天橋下……幾乎都有屬於自己的「固定床位」。從第一天鋪下紙板後，有些一睡便三年、五年，甚至十年之久。

他們幾乎都沒有健保卡，餐風露宿的日常卻讓身體冒著更大的疾病風險。北區人醫會與臺北市政府社會局、創世基金會共同合作，開啟了一年三次，於農曆年節、端午節、中秋節前舉辦大型義診與檢驗、衛教，來服務街友、預防疾病。1998年，人醫會首場在十二號公園停車場的街友義診，在社會局、創世共同宣導下，有357位街友前來掛號看診，可見他們就醫的需求有多高。

這其中310位參與抽血檢查、210位胸腔X光檢驗。看診後，光是必須即刻就醫的便高達112位。檢驗報告也發現，罹患糖尿病的有40餘位，血壓超標的高達208位，肝功能異常也超過四分之一；少數罹患肺結核者，直接送往醫院治療。

♡ 河濱公園的野地行動醫院

1998年5月，第二次街友義診在臺北市萬華區雁鴨河濱公園舉

辦,當時在國軍醫院擔任精神科醫師的李嘉富與妻子陳嘉琦老師,抵達義診現場時,卻被嚇到了,那是他們在護理志工曾美玉邀約下,第一次參與慈濟人醫會義診。

「人山人海,整個義診會場大概有四百多人吧(包括:醫、護、藥師、志工以及就診的街友),沒有想到會是這麼大的陣仗⋯⋯」二十多頂白色營帳下,八個不同科別,再加上醫師諮詢站,野地行動醫院就此展開,一旁還有專業美髮志工群為街友提供洗髮、剪髮服務。

李嘉富坐定後,漸漸發現,每個科別都門庭若市,只有他負責的「精神科」門可羅雀、等不到半個人影。於是,他跟妻子說:「我們回家吧!」

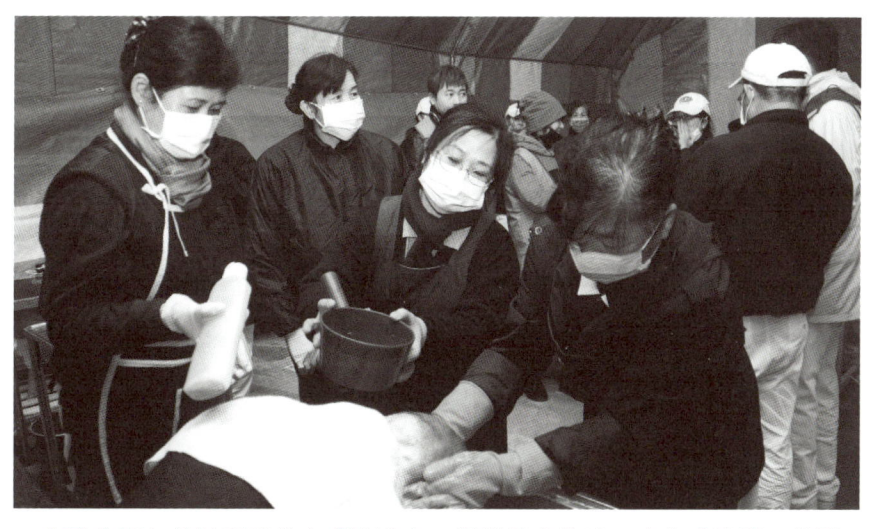

▲人醫會街友義診現場備有「沐浴車」提供熱水洗浴,也有「洗髮、剪髮」服務。圖為 2011 年萬華雁鴨公園的街友義診——洗髮服務。張烯娥／攝

♡ 別啊！醫師大人！

別走啊！醫師大人！

還好還好，李醫師不是一去不回，他腦子裡轉了好幾圈，想著要怎麼吸引街友過來呢？想到帶領護理學生實習的妻子陳嘉琦老師，平常便做了許多衛教海報、教材，於是夫妻倆回家拿海報教材，再火速趕回義診現場。果然，吸睛海報一貼出，就有人好奇的圍過來了。

這次義診服務了250多位街友，其中有許多老面孔，並為78位首次來義診或需追蹤的街友，抽血檢驗及驗血糖。人醫會也與社會局情商，由臺北市政府提供需要醫療追蹤的52位街友一年的健保服務，讓他們擁有就醫人權、重拾健康；醫好身體，也才有重返社會的勞動資本。

除了義診，慈濟人醫會也舉辦寒冬送暖活動，志工顏渼妗說，每當寒流來襲時，大家便很有默契的煮熱食、備衣物，為街友送上熱騰騰的餐點與保暖衣物。

♡ 為街友研發「沐浴車」

義診現場，曾美玉看著一些蓬頭垢面、身體衣服也累積多時汙垢的街友，來請中醫針灸；這讓身為護理師的她，心裡莫名擔心：「會不會感染？」她一一記下每位針灸的街友。因為他們幾乎都有固定夜宿地點，她隔天晚上便一一去查訪、聊天，連續去了三、四個晚上，確認都沒有任何人發炎，這才安下心來。

但也正因如此，人醫會在臺北縣（現新北市）政府的支持下，

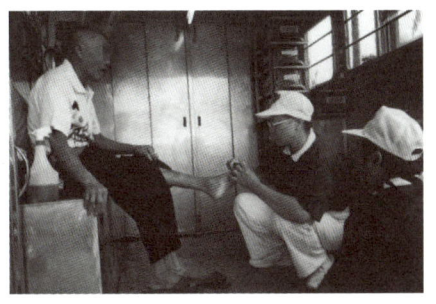

▲專為街友設計的巡迴沐浴車,右圖為志工為街友服務。慈濟基金會／提供

設計並推出「巡迴沐浴車」,每次義診時,讓街友輪流洗澡、洗頭,換衣、換藥,如此一來,不但讓街友神清氣爽,還可以守護他們治療的安全性。

爾後,這臺沐浴車也在夜裡啟動,出巡到臺北橋下、車站、板橋、公園等街友聚集處。有一回,曾美玉正在勸街友小吳(化名)去洗澡,但小吳卻喊著腳痛,「我這裡紅紅的,會痛。」曾美玉一摸他的小腿,竟還溫溫熱熱的,她心想「紅腫熱痛,就是蜂窩性組織炎了。」便要小吳先去洗澡。曾美玉再以優碘為小吳消毒、塗上消炎藥膏,並三令五申的交代同行志工吳啟明:「你明天帶他去市立醫院看病,他一定要趕快治療,他那個蜂窩性組織炎,已經十公分長,六、七公分寬了,一定要趕快去醫院。」

隔天,吳啟明帶小吳看完病後,回報曾美玉:「仙姑啊,小吳抱怨說,以後他再也不要洗澡了。」

「為什麼?洗完不是很舒服嗎?」

「他說,『我本來沒洗澡時,都沒有蚊子叮我;一洗完澡,蚊子就一直來咬我。以後不管你們怎麼說,我都不要洗了⋯⋯攏嘛是你們害的,蚊子一直來,害我整晚都不能睡⋯⋯』」

這話，逗得兩位志工笑呵呵，「你看，我們做慈濟、做人醫會，也是蠻有趣的啊。」曾美玉說。

♡ 期待一個共好的社會

北區人醫會一年三次為街友舉辦大型義診，地點頻頻更迭。首次在萬華十二號公園停車場；第二次轉往萬華雁鴨河濱公園；第三次，來到萬華雙園國小。有段時間，終於穩定的在老松國小舉辦，八到十個科別外，還有沐浴車、洗髮、剪髮服務等。

但好景不常，又有家長反彈，儘管每次義診完，人醫會總是徹底清潔並消毒場地，但也能同理家長的擔憂。

之後，來到萬華市民活動中心義診，同樣做了幾回後，被附近居民抗議了。爾後，臺北市政府社會局也不敢輕易答應大型義診活動，隨著地方政府政黨更替，街友健康照顧改由臺北市立聯合醫院中興與和平院區來接手。北區人醫會的萬華街友義診，自1998年起，服務了13年後，直到2011年，畫上句點。爾後由桃園人醫會在桃園、中壢展開定期定點的街友義診服務。

「慈濟人醫會」這五個字，其中包含了「慈濟人」、「人醫」這些名詞，意喻著是由慈濟人來承擔，也意喻著「以人為本」的醫療，更代表著證嚴法師對醫師的期待，是醫人、醫病更醫心的良醫。而生於這片土地上的每一個人，都是有血有肉、有過愛、也受過傷的——活生生的人，不論境遇如何，都該擁有人權，也值得被尊重。期待未來在更多人的努力下，共創一個包容且共好的社會。

16 最難戒的癮

1998年夏天，人醫會也走進臺北市政府開辦的遊民收容所[26]。人醫會副總幹事曾美玉帶著護理師、志工，每周前往關懷、辦活動，後來發現裡面酗酒成癮的人不少，於是總幹事呂芳川尋求李嘉富醫師的專業協助。

精神科醫師李嘉富時任國軍北投醫院藥癮科主任，有藥酒癮戒癮專長，當呂芳川邀請他能否走進遊民收容所開設「戒酒班」時，李醫師一口答應，爾後還邀請醫院臨床心理師朱憶華共同協作。

每周一次，為期三個月的戒酒班，以小團體形式在收容所裡展開。爽快答應的李嘉富醫師這才發現，每周四，他從國軍北投醫院一路塞車，常常要花一個多小時才到得了收容所，回程再一小時返家。路程遠，但秉著人醫精神，他周周依約前往。

李嘉富從「減害治療」下手，「如果他可以把喝酒的次數減少、量減少，讓造成的傷害減少，就有機會成功，我們抱持這樣的原則、信念，去嘗試。」他也教街友如何思考、如何拒絕酒精。

當李醫師與這群街友更熟悉、更有信任感時，便進入下一個階段，「除了喝酒，我還可以做什麼？還想做什麼？我的人生目標是什麼？」促成戒癮成員思考未來人生的可行性。

戒酒班帶來不小的成效，最先看到的，是他們講話、對待人的

---

[26] 遊民收容所，後改稱街友收容中心，現已更名為「圓通居」，是臺北市政府公辦公營安置街友的居所。

方式改變了，飲酒的頻率大幅降低，也鮮少酒後爆粗口，讓市政府社會局刮目相看。戒酒班課程結束後，每當人醫會舉辦「街友義診」時，只要慈濟師姊告訴收容所的朋友：「李嘉富醫師也會去義診喔。」那群曾參與戒酒小團體的成員便不約而同的去「看看李醫師」！

第二年，為了有更多醫療資源，李嘉富徵求國軍北投醫院院長的支持，讓街友來醫院。每周一次，呂芳川包了十二人座的廂型車，把收容所的街友送進北投國軍醫院，在這處市定古蹟參加「戒酒團體」，透過李醫師及院方心理師的帶領，讓他們漸漸理解自我、走出失志飲酒的心靈桎梏。

戒癮是條漫漫長路，有些人自此成功戒癮；也有些人因周遭環境或壓力而再度陷落。李嘉富說，陷落後或許會再爬起來，也或許就像他現在主責長照、失智領域的病人，「他會因為看了我以後，就不再失智了嗎？不會！但不一樣的是，在他最苦的時候，我曾陪他一起走過。」這正是陪伴的深意。

♡ 從抗拒到期待

在遊民收容所開設「戒酒班」的同時，護理人員曾美玉、高培蓓及志工鮑芳薇、吳啟明等，持續每周二晚上走進收容所，舉辦手作、歌唱等活動，譬如元宵節前，一起手繪燈籠、唱唱歌等；從建立關係、培養信任感，與收容所的街友拉近距離，甚至帶他們到慈濟環保站體驗回收，也為他們媒合工作機會。

這段期間，人醫會邀請失去雙手及右腿的口足畫家謝坤山，到收容所分享人生並展示他以口銜筆的寫畫功夫。得知有些街友愛唱

歌,便邀請客家歌手謝宇威到收容所,與他們一起彈唱人生。

讓曾美玉印象深刻的是,曾有位較為自閉、年約五十歲的阿漢(化名),光是要邀請他出來參與活動,就要耗費很大力氣勸說,「然後一坐下來,你只要靠近他,他就轉過身、不理你。可是到後來,我們都不用去他房間請他,時間到了他就會自己出來參加。」

「每次活動結束時,他們看到我們要回去,都依依不捨。管理員說,他們最快樂的就是禮拜二晚上!」這份成就感,讓人醫會的志工群越做越多,像是年終歲末帶著街友一起粉刷收容所內的舊牆面,以嶄新面貌迎接新的一年。也正因為這些活動,強化了戒酒班的成效,有些住民原本滿口粗話,起初是只要看到慈濟志工便收斂,但後來即使日常也鮮少「出口成髒」,更緩和了某些街友之間緊張對立的氣氛。

慈濟志工有時也扮演起「特殊尋人任務」。有一回,志工黃秋良[27]及林本榮師兄前往醫院探望一位罹患口腔癌的街友小林(化名),得知重病的他,很希望能找到離散多年的女兒。志工不放過任何蛛絲馬跡,卯勁尋人,終於為他找到女兒,小林一聽到女兒的聲音時,立刻紅了眼眶。林本榮也為一名女性街友找到她的兒子,讓母子倆在收容所裡溫馨相見。

志工也協助街友媒合工作、展開一對一的關懷陪伴,「不是一定要他們每個人都能夠回到社會,這是緣木求魚、不那麼容易的。主要是,你看到大家在這個過程裡,一點一滴的在改變──不再飆

---

[27] 黃秋良曾任北區人醫會第四隊創隊隊長。

髒話、不再輕易發怒；原本冷漠的變得有笑容；街友之間原本不來往的，卻能互相成為朋友。」曾美玉說，只要街友開始恢復與他人的連結，便十足珍貴。

在志工長年陪伴下，也曾讓其中好幾位街友，從流浪街頭到投入職場、重返社會，甚至加入慈濟，成為「慈誠隊」[28]的一員。北區人醫會在遊民收容所持續了近五年的陪伴，爾後轉給在地慈濟志工，繼續關懷。

♡ 平宅裡的春天

2000年，總幹事呂芳川的電話響起，來電的是臺北市政府的社工督導，說在《自立晚報》上看到慈濟人醫會遊民戒酒班的報導，佔了四分之一的版面，然而呂芳川卻渾然不知這個方案被報導了。

這位社工督導希望能邀請人醫會複製遊民收容所的陪伴戒治模式，引進臺北市一處「平宅」（社會局提供給低收入戶的社會住宅），因為平宅裡的貧困住戶同樣有著藥酒癮的問題。

當時社工提出了十一個家庭有此需求，他們家中的主要經濟支持者受困於藥酒癮，導致工作不穩定、生活更加艱辛。呂芳川再度邀請神隊友——身心科醫師李嘉富及副總幹事曾美玉來共同統籌協助。

為了避免參加者一看到「戒酒班」三個字便心生排斥，呂芳川把專案改稱為「美滿家庭成長班」，在曾美玉等人的努力下，邀請到十位護理師，願意每周一次，一對一的來陪伴這十一個家庭[29]。

就這樣，平宅的活動中心裡，開始有了春天的氣息與色彩。

曾美玉等十位護理師及吳啟明、鮑芳薇等志工，每周四將水果、茶點、創意手作活動帶進平宅，從製作小木偶、端午包紙粽子到插花藝術等各式活動五花八門，鼓勵全家大小來參與。活動結束後，這十位護理師也會與各自負責的家長個案談心、聊近況。

♡ 來自不幸家庭的坎坷人生

曾美玉參與後發現，平宅裡有幾位不只酗酒，還有藥毒癮問題，但因為窮，沒有錢吸毒，便吸強力膠。周周相聚，曾美玉也聽了許多他們的故事，「**都很讓人心酸啊。**」每位上癮者，都有各自不同的坎坷人生，唯一相似的是，幾乎都來自不幸的家庭，心裡的痛成了無明的癮，他們因不被了解而感到孤獨，或是走偏了被家庭社會拒於門外乃至自暴自棄。

成長班進行了一段時間後，有幾位戒癮者輪番以「這周孩子要考試」為藉口不能來。人醫團隊再想對策，便告訴他們，護理師也可以輔導孩子們數學、國文等需要加強的科目，請家長把孩子帶來活動中心。於是孩子們每周四也一起來報到。呂芳川、曾美玉及這群護理師見招拆招，甚至協助他們處理生活中遇到的各項難題，讓這個小團體越來越穩定的前進。

平宅裡有位婦女小嵐（化名）經常在社區裡串門子，但她串的是酒門，總是四處去看看哪邊有酒喝，便過去蹭酒喝。有一天，成

㉘ 慈濟稱呼男眾志工為「慈誠」，證嚴法師期勉志工外行「慈」悲喜捨，內修「誠」正信實，故名「慈誠」。

㉙ 平宅專案一共邀約到十位護理師，持續兩年四個月，每周一次，陪伴十一個家庭，其中一位護理師陪伴兩戶人家。

長班小團體課程正在進行時，小嵐一臉微醺的跑來借廁所。呂芳川師兄正巧那天也在，便告訴小嵐：「我們每個禮拜四晚上都有活動，妳也要來參加喔。」她笑笑地說：「好好好，下個禮拜我會來。」

沒想到下周四，小嵐真的來了。她持續穩定的參加成長班後，市政府的社工督導發現，小嵐改變很多，越來越少喝酒、講話也變得有禮貌了。就在一切有了新的轉變之際，小嵐卻突然收到法院的傳單──起因自好幾個月前，小嵐酒醉後敲擊、毀損了一輛車，因此被告。社工督導聞訊，趕緊找呂芳川商討對策：「師兄啊，小嵐現在變得這麼好，萬一人家告她，她又要上法院，我們就前功盡棄了⋯⋯」

於是，呂芳川師兄找小嵐、原告在警察局談和解。一位員警看到熟悉的小嵐，便忍不住兇她：「妳又喝酒、又闖禍。」呂芳川趕緊把警察帶到一旁說著：「警察先生，她最近改變很多，我們一起努力好不好？」但這位員警顯得不以為然。

商談和解前，呂師兄已在警局外先叮嚀小嵐：「妳等一下一定要笑著臉，妳已經改變很多，就用妳現在的態度來說話。再來，妳要稱呼那位原告『○○姊』，一定要誠心跟人家道歉⋯⋯」

進了警局，小嵐向原告道歉：「桂蘭姊（化名），以前我真的是因為喝酒把妳車子弄壞了，對不起！我要跟你道歉，希望妳原諒我、包容我，我一定會學好⋯⋯」小嵐的一番話讓員警非常吃驚，因為他認識的這位婦女過去並非如此，現在卻不一樣了。後來達成和解，原告便撤告了。

♡ 真情陪伴 伴出春天的花蕊

　　北區慈濟人醫會在「平宅」兩年四個月的專案結束後，小嵐一家也有了新的轉變。她的三個女兒很爭氣，已在工作的兩個女兒合力在土城附近買了小房，最小的女兒念了護校，她們搬離平宅時，還特地打電話告訴呂芳川搬家了，同時謝謝人醫會兩年多的陪伴。

　　這群人醫會的護理師與志工們，帶著使命與真情相伴；只要遇到問題或瓶頸，便諮詢最強後盾李嘉富醫師。就這樣，半年、一年、兩年多後，這些家庭也點點滴滴的改變、起起伏伏的進步著。就這樣，冬天播下的種子，在兩年半後的春天開花了，在人醫會長期陪伴下，六個家庭的家長成功戒癮（包括一位吸膠婦女）、走出困境。

　　兩年後的某一天，呂芳川在臺大附近的臭豆腐攤用餐時，突然有位小女孩跑了過來，喊著：「師伯！」仔細一看，正是平宅裡的女孩。「妳媽媽呢？」女孩指著巷口，她的媽媽跟呂芳川師兄揮著手，看起來很有精神。「那位媽媽成功戒癮後，孩子也有媽媽在身邊陪伴了，看了真的很高興。」呂芳川說。

　　「戒癮」是難度非常高的任務，呂芳川、曾美玉歸功於十位護理師的長情陪伴，「**她們無所求的付出，持續跑了兩年半的平宅，真的太不容易了！**」這十位護理人員是：曾美玉、高培蓓、羅淑芳、張素燕、李黃素薰、李素禎、馬麗香、譚慧芬、許雪華、施月真。

17 為街友做假牙

　　1999年，九二一大地震，慈濟人醫會緊急號召醫護、醫事人員。得知訊息的黃祥麟醫師很徬徨，他想去，但又深怕專精牙科的自己，去了無用武之地。

　　幾番掙扎後，他決定出發了，帶著許多牙刷牙膏前進災區。現場如他所料，有些牙醫師去協助外科縫針。黃祥麟則被派駐在南投中寮國小，眼前的場景很驚人，教室屋頂整個崩塌下來。牙科沒有勤務，他轉往中寮國中支援。一路上，挨家挨戶都在辦喪事、損毀的樓門前，盡是靈堂。

　　來到中寮國中，場景更悽慘，一整排三層樓的教室往下墜成一樓。義診安排在安全空地，他等了半天，終於等到一位阿嬤朝牙科走來，好不容易有人來，他格外振奮。

　　但是，阿嬤不是來看牙，是想做假牙，因為地震時，假牙忘了拿出來，房子被壓垮，找不回來了。但臨時義診現場沒辦法做假牙，「我只好跟阿嬤說抱歉，看到她失望的神情，心裡也真的很痛，那時也意想不到，會遇到這樣的情況。」

　　黃祥麟失落的心情尚未平復，又來一位老伯，也是同樣的問題。老人家睡前會將假牙取下來，但地震時急著逃，來不及拿。

　　「沒有牙齒，連吃東西都困難，為什麼我幫不上這個忙……」這個陰影一直留在黃祥麟的心底，種下了日後，再困難，也要幫街友做假牙的因緣。

♡ 街頭生活 病痛纏身

早期，黃祥麟參與人醫會「遊民義診」時便發現，「街友會來看牙齒，通常是很痛、進食都有問題了，才會來。」只是蛀牙，他們不會出現，因此來到黃醫師眼前的，一個比一個嚴重、缺牙也非常多，甚至全口沒牙，影響健康，他們也希望可以做假牙。

起初，遊民義診並沒有這項服務，「街友一躺上牙科診療床，聽到沒有做假牙，他就立刻下來，連看都不讓我們看了。」牙科醫師也將現場的需求反映給人醫會。義診做假牙，是超級高難度，然而有願就有力。一、兩年後，因緣成熟，總幹事呂芳川促成並詢問，有沒有醫師願意承擔「製作假牙」這項服務？「我願意！」黃祥麟笑說，他終於可以彌補「九二一」的心理創傷了。

然而，這並不是件容易的事。製作假牙，需要四、五次的看牙診療，包括修整治療、取模、試戴、修整等細活，大約六周才能完成。人醫會每隔一周或兩周，便開著「牙科巡迴醫療車」到臺北市政府萬華社會福利服務中心附近，啟動為街友製作假牙的服務。有時風和日麗；有時豔陽曬得人車都發燙；也有暴雨傾盆襲擊時。但不管什麼天氣，街友來做假牙，身上總掛著大包小包，所有家當都揹過來，放在巡迴車旁。

「有一回，發電機突然壞了、停電，趕緊跟隔壁警察局借電。然後，志工師兄在外頭修車，我在裡頭修牙。」黃祥麟說，當時什麼情況都遇過。

自從假牙服務開始後，人醫會每年三次（端午、中秋、農曆年前）舉辦大型街友義診時，黃祥麟總跑去掛號排隊處，緊盯著每位

街友的臉頰，一看到嘴部凹陷或缺牙的，就請他來看牙科、做假牙。他熱心，街友也開心，每次義診平均約有八位街友需要做全口假牙，還好有巡迴醫療車，能跟街友約定後續治療時間。

某次，牙科巡迴車移師至板橋華江國中附近，儘管通知街友義診的時間是下午一點，但是華江橋一帶的街友，早上九點便拎著大包小包，徒步走過來等待。「可見他們對假牙的需求與期待。」黃祥麟說：「牙齒補齊了，不只能健康吃喝，若要找工作，也是重要門面呢。」

♡ 最珍貴的禮物

大型義診時，也曾碰到有些街友無法當場取模製作，因為還需大幅整理牙齒後才能取模型，黃祥麟便請他們先去和平醫院的街友門診，把該拔除的殘牙拔掉、該補的先補，「三個月後，你回來，我幫你做『全口假牙』。」多數街友都願意配合，也如願做了全口假牙。

黃祥麟也發現，自從為街友做假牙後，牙科義診的回診率也大幅提升了。當然，也曾遇過，已經取模、做好假牙，但街友卻沒依約前來試戴；但所幸不多，只能等待。

那兩年間，黃祥麟醫師幫一百多位街友安裝假牙。其中有一位街友阿正（化名），某日突然出現在永和、黃祥麟開設的牙科診所前。四十多歲的阿正患有昏睡症，一坐下沒多久就會睡著，因此找工作相當不易，後來成了街友、睡在火車站。黃祥麟醫師與他相處，感受到他的堅強與不易，每次人醫會在火車站舉辦外籍移工義診時，他都會帶些食品物資去給阿正，他也曾讓阿正去他診所，為

他免費治療牙齒。

這天，阿正剛好有打零工的機會，幫社區打掃後，住戶送了半箱橘子給他。沒想到，他扛著這箱橘子從火車站一路走到永和黃祥麟醫師的診所，送來給黃醫師。黃祥麟欣然接受，也告訴他：「**路太遠了，你這樣走太辛苦了。**」但他捨不得花錢搭車，也沒什麼錢可以坐車，而選擇徒步。

箱子裡的橘子已過軟、起皺了，散發出過熟的香味，卻是黃祥麟收過最珍貴的禮物。

♡ 夜裡發光的藥局

因為幫街友做假牙的緣分，黃祥麟得知其中幾位街友的困難後，也會轉介給藥師高鶯鶯。高鶯鶯笑說：「**黃祥麟醫師很慈悲，很會串連，好事大家一起做。**」

當時高鶯鶯夫妻在西門町開設武昌藥局，有幾位街友便會來免費請藥。起初，高鶯鶯曾疑惑，看上去好手好腳的，為什麼會變成社會邊緣人？但多接觸、聊天後，便發現他們身體、心裡都有很多傷與苦，因為不被理解，有時積累成憤世嫉俗，像團團纏繞的麻線，難以解開。

比如，一位五十餘歲的街友小吳（化名），他一開始來拿藥，拿得理直氣壯，高鶯鶯也給得理直氣壯。但那其實是一種防衛姿態，當他發現高鶯鶯對他溫和有禮，態度也一百八十度的逆轉了。

小吳會跟一頭灰白髮、已是阿嬤的高鶯鶯師姊聊夢想，聊起他真的很想工作，但是身體疼痛，心臟也痛，「他來都拿止痛藥，或

感冒了就來拿感冒藥，他常說我們這邊的藥比較有效。」鶯鶯師姊說。

「他也是一個人啊，需要人家多一點關懷、多一點同理。可是因為身上有味道，若去別的店家，總是被另眼看待，也是很苦啊。」

漸漸的，小吳也跟高鶯鶯說起自己的沮喪，「我怎麼活得這麼窩囊，他們都看不起我……」高鶯鶯安慰他：「你很厲害的，是他們沒眼光……」

對小吳來說，這裡像個夜晚會發光的藥局，不只給他藥，還為他的窘迫人生注入一點光亮。

小吳有很多夢想，慈濟的師兄也協助他重辦身分證、找工作；有了證件後，鶯鶯師姊介紹醫師，讓他好好治病。一切似乎漸漸上軌道，小吳也好長一段時間沒有出現在藥局了。直到有一天，有位中年女性來到藥局，怔怔張望著高鶯鶯。

「我才知道，他走了，心臟病。」高鶯鶯說，小吳的女友來藥局告訴她。「或許知道他常來我店裡聊天，知道我們很關心他，所以她才特地來告訴我。」

高鶯鶯師姊不勝唏噓：「不知道人生最後，他心裡的坎，過去了沒有……」

18 有溫度的移工義診：
臺北市移工義診

　　2024年3月，臺北火車站一樓大廳熱鬧非凡。身穿白袍的醫師、五座牙科診療床與儀器一字排開、帳篷圍起腹部超音波檢查室、內科、耳鼻喉科、婦科、身心科、中醫科等專科各據一方，宛如一座行動醫院，壯觀的在火車站大廳展開，上百位外籍移工排隊掛號、等候著基礎檢查及分科看診。

　　這是北區慈濟人醫會定期舉辦的「外籍移工義診」，上百名醫、護、藥師及志工，全是自費自假來服務，浩浩蕩蕩又井然有序，因為已經邁入第二十一年了！如此長情的關懷，最初是源自一位菲律賓籍移工的請願。

「我們是一群沒有人關心的人」

　　那是2003年的夏天，菲律賓籍的女性移工Pem，曾跟隨雇主黃秋良夫婦參與石門等地義診，去了幾回後，她鼓起勇氣跟黃秋良訴苦：「老闆，你們禮拜天都會去照顧你們的同胞，但是我們外地來的，都沒有人照顧。我們平常也沒時間看醫生，偶爾（周六日）放假時，醫院又沒有開，我們好像一群沒有人關心的人……可以也為我們辦義診嗎？」

　　時任北區慈濟人醫會第四隊隊長的黃秋良，一聽也覺得有理，爽快答應：「好，沒問題！」這些離鄉背井來到臺灣的移工，一部分協助照顧家中長輩；一部分在工廠或公共工程建設為臺灣創造經

濟奇蹟，工作十分辛勞，但走在路上、坐在公車捷運裡卻常被「另眼相待」。Pem還提到，她的朋友曾遇過非常苛刻、會把冰箱上鎖，甚至虐待移工的雇主。

當時，臺灣有三十多萬名外籍移工，臺北市湧入了非常多菲律賓籍移工。黃秋良思索著，也問Pem：「你們都在哪裡做禮拜呢？」Pem說：「中山北路二段的聖多福教堂。」

聖多福教堂曾有一位菲律賓籍的神父，以母語他加祿語（Tagalog）帶領彌撒，吸引了非常多菲籍移工來此，教堂附近還有菲律賓小食堂、咖啡館，鄰近的雙城公園，是他們望彌撒結束後聊天紓壓的地方，這一帶曾被稱為「小菲律賓」、他們最愛的中山區。

黃秋良也邀請Pem來當志工，「我們來辦義診，那你也要找你的鄉親朋友，一起來當志工，幫忙翻譯。」「當然好！」

黃秋良與第四隊幹部從教堂到公園，實地探勘適合的場地，為了擴大服務、讓義診宣傳直達移工，人醫會也與臺北市政府商議共同舉辦。2003年9月7日，第一場「外籍勞工健康關懷」六個科別的行動醫院在雙城公園展開了，十位穿著赭黃色背心的外籍志工來協助翻譯、引導，Pem也在其中。

雙城公園內，搭起許多白色帳篷，各個科別排著長長的隊伍，幾株大樹林蔭下，設有「衛教、團康」舞臺區，擺放了五十張座椅，全坐滿了移工。22年前，手機、網路及免費通話軟體尚未普及，電話費高昂，人醫會貼心準備了電話卡，在衛教有獎徵答時贈送，移工鄉親高興極了，領到卡便想聯絡家鄉的父母、孩子。

那天，上百位移工前來看診，笑聲、歌聲，繚繞了整座公園，也讓慈濟人醫會、臺北市勞工局正視外籍移工的就醫需求。

♡ 遍地開花的移工義診

繼雙城公園後，2004年，在黃秋良帶領下，人醫會又到天主教的聖多福教堂、基督教的靈糧堂、臺北新公園（現為二二八和平紀念公園）、臺北車站等外籍移工的聚集地舉辦義診。不僅提供多科別醫師看診，更有完整的基礎身體檢測——從血壓、體脂、骨密度、體適能、視力、牙科、眼科、心肺功能檢測等，檢測報告也在現場印出讓他們帶走。參與的移工越來越多，當時，到臺北火車站參與健檢義診的移工，單次最高曾達四百餘位。

頻繁接觸後，黃秋良、顏湨妗發現外籍移工很愛唱歌，唱歌跟吃家鄉味食物一樣，解鄉愁外，還能抒發情感、釋放壓力、讓心洋

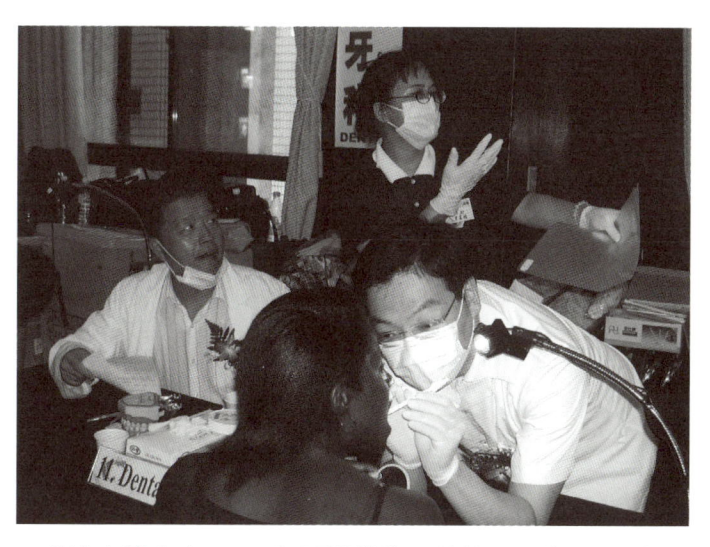

▲慈濟人醫會自2003年即開辦移工義診，圖為2004年在天主教聖家堂的義診，當時臺北市立婦幼醫院的醫師也都來鼎力協助。圖／黃秋良提供

溢。於是，他們與同樣關懷移工權益的天主教新事社會服務中心合作，在成淵國中、靈糧堂為移工辦起「歌唱大賽」，報名之踴躍，遠遠超出預期。

黃秋良夫婦自費製作了印有「We are family」的T恤，送給參賽者及工作人員。歌唱比賽的指定曲是「一家人」，正如T恤想傳達的情感；另一首自定曲，移工們多數選擇家鄉歌曲。兩百多位移工報名歌唱大賽，他們來自菲律賓、泰國、越南、大陸……等地，還有些雇主特地前來喝采，現場歡聲鼓舞，讓黃秋良、顏渼姈至今難忘。

2005年起，人醫會每月一場的移工義診[30]，就在臺北火車站、聖多福教堂輪流舉辦，每次至少六到八個科別。有位菲律賓籍的女性移工，原在臺北工作，她來義診看病也協助翻譯，後來工作地點轉換至高雄，她還專程搭車北上參加義診。更暖心的是，她特地做了家鄉味的糕點給醫護志工，只為表達感謝。

隨著義診年復一年，有些移工從原本的就診者轉身成為志工；有些帶來手作甜點分享；更有些主動捐款給慈濟人醫會，每到農曆年前的義診，便有許多移工帶著竹筒（存錢筒）來捐款。他們感謝的，不只是醫療，還有那份對他們的尊重──「這裡的醫生對我們很好、很有耐心，其他人（志工）也是，會跟我們聊天，問我們有什麼需要……」他們發現即使人在異鄉，也有一群人願意聽他們談病說痛，因此來看診的移工也越來越多。

爾後，在人醫會第四隊主責、中正區慈濟志工協力支持下，臺北市的移工義診落腳在臺北火車站內定期舉辦。但其中有三、四年，或許是民眾抗議也或許是其他原因，人醫會被請到火車站外義

▲ 2005年慈濟人醫會結合臺北市勞工局、新事社會服務中心，為移工舉辦歌唱大賽，報名踴躍，圖為獲獎者合影，左二為時任第四隊隊長的黃秋良。圖／黃秋良提供

診，便在車站的南門外，搭起二十頂帳篷，繼續為移工服務。

那時，管線機動志工的師兄們特別辛苦，夏天在烈日下滿頭大汗的組裝帳篷；到了冬天，寒流來襲或是風吹雨打也要架好營帳。

讓顏湙姈最難忘的是，有一回颱風外圍環流來侵擾，義診到一半，風雨毫不留情的越下越大，帳篷也擋不了，醫護志工冒著風雨看完診，最後卻連掛號、工作的電腦都進水。慘痛教訓，讓黃秋良、顏湙姈鼓起勇氣與臺北火車站站長協商，2012年10月，終於又回到了火車站北二門的內側空間義診了。

㉚ 2011年起，移工義診服務地點新增「新北市」，因而臺北市改為兩個月一次大型義診。

人醫會衷心感謝臺北火車站長期來的支持。2024年3月，移工義診首度移師到車站中央大廳，來看病的移工更為踴躍！

♡ 翻譯助陣 讓醫療更有溫度

有位印尼籍的移工阿蒂說，她國語說得不好，若去看病，也不知道怎麼表達，會很緊張。但是慈濟義診有印尼志工協助翻譯，幫她解釋哪裡不舒服，她也能聽得懂醫師的說明。這也是移工總是等待著義診日來看病的主因之一。

人醫會邀請不同國籍的翻譯志工服務。有些移工在家鄉千里之外，因為義診認識了同鄉人，彼此加油打氣，讓異地的工作生活更有支撐。也有雇主從一開始的起疑反對，到最後陪著移工來義診，甚至捐款給慈濟。

「我最喜歡看到雇主跟著移工一起來的畫面。」黃秋良說，曾有位雇主告訴他，原先是怕被移工騙，也怕移工被騙，於是心懷疑慮的跟著出門，來到現場卻感動萬分。

坐著輪椅的雇主或老人家跟著來，也不無聊，因為義診設置了「愛灑舞臺」區，人醫會邀請慈濟青年志工來帶團康、衛教，也曾邀請陪伴多時的街友小萬來彈吉他、唱歌表演；更有志工與護理師唱作俱佳的「健康新知」短劇演出。

♡ 把「牙科診間」搬到火車站

每次移工義診，最熱門的科別，莫過於牙科。因為看牙的費用較高昂且都須「預約排診」，對移工而言相對不易，因此牙科總是大排長龍。

昔日牙科團隊陳光榮醫師為提高器材規格，曾捐贈了六臺牙科行動診療儀器。更動人的是，許多牙醫師、牙助們長年支持，只要義診日便排除萬難前來，每每看著治療完、洗完牙的移工一臉歡喜、感謝，就讓大家更有動力。

　　曾任第四隊隊長的黃祥麟醫師，長期擔任移工義診的醫師窗口，每次臺北市、新北市的移工義診，都可看到他的身影。他歡喜提及，2024年起，陽明交通大學的牙醫教授林元敏醫師，也把他們一手打造的「數位牙科巡迴車」帶來加入移工義診的行列。牙醫師只要電子儀器掃描完病人牙齒後，病人無須移動，便可將資料傳輸到巡迴車，只要一個多小時，便可完成假牙製作、安裝黏合與修牙，是行動醫學科技的一大里程碑，將造福更多外籍移工。

♡ 從精神科到身心科 擺脫不了的汙名

　　北區慈濟人醫會副召集人、也是身心醫學科的李嘉富醫師，早期曾在街友義診中遭遇精神科「等無人」的窘境。到了移工義診，他力求改變，把精神科改成「身心科」，卻同樣乏人問津。

　　「如果來我這邊看診，就把自己或他人當成腦袋有問題的人，這個觀念不改變，我們換什麼名稱都一樣。」

　　因為汙名化，人醫會還曾在義診現場搭起帳蓬作為遮蔽，讓來來往往的人不會看到身心科的就診者。讓李嘉富印象深刻的是，有一回，「外籍移工義診」卻走進了一位年邁的臺灣爸爸帶著兒子小林（化名）來看診。小林在銀行擔任中階主管，憂鬱症卻不敢去看精神科，看了其他科別都無法緩解。他一開口便說想辭職，問李醫師好不好。他擔心憂鬱引發的負面想法，無法做好工作。李嘉富與

他懇談、聽他的擔憂，便勸慰他：「現在經濟不景氣，你在銀行是金飯碗，若辭職後再回來可能有困難，那你的老闆對你怎麼樣？」

這麼一來一往，細細理解，李醫師邀請小林到他的門診好好治療，不必急著辭職，而是「能否請老闆給你一點時間，告訴他，你最近工作效率可能沒那麼好，但是會好好治療、恢復以往。」小林聽進去了，沒有辭職。後來，他依約看診，最後也康復了。又過了好長一段時間，小林突然出現在李醫師的診間，李嘉富正擔心著，沒想到他說：「李醫師，我今天不是來看病的，是來謝謝您，我結婚了……」

緣分很奇妙，又過了幾年，有一回在失智照顧課程演講最後，擔任主持人的李嘉富問大家有沒有問題？一位老先生舉手說要謝謝李醫師，「但我根本不認識他啊，會後他來致意，原來是當年小林的父親。」也得知小林有了孩子了，工作依舊安穩。

♡ 以「心情溫度計」主動出擊

要如何才能吸引外籍移工來到義診「身心科」呢？李嘉富又開始出奇招了。

他想到，臺灣憂鬱症防治協會的創會理事長李明濱教授，曾設計一份「簡式健康量表BSRS-5」，也稱為「心情溫度計」，用意在迅速理解個人的身心狀態，以便進一步提供服務。

李嘉富醫師在徵求李明濱教授的同意後，將「心情溫度計」量表翻譯成菲律賓文、英文、越南、泰國、印尼等各國語文，在義診現場，主動出擊，透過量表找出需要關懷的對象。

之後更直接在義診掛號處，讓外籍翻譯志工陪著看診者填寫簡易量表，針對「是否有睡眠困難？是否容易感到緊張不安？是否感覺憂鬱或心情低落……」等問題來回答。需要進一步關懷者，便徵求同意、安排到身心科看診，量表推出後，「身心科」從此成了義診中的熱門科別。

李嘉富從不輕易錯過移工義診，甚至曾在出國開會、返臺時，一下飛機便趕到臺北火車站。但不論是否出國，他總是拖著行李箱，帶著一臺醫院專用的「壓力檢測儀器」、HRV—心率檢測儀器來到現場，傾聽之外，也為病人檢測。

他發現有不少移工都有「睡眠障礙」。

「我晚上都睡不著，醫生，怎麼辦？」「阿嬤半夜都會醒來，

▲人醫會每次定點義診，都設有專業志工「義剪」區，圖為臺北市移工義診的義剪服務。江寶清／攝

我也要陪著，沒辦法好好睡。」「有時候晚上沒有睡覺，就哭出來了，為什麼會這樣？」「醫生，我好想回家，可是沒有辦法⋯⋯」有人說著說著就掉淚了。

「其實他們只是需要找人談話、紓解壓力，只要心理的結解開了，便能不藥而癒。」李嘉富也教移工，如何透過專注呼吸、冥想，來釋放壓力。

李嘉富還發現，看診看到一半時，如果有人一直在診外徘徊，「到了快收攤，才忍不住跑進來，那樣的個案通常都是更需要去協助、關懷的。」

有一回「徘徊劇」再度上演，身心科志工輕巧探問著：「怎麼了？要不要來看看？」這位先生回說：「沒有啦，我只是在等醫師有空，想跟他說『謝謝』。」前幾次義診時，這位移工曾來看過身心科，當時他剛到臺灣，人生地不熟、壓力大、心情很低落，但跟李醫師談完話後，眉頭漸開，也學到紓壓的方法，後來也不藥而癒。他的徘徊，是感謝。

問李醫師，為什麼可以投入義診二十六年？「欸，這⋯⋯我也不知道，該怎麼說呢⋯⋯」換成他對自己的付出靦腆了起來，一如他長年奉行低調的作風。從最早的街友義診、偏鄉義診到移工義診，他是參與率最高的醫師之一，或許是那一雙雙懇切求助的雙眼；或許是一句靦腆、帶著異國口音的「謝謝」，讓他的腳步，不曾停歇。

19 離鄉背井到臺灣：
新北市移工義診

　　2023年暮春時分，新北市政府市民廣場搭建的舞臺上，載歌載舞熱鬧滾滾。許多穿著越南傳統服飾的女性，一身粉紫、鮮黃、水綠、藏紅長衫，就像在春天綻放的花朵。

　　這是新北市政府勞工局舉辦的「2023臺越同樂在新北」活動，北區慈濟人醫會受邀來此為外籍移工義診。人醫會自2011年即與新北市政府合作，已持續超過十餘年，每年舉辦四次，分別結合越南、泰國、印尼、菲律賓四個民族的重要節慶來舉辦。譬如，四月十三日配合泰國潑水節；六月九日是菲律賓國慶；九月則是印尼開齋節。

　　這次則是以越南移工為主的春節活動，目前約有四十萬名越南鄉親在臺灣工作或生活，趁著歡樂節慶，慈濟人醫會為這群遠離家鄉，為臺灣長照或經濟打拚的異鄉人健康檢查、義診，也幫忙免費驗光、配戴老花眼鏡，更有專業理髮師現場義剪。

♡ 穿上慈濟背心的越南籍志工

　　五顏六色的優雅長衫，也現身在北區慈濟人醫會的義診現場，她們來自越南，也是慈濟「新住民成長班」的志工或學員，來此協助翻譯。迴廊上，她們正圍著資深志工顏渼妗，仔細聆聽外籍移工義診的「行前叮嚀」。

　　「我們今天有八個科別，在最前面的量血壓、身高體重這一

站,要請您們問:『你有哪個地方不舒服?』,然後在健康檢查表上,先做記號,比如牙齒痛就在牙科上做記號。病人接著就到『分科問診』,還會有志工再確認一次。」顏湘妗加強語氣說道:「健康檢查表填完,翻面,才是各位的重點工作『心情溫度計』。」

「這邊要仔細問喔!譬如,關於睡眠,他如果說睡得很好,那要追問『你從幾點睡到幾點?』,如果他回答,從半夜兩點睡到五點,那他睡得好不好?」

越南籍翻譯志工紛紛搖頭:「睡得不好。」

「他說他心情不錯,那要問他一天吃幾餐、吃幾碗飯,如果他常常吃不太下,或是一餐吃三碗飯,這樣他好不好?」越南志工們答:「不好。」

湘妗師姊殷殷叮嚀這八位翻譯志工:「不是只有填表而已,妳可以多關心他……」填完表單後,她請大家講一些「祝福的話」,讓移工在人生地不熟的臺灣,感覺到人間有溫情。

除了這八位越南籍慈濟志工外,人醫會也透過人力仲介公司再邀請八位越南籍及其他國籍志工,共同協助翻譯。慈濟板橋區生活組的志工,則一如往常,貼心的準備了所有志工的便當及茶水,一個個灰色便當盒裡,裝著師姊們一早起來烹煮的餐食,色香味俱全。用完餐,再將一百三十個便當盒收回清洗,力行環保是慈濟人的日常。

♡ 照顧不開心的阿嬤

阿芳(化名)從越南來到臺灣工作七年了,去年,她在工作上

遇到前所未有的挑戰。她來到身心科李嘉富醫師面前，說著她的困擾。

「我照顧的阿嬤很不開心，我每天給她講好多笑話，她還是很不開心，我只是希望她能給我一個笑容，為什麼那麼困難？如果一個老人每天唸、每天生氣，我們要用什麼方法去了解她，也不要傷害到我們(原本)的個性？」

李嘉富醫師：「我覺得妳很棒，問這個問題很好，聽起來阿嬤脾氣不太好，所以妳照顧得有點辛苦……妳有沒有跟阿嬤談過：『阿嬤，妳是在生氣什麼呢？』……」

阿芳說，她剛開始照顧阿嬤時，阿嬤身心狀況都很糟，現在身體已經好很多了，但脾氣依然固執難解。比如，她拿盤子給阿嬤，第一次拿的，阿嬤嫌太小；阿芳換了一只，阿嬤又嫌太大；再換一個盤子，仍沒如阿嬤的意，最後她只好端出五個盤子，問阿嬤要用哪一個，但阿嬤又生氣了。光是選一個盤子，就要花上一小時。李醫師教她，聽起來阿嬤很有自己的想法，或許試著先問問她的意見再行動。

八十四歲的阿嬤凡事堅持固執，子女來看她時也常挨罵，導致兒女越來越疏遠，即使來了、待的時間也越來越短。先前照顧阿嬤的看護總是待一、兩個月就離開了，阿芳照顧阿嬤快一年了，算是最耐罵的一位，但如今也到了難以承受的瓶頸。

「所以妳知道，阿嬤不是只有對妳這樣，我相信她的兒子女兒一定非常感謝妳，因為妳幫了他們很大的忙……」李醫師說，也教她，若與主導性較強的長輩溝通，可以試著先請教長輩的意見。

「我知道，所以我也是原諒她，她的兒子女兒也是對我很好。」阿芳說，她越南的家鄉種稻，她是從很窮很窮的鄉下過來的，所以她不怕辛苦，「只是有時候，這個不對，那個也不對，到底，我做什麼才對？」

照顧著阿嬤的阿芳，有時也會思念家鄉年邁的父母。她會用自己賺的錢，買阿嬤喜歡的零嘴，但阿嬤都不太吃，她仍設法講講笑話，希望老人家臉上能有些笑容，依然不易。

♡ 三年返鄉一次 只求家人平安

阿芳還有兩個孩子。她在孩子八歲、十歲時，隻身來到臺灣賺錢，如今孩子已分別十五、十七歲。這七年多來，她只回過越南兩次，每三年返鄉一次，才能抱抱瞬間長大的孩子、看看又更衰老的父母。

阿芳說了她的困難，也說了她如何努力跨越。她每次揚起的善念，就像行走在崎嶇夜路裡，努力為自己點亮的一盞心燈，儘管微弱，還是有光。李嘉富醫師耐心的聽、細細的解，也告訴阿芳，請她建議阿嬤的兒女，帶阿嬤到醫院做健康檢查，包括最重要的失智篩檢。

半個多小時的談話後，李嘉富醫師讓阿芳手握「生理回饋儀」，這是李醫師每次義診必帶的儀器，能測出自律神經相關的生理訊號。如果情緒在比較安定、放鬆的狀態，儀器上的燈號會是藍燈，甚至綠燈；反之則會亮起紅燈。阿芳一握，一開始亮紅燈，李醫師提醒她深呼吸、吐氣；一邊拿出紙片遮住燈號（避免她看著紅燈更緊張），讓她想像草原……慢慢放鬆，不久後，就轉為藍燈

了。

透過儀器,李醫師讓阿芳體驗到,原來我們的身體跟情緒有這麼大的關聯,她也學習透過呼吸、冥想來讓自己放鬆。離開時,她的愁容轉為淺笑。

「我再工作一年就要回越南了。」阿芳說,這將是她在臺灣的最後一年,她想畫上美好的句點。看完身心科,她又走向中醫科,解決身體的痠痛。馬烈堂醫師為她針灸完,她笑瞇瞇的說:「我今天賺到了,這裡的醫生很好,聽我講那麼多話、還教我方法;又有中醫幫助我……」

因為路過而意外來看診的阿芳追問著:「下次還有義診嗎?」

有的,已經舉辦二十多年了,臺北市、新北市都有慈濟人醫會定期舉辦的移工義診,只要妳還在臺灣,儘管來吧!

♡ 八個科別,宛如小型醫院

2023年4月的這場義診,是因COVID-19疫情睽違兩年後,首度重啟的「外籍移工義診」,共有126位慈濟人醫會的醫、護、藥師、志工等投入,護理師由北二區的許雪華召集,藥師則由資深藥師洪茂雄來統籌。趕在五一勞動節的前一天舉辦,一共服務了三百多人次的外籍移工,以越南籍為大宗。

擔任醫師窗口的黃祥麟醫師,號召了八個科別的醫師前來,包括內科、婦產科(腹部超音波)、身心科、眼科、牙科、中醫科、皮膚科、耳鼻喉科,以及藥師、藥物諮詢等。陣容堅強,還有血壓、血糖檢測、驗尿等服務,簡直是把醫院給搬來了。

牙科、中醫科、眼科，向來是外籍移工義診的三大熱門科別。這天，光是眼科就有36位移工朋友前來就診，眼科醫師彭百慧發現，多數是因為眼睛乾澀，再者則是「老花眼」。臺灣近視的人很多，但來看診的移工卻多數是遠視，不過四十初頭，就有老花現象。現場也協助19位移工驗光配鏡，這些免費贈送的老花眼鏡，長期來多由黃祥麟醫師、資深志工等結緣贊助。

義診在黃昏近晚時結束，志工余江培、游耀輝、郭龍憲，帶著器材組的志工們，一如早晨來搬器材、屏風、診療床、桌椅、場佈的幹勁，再度熟練地把場地回復原狀，所有器材搬運上車，英姿颯爽的完成任務。

20 收容所裡的春天

2009年7月，北區慈濟人醫會[31]也走進移民署位於三峽的移工收容所義診。六個科別[32]的醫師、護理師、藥師、翻譯……等，共140位志工，來為200多位安置在此的各國移工義診。

收容所，是這群移工在臺灣的最後一站，接著將被遣返回母國。他們因逾期滯留、或逃脫、或非法打工等原因安置於此，面臨遣返時，內心也充滿惶惑不安。

他們為什麼要跑？

根據2023年統計，臺灣失聯移工已高達8.3萬人。他們為什麼要跑？《遠見雜誌》在2019年的一篇深入報導，直指關鍵在於「超收高額仲介費，聘僱流程不透明」。儘管各國都有法規規範仲介費用，但法規不敵私下買辦交易，一名移工從母國被仲介到臺灣，越南籍移工大約需要花費臺幣15至18萬元；印尼需7至10萬；菲律賓需6至8萬；泰國需5至9萬元。[33]

因此這群移工往往還沒開始工作，就揹了一身債（向銀行或親友借款來支付仲介費用）。若能順利工作，以越南移工來說，薪水

---

[31] 當時由北區人醫會第一隊、第四隊主責；如今第四隊已併入「北二區」。

[32] 包括內科、身心科、牙科、眼科、婦科、皮膚科，以及測量血壓、血糖、尿蛋白等檢驗。

[33] 上述數據引自《遠見雜誌》。移工到臺灣後，政府明訂第一年薪水，每月1,800元支付給仲介，第二年每月1,700元，第三年每月支付1,500元。

支付高額貸款利息、仲介服務費、保險費等，所剩無幾，有些人甚至要到第三年才開始賺取薪資。再者，多數移工沒有工作選擇權，遇到苛刻雇主想轉換工作也困難重重，一位泰國籍移工曾說，飛機起飛時才知道要去哪家工廠上班。

2023年榮獲金馬獎最佳紀錄片的《九槍》，探討非法及合法移工如何命喪臺灣，再次點出來自根源的「歧視」、不人道的高昂仲介費用等移工困境。離譜的是，他們花大錢找工作，卻難以得到對等的保障。

因此移工若遇到苛刻惡劣的工作環境、無法加班償還貸款債務時，便選擇逃跑、打黑工來還債。而臺灣缺工嚴重，移工跑了，依然可以找到工作，但躲躲藏藏、擔心警察臨檢，長期背負著龐大的身心壓力，也影響身體健康。三峽收容所裡，也安置著許多這樣的移工。

♡ 尊重與愛 膚慰異鄉人

慈濟人醫會要怎麼透過義診來寬慰這些離鄉背井來賺錢，最後卻進了收容所的移工呢？

每次義診，機動師兄特地載運來18張小圓桌及上百張白色有靠背的矮椅，小桌鋪上桌巾，希望能在冷冰冰的收容所裡營造出溫馨的「愛灑活動區」。樹林三峽區慈濟志工總是全力支持，準備精緻茶點、餅乾、不同語言版本的《靜思語》供自由取用。每桌安排一位志工桌長陪伴、招呼茶水點心。舞臺上，志工師姊「一家人」的手語帶動唱、健康衛教、有獎徵答等活動熱鬧進行著。桌長也帶著移工喝「靜思三好茶」——心發好願、口說好話、身行好事。

還特別安排了「與家鄉連線」活動，志工拿出手機，讓移工與家人通話，只要一聯繫上，幾乎個個激動落淚。一位泰國籍移工打電話給妻子，問道：「**孩子都好嗎？乖不乖？**」他已經好幾年沒見到孩子了；還有位菲律賓籍的年輕男孩告訴媽媽：「**不要擔心，安心去動手術……**」紅著眼眶的他，強忍著沒讓淚水滴下。

另一層樓裡，六大醫療科別及檢驗團隊，正在為移工量血壓、測血糖、看診。越南籍的小文（化名），原本聽說來臺灣念書可以打工、改善家庭經濟，但到臺灣後才發現，沒有工作證無法打工。到了大二，他帶來的錢都花光了，只好休學違法打工。他到工地工作，但只要警察臨檢，他便逃跑，老闆也就不給工資、租屋押金甚至拿不回來。

他不斷的換工作，老是怕被抓，經常吃不下也睡不好，導致心臟病復發；又接到媽媽罹患癌症的消息，最後選擇自首，來到了收容所。在醫療檢驗處陪伴的志工顏渼姈安慰他：「**你這麼優秀，一定能在越南找到合適的工作，不要擔心。**」

顏渼姈也發現，收容所裡的移工都很感性，「我們只是提供小小的服務，但是他們都很感動的道謝，有些甚至哭著說謝謝。」回首最初義診的牽成，是因為人醫會長期做「員警健康關懷」，也曾到移民署舉辦活動，因而結識時任移民署臺北收容所的尹育華所長，在他的請託下，牽成這段移工醫病情。

♡ 新住民當志工　關懷家鄉移工

移工義診也意外牽引了臺灣新住民投入志工行列。來自菲律賓的劉佳美，嫁來臺灣多年，擔任義診翻譯志工，為了讓自己能譯出

更流利、精確的中文，她還前往當時慈濟大學板橋社會教育推廣中心學中文。

另一位來自越南的阮芳嬌，同樣嫁來臺灣多年，她則在一次年關將近的義診中，為收容所移工募集了一百多張電話卡，透過衛教有獎徵答活動送給移工，讓同樣從千里遠的家鄉來到臺灣、也會想家的鄉親，趁著過年打電話回家報平安。

北區人醫會第一隊、第四隊在2009年至2014年這五、六年間，每半年在三峽收容所舉辦一次大型義診；每個月固定兩天，由樹林、三峽兩區的慈濟志工，輪流到收容所內關懷移工。此外，新竹人醫會也曾於2006年至2017年之間，定期前往移民署新竹收容所（昔稱「靖廬」）義診。

經常參與義診的黃秋良，最常收到移工閃著淚眼的回饋是：「很奇怪，我們也不認識你們，你們為什麼對我們這麼好，還這麼關心我們的健康⋯⋯」黃秋良認為他們離鄉背井，面對不同宗教、文化與雇主等種種考驗，身心也備受煎熬，所以「不管你是合法還是非法移工，只要你在臺灣這片土地上，這份愛，我們要給你，善的種子要種下！」

第四部

挑戰與跨越

「我們不是史懷哲,可是只要我們有很多人,我們也可以成為一個史懷哲,就像上人常說的千手觀音。」
——謝金龍醫師

「大家志同道合一家親,甚至把人醫志業當成事業、家業在付出,我們許多師兄姊是省吃儉用來奉獻物資,他們不求名、不求利,無怨無悔,讓人感動。」
——黃祥麟醫師

21 牙科1：
特別的愛 給特別的你——
牙科特殊診療

　　小青（化名）一到診間門口，突然整個人當機了。十歲的小個頭卻如長了青苔的巨石般，動也不動。她並不好哄。志工、醫護、媽媽好說歹說，她依然雙手緊掰著門不放，一步也不肯移動。

　　那股使勁的抵抗，竟讓她把台北慈濟醫院「特殊需求牙科門診」的門板「框啷」一聲，給扳了下來。「啊！」眾人驚呼，又急忙緩下聲來安撫小青。時間不知道過了多久⋯⋯才好不容易把小青哄進診間，但是只要診療椅微微一動，她立刻站起身、不肯坐下。

　　「就是要跟她耗很久啊⋯⋯」謝金龍[34]醫師談起這段多年前的往事，莞爾一笑。還好，小青在經歷三次的「門口定住」如雕像般後，便慢慢熟悉，願意走進診療間，不再那麼懼怕了。

　　不知道又過了多久，有一回看診，小青突然開口跟謝醫師說：「我⋯⋯有⋯⋯在⋯⋯電視上看到你（大愛電視「人醫群俠傳」）。」一句簡單的話，卻讓謝金龍瞬間紅了眼眶，因為那是自閉症的小青第一次開口跟他說話。

　　「現在她已經在上班了，會自己走進診間、躺上診療椅，我還可以跟她開玩笑說，妳還記得那個被妳扳壞的門嗎⋯⋯」後來診間換成自動門時，難得開口的小青還會跟謝醫師說：「門，好像不一樣了。」這是時間、專業與溫柔，換來的信任。

無法表達的疼痛與困難

　　小青及許多像她一樣的身心障礙者，會出現在這個比一般牙科門診幾乎大上兩倍的特殊診間，是源自2007年北區慈濟人醫會與台北慈濟醫院合作的「特教學童整合式健康照護計畫」，這十八年來，照顧了無數身心障礙者，服務持續至今。

　　慈濟人醫會早在二十年前（2004年）即看見身心障礙者的牙科需求，當時臺北市身心障礙學童的蛀牙率高達97%，但日本的身心障礙者蛀牙率卻極低，人醫會牙醫師不免心想：「這怎麼可能？到底怎麼辦到的！」

　　當時，人醫會的林鴻津等多位牙醫師自費組團，赴日本參訪、學習身心障礙者的牙科照護。

　　「身心障礙者蛀牙率一定很高嗎？一定高啊！因為困難照顧、不會照顧啊。」謝金龍說：「可是要反過來想，如何才能讓它變少？」

　　在日本，孩子出生後、鑒定是身心障礙時，衛生機構的工作人員便開始家訪關懷、建檔、衛教、早療、定期檢查牙齒等；也教導家長及照顧者，怎麼潔牙照護，因此他們的蛀牙率非常低。

　　二十年前，臺灣對於身心障礙者的牙齒照護明顯不足，人醫會若想投入，也需要清楚現況並再學習，於是與臺北縣牙醫公會合作，調查臺北縣（現為新北市）身心障礙者的比例、蛀牙率等。同時，林鴻津醫師邀請日本東京齒科大學的老師來為人醫會的牙醫

㉞　謝金龍醫師，為金龍牙醫診所創辦者及醫師。

師、牙助、志工等上課；也邀請馬偕醫院的小兒科醫師教大家認識不同障別孩子的特性，比如自閉症、腦性麻痺……等，要如何溝通、照護。

特殊牙科的專業學習，洋洋灑灑展開了。一切準備就緒，2007年，北區人醫會在當時台北慈濟醫院院長蔡勝國及時任牙科部主任沈一慶醫師的支持下，啟動特教學童照護計畫，也獲得衛生署支持。人醫會針對新北市53所設有特教班的學校，一一拜訪、進行口腔檢查與衛教，一開始由志工專車接送需要治療的學童到台北慈濟醫院特殊門診，免費為身心障礙學童洗牙、治療、塗氟；有些極重度障礙者，沒辦法在門診看牙，便移到手術房，先全身麻醉、再治療。

北區人醫會的牙醫師們，義務來輪值身心障礙者的「特殊診療診別」，同時教家長怎麼幫孩子潔牙，約定每三個月定期回診以降低蛀牙率；這些孩子來看牙時，台北慈院同時提供小兒科、身心科、復健科等整體醫療關懷。

此舉讓這群過去牙疼也無法表達，只能哭吼、甚至影響食慾、容易感冒的特殊孩童，告別了口腔異味，更大幅降低蛀牙率及吸入性肺炎的風險。

看著病人長大的醫師

這些年來，最讓謝金龍震驚的，是一位因荷爾蒙不足、個頭特別小的男孩。家長告訴醫師，孩子非常抗拒看牙醫，恐怕要折騰很久。但驚訝的是，小男孩第一次走進特殊牙科門診，竟然乖乖的主動躺上診療床！

「這跟教科書講的完全不一樣，通常身心障礙者要經過一段時間訓練，病人才會慢慢接受醫師。但我想，可能是因為整體的氛圍，從我們的志工溫柔接待他，一路到醫院，醫護牙助營造了很好的氛圍，孩子感受到了，他就會自己躺上去。」

還有一位調皮男孩小光（化名），每次來總吵著不肯坐上診療床，可是只要他一躺上來，後續治療就順利了。謝金龍總是耐心告訴小光每個步驟，要噴水時，就拿噴水器讓他看看、摸一摸，再治療……。等大功告成，要讓小光下來時，小光卻不肯走了：「不要，我要再一次！」他把診療當成扮家家酒了。

謝金龍只好讓小光再躺上去，再包覆一次約束帶、固定好。看男孩露出笑容，謝醫師趁勢宣告：「那我們要拆掉了喔……」

「不行，我還沒看鏡子。」

「好啊，我們來看鏡子。」溫柔的口吻像爸爸般，謝醫師拿起鏡子讓小光張開嘴巴看牙齒，左邊看看、右邊瞧瞧。如此再做一回假動作、再待一會兒，小光才心滿意足的下床離開。

「現在小光讀國中，比較懂事了。」謝醫師總是相信這些孩子都聽得懂、教得會，只是學得比較慢，只要給出時間，就有機會。

如果有一天，我們離開了

這十八年來，時光醞釀出如蜜般珍貴的情感與價值。一路看著許多「特別的孩子」長大的還有游春美、黃鳳嬌、黃美玲等資深志工，她們有時得合力把行動不便、比自己壯碩的大孩子從輪椅抱上診療床，當時曾讓謝金龍寫下「他不重，他是我兄弟」的動人短文。

這群醫師從最初的沈一慶、謝金龍，到陸續投入的夏毅然[35]、林軫甫、郭濠生、邱鴻基、黃祥麟、陳佩蕙、周艾倫等醫師，都是特殊需求病患牙科義診的「固定咖」。他們的小病人有困難治療的自閉症、腦性麻痺、中度到重度智能障礙、多重障礙等孩子。看著他們從孩童到成人；從不願進門到自己坐上診療椅；有些從不說話到開口說好、說謝謝，甚至能簡單聊兩句，或告訴醫師叔叔：「我已經開始上班了。」（在庇護職場）；也有少數孩子從身心障礙轉變成一般正常人，他的特殊診療卡就此消失，但仍持續跟熟悉的牙醫師約診。

「看著他們從那麼小，到現在比我還高，也是很開心。當然，我也會想……如果有一天，我們離開了，他們要去給誰看？」謝金龍說著說著哽咽了。

加入慈濟人醫會已二十七年的謝金龍，曾經為了要好好照顧這群孩子的牙齒，年過半百之際，重返校園，利用周六日去臺北醫學大學牙醫系，學習身心障礙者的特殊牙醫課程，他的愛，飽滿而務實。時光換來孩子和家屬的信任，隨著孩子們長大長高，醫師、志工們的頭髮卻由黑轉白了。「如果有那麼一天，」謝金龍不捨的說：「他們肯定又要花一段時間去適應吧！」

---

[35] 夏毅然醫師，現為台北慈濟醫院牙科部主任。

22 牙科2：守護植物人的牙齒健康

　　創世基金會臺東分院，二十五歲的阿凱（化名）忍著不滿，向北區人醫會的牙醫師及牙助們頻頻問道：「李醫師為什麼沒來幫我洗牙、也沒來唱歌呢？」

　　這位被「客訴」的醫師，正是李彝邦[36]。咦！但更讓人匪夷所思的問題來了，明明是個只收植物人的安養機構，為什麼植物人竟然能開口抱怨了？

　　原來阿凱曾因車禍嚴重腦傷，在創世不知人事的躺了半年後，竟奇蹟似的甦醒。人醫會的牙醫師與志工們，每半年便來此義診，而第一次幫阿凱洗牙、診療的便是李彝邦醫師。「童歌王子」李彝邦，知道阿凱喜歡周杰倫，還特地練了周董的〈彩虹〉去唱給他聽。阿凱邊聽、邊笑（可能因為李醫師的專業還是牙醫，至於歌喉……就是讓人感動滿滿的誠意），李彝邦為了鼓勵阿凱復健走路，不惜開出動人支票：「只要你能拄著拐杖走，我就帶你去臺中玩。」

　　「那我坐電動輪椅，可以嗎？」阿凱討價還價。

　　但李彝邦也不是省油的燈：「我才不要哩！你只要能拄著拐杖、學走路，我就帶你去！」就是鼓勵他一定要復健。

---

[36] 李彝邦醫師，曾任台中慈濟醫院牙醫師，2012年至花蓮慈濟醫院服務，現為牙科部特殊需求者牙科主任、教育部部定副教授。

看牙難如登天

慈濟人醫會開始投入「植物人」的牙科診療照護，是從2008年7月，桃園人醫會的黃崇智醫師敲下第一聲鐘響；同年10月，中區人醫會李彝邦醫師也走進創世基金會台中分院，他們都是接到懇切的來電求助。

那是十七年前（2008年）植物人看牙處處碰壁的時代，因為充滿困難與高風險。黃崇智醫師曾在2004年跟隨慈濟人醫團隊前往日本參訪學習身心障礙者的牙科治療，又大量蒐集研讀海內外為植物人洗牙治療的資料；李彝邦醫師則在2007年去日本學了「牙科在宅醫療」。他們不忍拒絕，便滿腔熱血的利用假日帶著人醫團隊去義診了。他們當初大概沒想到，一通電話揚起的善念，竟如蒲公英的種子般，一路向南、向北傳遞到全臺各區的慈濟人醫會。

而植物人要看牙科，到底有多難？曾有安養院幫住民預約掛號牙科，也找來志工協助，因為光要移動一位植物人，便須大費周章的安排人力搬運、安排特殊車輛，好不容易把住民弄上車、抵達牙醫診所，護理師只看一眼便說，「**不好意思，我們沒有看這種的喔。**」只好退掛，再原路回返，是非常沮喪、難堪的經驗。

為什麼牙醫師不敢看診？植物人看牙，難的不是從機構到診所的距離，阻隔其中的千山萬水，是因為植物人無法漱口、無法反應、無法溝通，萬一治療時，水一不小心跑到肺部，造成吸入性肺炎，病人的生命便陷入險境。因此，他們的口腔宛如細菌恣意生長的暗黑之境，甚少聞問。

2014年，時任北區慈濟人醫會第四隊隊長的黃祥麟醫師，在

慈濟人醫論壇活動中，聽到來自中區為在地植物人洗牙治療的分享後，便積極聯絡，希望北區慈濟人醫會也能跟進。謝金龍醫師也跟著李彝邦醫師到創世苗栗分院，學習怎麼替植物人洗牙、看診。但是在北區人醫會提出討論時，卻遇到了兩派截然不同的意見。一派舉雙手支持，衝吧，捨我其誰；另一派則對執行的風險、安全性，憂心疑慮。

黃祥麟、謝金龍等醫師希望先學習、再跟進，於是請李彝邦醫師北上，為北區人醫會做教育訓練——植物人無法吐漱，所以洗牙治療時，必須讓其斜躺四十五度以上；且頭要偏一邊，讓結石及水流更易流出，方便立刻吸唾、取結石等，同時也要注意血氧與心跳等。

除此之外，中區人醫會也力挺北區，帶著賴全益師兄研發的較強馬力吸唾主機，北上來支援。做足了準備，2015年9月，黃祥麟帶著一批牙醫師、牙助、護理師、志工們前往創世台北分院，展開首次牙醫診療及洗牙服務。12月，時任北區第三隊隊長的邱鴻基醫師，也率隊前往創世基隆分院服務。李彝邦特地北上支援、手把手看顧北區兩地的首部曲。

這個第一次，讓許多牙醫師、牙助等都非常難忘。

這群牙醫師平日診所看診，坐的是符合人體工學、可自動升降的椅子，病人躺的也是專業可調升高度的診療椅。但是一到安養院，醫師們為了配合「臥床」的植物人，只能在病床旁「半站半蹲」，彎著腰、屈著腿，甚至頭得轉八、九十度再壓低，以極不自然的姿勢，才看得清楚眼前臥床病人的口腔，為他洗牙、治療。

而這些鮮少看過牙科的住民，每位至少都要花上一個多小時，甚至更久，才能清除滿口的牙結石與牙垢。一般人半蹲個三、五分鐘就受不了了，但這些牙醫師得撐一個小時的半蹲站。

更難為情的是，長期臥床的住民一張口便自帶濃重不散的口臭，過去家屬常因這股氣味、無法久待病床旁陪伴，但自願前來牙醫、牙助等，此刻沒有選擇，只能藉由洗牙來消滅氣味。

牙結石上有很多細菌、牙菌斑，容易引起牙齦炎、牙周病；細菌太多，跑到肺部便形成肺炎；跑到心臟更會造成危險。因此，牙醫師與牙助們努力洗牙、清結石的過程，都得全神貫注、繃緊神經來執行。

黃祥麟醫師說，他看著前面的醫師，怎麼看起來那麼辛苦、疲累不堪，心想，應該是很少吃苦的「奧少年」吧。輪到他上場時，他帶著微笑、信心滿滿，但才做完一位病人，他的腰差點挺不直，累喘吁吁，光要站起來就顯得艱難，彷彿聽到筋與骨卡卡作響。

負責管線器材的志工郭龍憲一見狀，趕緊拿了張椅子，「祥麟醫師，你坐一下，我幫你按摩一下，好嗎？」

還要繼續做下去嗎？

「那個畫面，太難忘了！如果沒有那個愛心，醫師、牙助很難做出那麼難的姿勢跟堅持。」郭龍憲說，躺在床上的這些人，跟牙醫師牙助們非親非故，但他們卻願意這樣扭曲著身體，甚至跪在床上來幫他們治療，「同樣花這麼長的時間，他們可以輕輕鬆鬆在牙醫診所賺錢，但來這裡，不但沒錢，還要把身體凹成這些奇怪的姿勢，我看著真的很感動。」

而在基隆創世分院的首次義診，謝金龍醫師碰到的難題則是：「你請他張開嘴巴，他就是不肯張開，怎麼哄都沒有用，看你怎麼跟他耗啊……」時間一分一秒的溜過，還是等不到「張嘴」的黃金時刻，萬分挫折啊！

首次幫植物人洗牙時，謝金龍驚訝的發現，許多住民也都是「人生第一次洗牙」，「我洗著洗著，眼前突然掉下一顆牙齒，我嚇一跳，我怎麼會把牙齒洗掉了！結果，那不是牙齒，是牙結石，比牙齒還大的牙結石。」當牙醫師二十多年來，他從來沒有看過那麼多、那麼大的牙結石。

北區人醫會的「植物人義診」首部曲，讓大家吃足了苦頭、見識到難處。不只機構的人員、就連慈濟的志工也不免心想：「這群醫師、牙助，還會再來嗎？」況且還得同時扛起內部質疑的聲浪。

「他們還會再來嗎？」如漣漪般向外擴散的聲音不斷迴盪著。

沒想到的是，腰痠背痛的職業傷害與執行的高難度，並沒有讓這群醫師與牙助退卻，卻讓他們開始思索如何加強「安全性」，每一個步驟、細節，還能再如何改善。為什麼他們沒有被嚇跑？

李彝邦至今仍記得，他在臺中第一次為植物人義診後，他是一路哭著回家的。牙醫師邱鴻基則說，如同菩薩示現，一位位病友，睜著雙眼卻一動也不能動，「看了真的很不捨，他的一生就待在一張病床上……」道盡了所有親炙現場的醫、護、牙助等志工的不忍與心酸。

當天他們最衝擊、也最無法放下的，是在診療相望時，那一張張活生生卻身不由己的臉孔。「當然要繼續啊！」不論黃祥麟、

邱鴻基、謝金龍……，許許多多的同行醫師幾乎想法一致。親身參與，也讓黃祥麟更能理解，最初大家對安全的擔憂與疑慮是有意義的。

牙結石都是細菌，萬一不慎跑到肺部，就是肺膜炎了，「那時，我們就是擔心這個，所以當志工做出很強的吸唾主機後，我們就比較敢去做了。」謝金龍說。這群陣容堅強的人醫會牙醫師，陸續檢討、在一次次的實作中改善細節與裝備，為機構人員衛教口腔照護、添置張口器等，也逐步建立植物人牙科治療的SOP（標準化流程）。

承擔與突破

為植物人床邊診療，得屈膝、彎腰、久蹲站，比跑馬拉松更累更折騰，於是牙醫團隊的看診方式，也改成兩位牙醫、兩位牙助、一位護理師、一位志工，六人為一組，同時服務一位病人。謝金龍習慣兩位牙醫師同時看診，分別站在病床的兩側，從不同角度來徹底清潔病人牙齒，但缺點是不能輪流休息、會比較累；也有牙醫師習慣單獨作業，累了就換手輪休。

植物人牙科診療的精進，除了來自管線師兄不斷研發、改良移動式器械外，還來自關鍵的提點。北區人醫會首次前往創世台東分院義診時，謝金龍曾向花蓮慈濟醫院的石明煌醫師提及，「大家做事都不怕辛苦，就是怕危險。」身為麻醉科專業醫師的石明煌一聽，便說，「這個簡單，用『血氧機』來監控，就可以保護病人安全了。」

北區人醫會添購血氧機後，不必像從前，僅憑仔細觀察來猜測

病人狀態,「護理師同步以機器監控心跳、血氧後,我們做植物人這塊,總算比較踏實安心了。」謝金龍說,他們也建議南區、中區等人醫會跟進,在診療現場發揮了關鍵作用,讓安全更無疑慮。

每一位植物人背後,都有一個家庭正在受苦。李彝邦醫師曾感嘆:「他們同時要忍受『經濟苦、心理苦、照護苦』三大苦楚。」人醫會的牙醫團隊也試圖盡一份心力去減輕這樣的苦楚。

如今,北區人醫會定期定點,每年十二場機構牙科義診,每一場都是少則六十位,多達上百位的人醫志工服務團隊,也陸續號召了更多牙醫師,以及在地牙醫師公會來參與。曹明玉、夏毅然、謝金龍、黃祥麟、邱鴻基、劉益志、郭濠生、謝彥中、林彰甫、賴秋英、李彝邦……等醫師,都是經常參與植物人機構義診的固定咖。

持續定點服務後,最讓這群人醫夥伴們欣慰的是,這些機構的肺炎發生率降低了七成,連感冒也大幅降低了;再者是,洗完牙,住民不再有令人窒息的口臭、房間空氣變清新,來探望的家屬最有感,不斷感謝外也更樂意來陪伴其洗牙,無形中拉近了親人間的距離。

謝金龍喜見,人醫會這些年做下來,讓牙醫界也有更多人投入基層,願意去為身心障礙者治療牙齒。更重要的是,讓他們所照顧的植物人或身心障礙者,終於擺脫了牙齒總是要惡化到直接進開刀房處置的宿命。

以歌聲紓壓膚慰

這群人醫人護牙助志工們,也發展出許多膚慰植物人的方法。

握著住民的手,輕拍、鼓勵、逗笑來安撫情緒,這是基本款。

有些志工師姊看到病人抗拒時，會輕聲提醒：「如果你願意醫師幫你洗牙，你就眨一下眼睛。」起初沒有反應，後來竟然真的眨了眼睛。也有牙醫師面對緊張而嗆到的病人時，告訴他：「我會數一、二、三、四、五，然後就休息一下，你要忍耐喔。」沒想到病人似乎也跟著數，每數到五，他便閉起嘴巴。

還有慈濟人醫會獨創的，也是最讓人感到歡喜的，是邊治療、邊唱歌給住民聽的「歌唱紓壓法」。每每住民血氧往下掉或心跳變快時，就得停止治療，這時醫護們只要一開嗓、唱起歌，住民的血氧便漸漸回升，非常神奇有效。

愛唱歌的夏毅然醫師會根據院方標註的住民慣用語言、年紀來選擇歌曲，〈祝你幸福〉、〈素蘭小姐要出嫁〉等，都是他的診療成名曲；李彝邦醫師則選擇各式兒歌，〈潑水歌〉、〈泥娃娃〉、〈哥哥爸爸真偉大〉來陪伴每位曾經都是孩子的植物人住民。

謝謝妳的微笑

家住臺北、自行開業的邱鴻基醫師，從1997年就參與慈濟人醫會在花蓮秀林鄉富世國小的首次牙科義診，在群山環繞的教室裡，幫許多原住民孩子及家長挖補蛀牙的畫面，他仍歷歷在目。而在創世基隆分院，讓他最難忘的病人，則是一位理了平頭的年輕女孩，「每次我們去幫她洗牙，她都會一直笑一直笑，或許那是沒有意識的笑，但相較於多數病友會驚慌緊張，甚至反抗，這位女孩卻永遠都笑呵呵，也是一種鼓勵，我們有時會一邊洗牙，一邊唱歌給她聽。」

洗完牙，人醫會的任務還沒結束呢！口腔衛生師李梅冠會將住

民全部「巡一遍」，因為植物人無法自理，有些口腔黏膜會過乾或受損，她用棉花棒小心翼翼的幫他們清理並塗上保護層。

這宛如五星級的牙科服務，只有在慈濟人醫會看得到。邱鴻基說，在各職類志工、醫師、牙助等無私的付出下，不論是洗牙、蛀牙、補牙，或是嚴重的牙周病，牙醫團隊都會直接治療，「**我們人醫會的牙科團隊還是蠻強的啊！**」向來溫文儒雅的他，難得自豪地說。

這場愛的堅持，他們走得用心、歡喜，且呼朋引伴，一路延續至今。正如謝金龍說的：「**我們不是史懷哲，可是只要我們有很多人，我們也可以成為一個史懷哲。**」

23 牙科3：
愛的專業戶——
南征北討的管線志工

2023年5月，一個悶濕炎熱的早晨，北區人醫會抵達臺東仁愛之家時，二十餘位身手矯健的志工，迅速地從遊覽車上搬出了「上百件」牙科專用器械，包括數臺大型吸唾機、德國及美國製的治療主機、十一座不鏽鋼輪椅固定架，三十餘捆各式厚重管線、○○七牙科診療箱、各式大桶小桶⋯⋯這些器械總重量超過「一千公斤」，也就是超過「一公噸」。

這群搬上搬下的「管線志工」，敏捷的組裝牙科管線、器材，那份專業與快速讓人震驚。更敬佩的是，三分之一超過六十五歲，還包含了五對夫妻檔。北二區人醫會合心幹事余江培，今年七十歲，一頭灰白髮的他，活力十足，總是帶頭做，他爽朗笑著：「**我還搬得動、還能搬，不是很好嘛！**」

六十九歲的顏渼羚是這支管線隊伍的領頭羊，她個性明快，隊友稱她女漢子，遇事扛得住。這個團隊分工明確、彼此信任——余江培以溫暖凝聚團隊，也是議事的大老，每次出隊總帶著好茶，為大家沖泡，讓夜晚分享格外溫馨。中壯世代的郭龍憲負責對外溝通協調、規劃看診空間，讓各項器械就定位。周麗琍師姊協助管線志工的餐食、財務等行政事宜。

精通水電與器械研發的游耀輝，這回帶著首次參與義診的專業水電志工許博淳[37]，直奔一樓樓梯間的變電箱，進行改裝、配接義

診所需的安全用電。此處堪稱全院最熱之地，不到五分鐘，游耀輝、許博淳兩人滿頭大汗，汗水直滴地面，但絲毫不影響他們的專業，他們正在配置可以同時提供十一床牙科看診的電力系統。

主掌器材組的黃秋祥與資深志工林金助、陳皆升、孫明輝、陳陸勳、王錦銓、林萬福、陳信任……等人，搬運並組裝牙科器材與管線，超過三、四十條的各式管線與接頭，每項都不能出差錯。

一個半小時後，仁愛之家的一樓交誼廳已成為一間擁有「十一」個診別的牙科診療空間，每一診都有專業牙科器械，可同時服務十一位病人。靠近大門左側的小區空間，則留給來自高屏區人醫會的耳鼻喉科醫師黃正輝共同義診。

此外，地上還有貼著紅線區隔出的「安全供應區」，此區桌上由護理團隊整齊擺妥各式牙科備品；與看診區有著安全距離的另一頭，則有「器械消毒區」，專業與感控面面俱到，驚人的行動力！

這群管線志工，為北區人醫會及離島的每一場牙科義診、移工義診，規劃安排空間與動線、安裝管線與器材、場佈、消毒器械等，總是「最早抵達、最晚離開」且永遠使命必達，沒有他們，義診無法啟動。

場佈完畢後，游耀輝召集所有管線師兄姊，再次測試每一診的牙科器材，游耀輝還坐上輪椅，由其他志工推上「輪椅固定架」，確認每一臺固定架都穩固且安全無虞，才放行用午餐。

㊲ 許博淳，擁有甲級電匠、乙級室內配線技術士證照的專業配電者。

待義診結束，這群管線志工啟動清潔、消毒、收拾，又將超過千斤重的器材一一搬上遊覽車。

次日清晨六點半，他們穿上黑色雨鞋、腰間繫著水電工具腰帶，來到慎修養護中心，再次搬運、組裝、場佈。慎修的場地分散在好幾處零碎公共空間與住房房間，場地小、場佈更為複雜、難度也更高，許多管線得從各個房間的窗戶拉出，分別由站在窗戶內、外的師兄裡應外合，默契十足的接妥管線。同樣十一個牙科診別的器械，近兩個小時後已完成場佈及器材檢測，義診順利展開，直到午後結束。

雖是五月天，臺東已相當炎熱，這群管線志工在收拾、消毒、搬運完器械後，個個汗流浹背，像從游泳池上岸一般，全身溼透。經驗豐富的他們，換上乾淨的衣褲，沿著太平洋的海岸，回家嘍。回程車上，不忘檢討與分享。

千山萬水到臺東

明明是「北區慈濟人醫會」為什麼會千山萬水到「臺東」呢？李彝邦醫師笑稱，因為人醫會在中區的服務太好，於是「呷好道相報」，慈濟基金會也接到了創世臺東分院的請求，輾轉找到了他。

那是2015年，因為一時找不到其他醫師，李彝邦隻身到了創世臺東分院，「我一個下午，只看了五個病人，我心想，那我還要再來幾次才看得完啊⋯⋯」於是他向北區的謝金龍醫師求救，謝醫師爽快答應：「好啊，我們先幫忙，你在東部也要開始找醫師⋯⋯」

當時，他們都沒料想到，這趟邁開雙腳、行至臺東的義診行動，日後會引起什麼樣的蝴蝶效應。

北區人醫會首次到臺東為植物人義診，是在2016年。當時醫護牙助搭乘火車前往臺東；大約二十多人的管線團隊則由管線師兄親自開著器材貨車，再加上兩輛八人座廂型車，在周六「凌晨一點」從臺北出發。

　　為了安全，他們走西部經臺中、高屏，繞了大半個臺灣，風塵僕僕的抵達臺東時已接近清晨八點，休息兩小時後，便前往創世臺東分院場佈，牙科義診從下午一點半到傍晚結束，收拾消毒完器材，次日再前往因尼伯特風災災情較嚴重的延平鄉桃源村義診。義診結束，管線志工開車回到臺北已近「午夜十二點」，長途奔波，大家都累壞了。

　　第二回出任務，改由三位管線師兄輪流駕駛器材貨車到臺東，其他管線志工搭乘火車。第一天的臺東義診結束後，他們同樣雄心壯志，次日繼續前往宜蘭南方澳為漁工義診。但義診即將開始，器材車卻尚未抵達，大家眼巴巴張望著。另一頭，開車的師兄壓力更大。遲了些時間，總算等到了，義診也延遲結束，管線團隊回到臺北，依然疲憊不堪。

　　「實在是太累了！」顏渼姈說，當時管線機動組連著兩整天早出晚歸，又開車、又搬運、又組裝、又收拾，大家都累壞了。

　　這樣的義診行，不只北區各個隊長們掛慮，也讓證嚴法師擔憂起弟子們的安全。大家風風火火的討論，有人建議：「乾脆將所有器材打包，讓貨運公司運送，人員搭火車前往。」但是，那些牙科器材，光一臺德國吸唾主機與配備就要五十多萬，遑論其他大大小小的器械、備品等，「那麼昂貴的器材，誰來點交、簽收？萬一運送過程弄壞了，誰負責？」

這個提議被否決了，辦法卻還得繼續想，因為義診不能停。

討論了大半天，最後唯一可行方案，是租用含駕駛員在內的遊覽車，器材全上車，但因為器械過重，車上只能運載二十餘位成員。北區義診人員分成兩批前往，管線志工群跟車；醫師、牙助、護理師等搭火車。不必開車，管線志工也可在車上充分休息了。遊覽車下方的行李空間，甚至部分座位，全都載滿了器材。

呷好道相報

北區人醫會的臺東義診行，雖壯志凌雲，然行政體系擔憂志工舟車勞頓，也有不同的疑問：「為什麼北區要大老遠跑到東部義診呢？」

東部原本醫療資源就少，醫師相對少，人力是難題。後來，謝金龍等人邀約了「臺東牙醫師公會」的醫師就近參與。同時，情商「高屏區人醫會」就近支援，召集人葉添浩醫師隨即率隊前往。原本希望共同合作兩、三回後，便交給高屏區人醫會來主責，但「呷好道相報」繼續延燒。

2016年5月，北區人醫會啟動了臺東創世的義診服務後；隔年，馬蘭榮民之家的「慎修養護中心」也輾轉請託；2017年11月，增加了慎修義診，也邀高屏區人醫會同行。2019年，慈濟援建臺東仁愛之家「互愛樓」，證嚴法師叮嚀人醫會也去「仁愛之家」看看吧，同年11月開啟了仁愛之家定期義診至今。

「雖然很累，不過大家都很喜歡去啊。」謝金龍醫師說，只有疫情期間停了幾次，有一回見疫情趨緩，大批人馬的住宿、車票都訂妥了，卻又因為疫情再起，被迫取消。2022年秋天，終於重啟臺

東義診，義診第一天由北區人醫會主責「臺東仁愛之家」；高屏區人醫會主責「臺東創世」，但東區的李彝邦與北區的謝金龍是創世臺東分院固定咖，每役必與。次日，雙方人馬會合，共同服務人數最多的「慎修養護中心」。

所有參與的志工、醫、護、牙助，全都是「自費自假」（包括交通費、住宿費等）前來臺東義診，他們卻樂此不疲。顏渼姈憶起，起初北區管線志工改為租用遊覽車運送器材時，增加了三日遊覽車開銷。管線組的核心幹部顏渼姈、余江培、游耀輝、郭龍憲擔心志工支付的食宿交通費用過高，於是他們各捐一萬元來貼補遊覽車資。後來，熟識的師兄姊、牙醫師、榮董團隊陸續贊助遊覽車資，此後管線組三天兩夜的食宿便控制在每人自費3,500元上下。

他們總是努力尋找臺東市區最便宜乾淨的住宿，像是雙人房僅1,200元，單人房也不超過1,000元。而這群管線志工，好幾位是自行創業的小老闆，在自家公司、工廠都是發號施令者，卻願意來搬重物、組裝器械、聽從指揮，做個簡樸樂活的志工。更難得的是，他們的情感非常緊密，「坦白講，我們很多人相處得比兄弟姊妹還要親。」郭龍憲說：「因為大家一起擔任管線志工很久了，是很真，很誠的情感。」

在臺東的夜晚，管線組聚在旅店的小餐區喝茶、討論、分享，也談起生活種種。一位師兄發現洗手臺的水龍頭鬆了，忍不住想修繕，另一位志工笑說：「愛得很徹底喔！」又引起一陣歡笑。他們分享食物、分享快樂，彼此深厚情誼與默契所形塑的革命情感，還曾讓新加入的師兄對郭龍憲說，「你們這個團體很神奇，會讓人有嚮往。」

余江培是管線組的資深志工,他自營紙箱工廠,五年前已退休交棒。2002年他參與坪林義診,「遇到我生命中的貴人——黃秋良師兄(北區人醫會第四隊創隊隊長)。」從此投入人醫會,至今二十二年,人生有三分之一的時間投入慈濟志業。五十歲的郭龍憲,自營塑膠射出廠,2013年,他第一次在大愛電視臺看到長情劇展「人醫群俠傳〈丘醫師的願望〉」深受感動,便想加入人醫會,「當時我就想,我不是醫療專業,可是就算讓我幫醫師提醫藥箱或做任何事,我都願意。」他投入人醫會已11年。還有許多資深師兄姊,都跟他們一樣,「愛得很徹底」且「愛得不計較」。

▲ 2023年臺東仁愛之家義診,北二區管線團隊在慈濟援建的互愛樓前合影,舉凡北區移工義診、多處牙科義診等,都可見到他們最早抵達、最晚離開的勤奮身影。右起:顏渼妗、余江培、陳皆升、黃秋祥、陳陸勳、游耀輝、李炎典、劉俊佑、黃惠雪、楊碧秀、周麗琍、林金助、游美雲、王錦銓、郭龍憲、許博淳;前排左起:林萬福及其友人、葉瑞芬。楊金燕/攝

女力加入

近年也有女將投入管線志工，如黃惠雪、楊碧秀⋯⋯等人。楊碧秀在醫院擔任護理師，2001年參與慈濟「造血幹細胞捐贈建檔」活動，沒想到，十年後配對成功。「工作久了難免會有職業倦怠，但是周邊血幹細胞捐贈後，我突然覺得自己很有用，好像有能力可以做些助人的事。」楊碧秀看見自身價值，而慈濟骨髓關懷小組的志工師姊在她捐贈前陪著她去看診、打生長激素、抽血、送她補品；捐贈後，仍不時噓寒問暖、燉中藥補湯給她喝。關懷小組師姊的誠摯關懷牽起她踏入慈濟的緣分，她開始參與慈濟中正區的活動，因為支援臺北車站移工義診，而加入人醫會。

2017年，楊碧秀第一次去臺東義診時，既震撼又感動，當時她負責監測病人血氧。「我是護理師，對『植物人』並不陌生，但實際看到後，還是很震驚。」她發現有些病人是第一次看牙，累積了非常多的牙結石、牙垢，「這對牙醫師是滿艱鉅的任務，但他們毫不馬虎、認認真真的清完。」

跟了五次臺東義診後，最讓楊碧秀動容的，是這群加起來超過「千歲」，卻搬運著「千斤重」的管線師兄們，「我心想，天啊，怎麼會有一群這麼任勞任怨的師兄，這樣來回搬運，那些器材真的很重！」有些師兄年紀也不小了，她在心裡發願，要學習管線組裝，為傳承盡一份心力。儘管她不見得搬得動，但她長年擔任開刀房護理師，學習銜接各式管線，應該難不倒她，她開始上師兄們開設的「管線專班」課程，「多學，看哪邊缺人手，就可以彈性支援。」她說。

2023年5月，楊碧秀頭一次以「管線志工」出任務時，心裡非

常緊張。她這才發現,這群管線志工每個月都在大臺北地區出任務,能如此快速組裝、排除各種障礙,是因為熟能生巧、事前規劃妥善,而非看似簡單。

在臺東仁愛之家、慎修養護中心,每一診都派有一名管線志工負責消毒並處理突發狀況。義診開場前,師兄見她不安,寬慰她:「我們就在妳隔壁,妳隨時喊一聲就好了,不用那麼緊張啦。」經一事、長一智,過了這回,楊碧秀的心也更安定的向前行了。

24 牙科4：
從一個人到一群人的臺東義診

臺東慎修教養護中心裡，手腳扭曲攣縮的阿秀（化名）坐在輪椅上，不由自主地往下滑，院方教保員幫她固定後，推上牙科輪椅固定架，準備看牙洗牙。這是北區慈濟人醫會每半年一次的定期義診。

阿秀非常瘦，她的頭腦清晰，但肢體多重障礙，連眼皮也無情的往下掉，睜開雙眼對她來說，無比費力。牙醫師幫她洗牙後，她露出靦腆的笑容，一旁的教保員逗她，說她最喜歡看到帥哥醫師了，她笑開了，頭、腳也跟著左搖右晃，如此純粹的喜樂，實在看不出她已六十歲、知天命。儘管肢體嚴重扭曲、看似只有臥床一途，但阿秀卻練就了用屁股走路的功夫，還能自行洗澡、如廁，必要時，她也會用顫抖的雙手來撐開眼皮，以便看清去路。在這個專收多重障礙的教養院裡，阿秀展現了難得的堅強與獨立，她總是期待每半年一次，慈濟人醫會的到來。

另一間住房裡，北區人醫會的楊寶鳳護理師不斷哄著光光（化名），「嘴巴張開，再一下下就好」、「哇，你這次很勇敢喔，都沒有哭，給你拍拍手！」、「來，讓陳建志醫師唱歌給你聽喔！」

陳醫師正想著要唱什麼歌時，光光眼角卻開始泛淚了，護理師幫他抹去了眼淚，一旁的黎冠廷醫師也哄著他，「來，再張開一次就好喔⋯⋯」但光光依然皺著眉，陳建志醫師開始唱起〈朋友，別哭〉，光光還是不肯張開嘴巴。再唱一首〈我一見你就笑〉，就這

樣耗了十多分鐘，終於等到光光再次張開金口。

臺東慎修教養院照養了一百五十多位像阿秀或光光這樣的多重身心障礙者，年紀最輕的二十五歲，最長的八十四歲。一個讓人震驚的數據是，有將近七成的住民，是在壯年甚至青年，人生正閃現著綺麗色彩、或開始承擔家庭重責時，因為車禍、疾病或職災而致殘，從此遭逢巨變、被迫告別家庭生活。

此處是少數收費較便宜的養護機構之一，因此住民來自全臺各地。家人最初還會來探望，但日子一久，距離又遠，多數家屬便不再出現。住民回不了家，家人也沒來看他，便覺得自己被遺棄了，心裡非常苦，而有些人一住就是一輩子，終老機構。

鐵皮屋裡的夏天

「第一次去慎修時，對我們衝擊很大，光是那個味道就……」郭龍憲說，那是2017年11月，北區管線志工們一踏進重症住房區場佈時，迎面襲來的各種氣味，是不曾經驗過的衝擊，直言難以適應。但放眼望去，許多穿著尿布、長了褥瘡的住民，更讓這群志工於心不忍。讓郭龍憲感動的是，高屏區的外科醫師葉添浩每次來義診，總是無畏氣息，溫柔又有耐心的為慎修的住民們清理褥瘡。

半年後的夏天，人醫團隊再度回到慎修義診，不巧遇上臺東吹來焚風，加速體感溫度的飆升。因為當時慎修的房舍正在修建，義診的輪椅看診區是在一處鐵皮屋裡，空間侷促；而老舊待改建的房間內，臥床與臥床之間的走道，僅容得下一個陪病桌，非常窄小。鐵皮屋裡即使冷氣放送，卻沒有半點涼意，忙著搬運器材且爬上爬下牽管線的場佈師兄們，就像在小籠包的蒸籠裡工作著，早已大汗

淋漓、呼吸略微急促，直撲鼻息的各種氣味也更顯蒸騰。

顏渼姈心想，這個境況，等到醫、護、牙助來了，人一多恐怕更難消受，於是請志工立刻去採購大型冰塊，如擺陣般的，在鐵皮屋的四個角落，放置了橘色大桶、堆疊起超大冰塊，讓大電風扇往冰塊吹，才稍微降低了鐵皮屋內的熱氣。

儘管是在高溫38、39度，僅憑冰塊風扇稍稍降溫的條件下義診，穿上防護衣、面罩的醫師、牙助、護理師、志工們，也不改初衷，依然唱歌給病人聽、像哄著家人般的：「你好棒！再一下下就好了，忍耐一下唷。」他們不時擦試即將滴到眼睛的汗水，卻不見一絲煩躁。

人醫的使命

映入眼簾的是一位「沒有雙手雙腳」、包著尿布的中年女性，為她洗牙的那一刻，劉益志醫師得壓住內心的撼動，請她張開嘴巴，把專注力放在為她仔細潔牙上。「她到底在想什麼呢？」、「人生是否有很多事仍是我們沒辦法控制、沒辦法設想的？」劉益志事後忍不住思索著，但他知道，自己可以掌握的是另一件事。

劉醫師曾在幫植物人洗牙時，告訴病人：「忍耐一下，先不要動喔。」他驚訝的發現，他們非常努力忍著不動，以至於全身顫抖了起來。他也曾遇過植物人用眨眼睛或看一眼，來回應他，「不論是慎修的病友或創世的植物人，即使他們無法表達，卻依然聽得到、感受得到，所以我們還是要非常尊重他。」以溫暖的語氣告訴無法回應的病人，他即將要執行的步驟，不時安慰、鼓勵，便是劉益志能掌握的診療溫度。

每一次的臺東義診，所有牙醫師、牙助都得在病床邊或輪椅架旁彎腰屈膝，去配合難以動彈的病人，看診完難免腰痠背痛，但來參與的人卻越來越多，就像給臺東的土黏住了，為什麼呢？

「因為這些人是真的需要我們的幫忙。」劉益志醫師說出大家的心聲。劉益志是北區人醫會牙科窗口，也是人醫會青壯輩的明日之星，他有想法，又有行動力。比方，他知道人醫會考慮到安養院的住民多半免疫系統不是很好，對牙科用水向來格外謹慎。2023年，劉益志引進了移動式殺菌臭氧水儀器，降低了管線師兄每次必須準備非常大量、多罐逆滲透過濾水的負擔。

劉益志也珍惜長期的革命情感，特別是臺東義診凝聚了北區、高屏區、中、南、東等各區人醫志工，晚上還會舉辦晚會分享、討論，「結束後大家一起喝茶、聊天，有比較長的時間相處、凝聚共識，所以我蠻喜歡來臺東的。」

北區人醫會副召集人謝金龍醫師，則除了使命感、志合道同的情誼外，也享受片刻的當下，「當火車行經花蓮、臺東，看到陽光灑落在太平洋時，真的很棒。」他說，累雖累，就當成去旅行也很開懷。

謝金龍原本想把任務交接給就近的區域，但沒想到，從創世、慎修到仁愛之家，福田越耕越多，來的人也越來越多，「很感動啊！既然大家要做，接下來把各區的觀念盡量統合，提出差異處，讓大家來討論，希望流程、處理模式能有統整的SOP，那以後彼此支援或去海外義診都能很快上手。」

除此之外，來自院方、機構的回饋，也讓志工們越做越起勁。比方慎修安養中心自從人醫會前來牙科義診後，因肺炎反覆住院的

住民大幅減少。臺東仁愛之家的黃秋美護理長則提到，過去有些老人家因為牙齦腫脹吃不下、影響食慾，有些則是肺炎要送醫，但義診後，這些問題都解決了大半。更難得的是，「有些住民，牙齒已經不舒服了，卻不願意去看診，寧願等上十天、一個月，也要等到慈濟人醫會的醫師來幫他看牙。」

黃秋美護理長說，每次人醫會來義診前，「我們要一個一個去問他們要不要參加，如果你錯過他，他會很生氣。」因為人醫會的看診風格深受長輩、住民喜愛，那份治療時的體貼，深深烙在住民心中。

不斷研發牙科義診器械

牙科看診需要水、電、空氣壓縮機、吸唾機、診療床或輪椅固定架，這些沉重的專業器材要大老遠移到義診現場，光是用想的，便困難重重。所幸，有好幾位精通水電器械的管線志工，與牙醫師密切合作，不斷改良「行動診療器械」，沒有他們，牙科義診很難邁開大步，走向八方。

周金元、黃金受（1949—2020年歿）、吳啟明、賴全益、游耀輝、蘇建坤等，都是幕後研發功臣！

二十八年前（1997年），慈濟首次牙科義診在花蓮富世國小舉辦，除了花蓮慈院的王英偉醫師外，其他八位都是牙醫師，當時由林鴻津醫師與其同學所組成的「四一五口腔醫療服務小組」提供牙科器械的建議與支援。最早的移動診療床類似木馬，病人平躺，但雙腳懸空。後來人醫會志工依樣仿造，但在移動床下方增加一條橫桿，讓病人的雙腳有了踩踏支撐點，更為舒適。

爾後，再造的診療床曾一床重達36公斤，於是又研發鋁製牙科床，雖較輕、方便移動但是偶爾會夾到人，又改良研發了折疊床。

臺灣人醫會也參考了美國慈濟總會義診中心研發的手提式牙醫診療器。2001年，機動志工周金元重組出更為輕便的第一代的改良版，把牙科四合一的專業器械——洗牙機、磨牙機、鹵素光燈和診療燈，全都組裝進一只黑皮箱裡，極像電影〇〇七情報員的隨身提箱，因此取名「慈濟〇〇七」，一只重量12公斤。周金元不斷改良，越做越省電、輕巧，這只〇〇七也飄洋過海到菲律賓、大陸、印尼、馬來西亞……等地，供慈濟海外義診使用。

2008年，時任台中慈濟醫院牙醫師，也是中區人醫會的李彝邦為了要幫植物人洗牙，必須要有馬力更強的吸唾機，來解決植物人無法吐漱的風險。冷氣器械專業的中區人醫會志工賴全益，成功克服了眾人最擔憂的風險，讓義診順利成行，也讓後來北區人醫會啟動植物人義診時，有跡可循。

在臺北與基隆的創世植物人安養院執行義診時，志工顏渼妗卻發現另一個問題，移動式吸唾主機的噪音太大，導致醫師要跟病人講話必須喊得很大聲，情商游耀輝解決此問題。

五十八歲的游耀輝專精機械設計製作，也是創業自營者，他身形壯碩、講起話來中氣十足。他心想，「**如果太吵，就要把真空壓縮這個噪音來源移開現場。**」他也跑了半導體展、機器展、工業展，去看看「抽真空」用的壓縮機有哪些款式。但最理想的造價太高且需要工業用電，一般機構或住家沒辦法負荷電力，只得放棄。

他曾聽林俊傑醫師提起，「吸唾管有六個微小孔，當真空太高、吸力太強時，放入病人口腔會有六個小紅點。」所以，他必

須留意吸唾主機的這個問題，尋找的儀器真空度不能太高。最後，終於讓游耀輝找到真空度不大，但流量可以很大的主機。一臺主機可以接三臺吸唾儀器使用，再接上較長的管線，就可以把主機放在室外，隔絕噪音。牙醫師們逐一測試，水與結石都能在第一時間吸走，嘖嘖稱奇、順利啟用。

第一次啟用時，北三區的隊長林俊傑醫師（主責金門義診）、新竹區的隊長范文勝醫師都前來觀摩。范醫師分享，在新竹幫植物人洗牙時，因為是用一般吸唾管，所以只能做前面的牙齒，後面的不敢做，這樣就無法徹底清潔，看了這套系統後，以後也可以安心來幫植物人全面潔牙。

只是吸唾主機移到室外，雖然解決了噪音問題，但卻因為管線較長，診別多時管線也多，使得牙醫、牙助不時踢到管線。於是，郭龍憲與團隊商量，將部分管線改走空中，測試後也可行，這讓謝金龍醫師驚呼：「哇，管線走空中，真的太厲害了，讓機構要推診療床或輪椅就變得很好推，真的很感恩管線師兄們把大家的意見聽進去，不斷去思考、改造。」

游耀輝同時再改良〇〇七行動診療箱的組裝，從吸唾主機、中繼筒、空氣清淨機，一路研發改良過程，只要遇到使用上的疑問或瓶頸，他便詢問牙醫師黃祥麟，改良至今，讓牙科服務更到位，也讓許多牙醫師非常讚嘆。

2018年，曾留學澳洲、參與海外牙科義診的劉益志醫師，建議慈濟基金會購置一套德國製的牙科專用吸唾系統和牙科助理吸唾臺，可同時提供五個診別的吸唾管使用，這套設備的優點是可以將血水廢水直接排到汙水排水道、並導入消毒水自行消毒、清潔管

線，大幅減少志工碰觸到血水的機會，既預防感染又增加工作安全性。但就是太貴了，五十多萬元的機器，恐怕是向來勤儉持家的臺灣慈濟人醫會成立以來，最大筆的器械開銷。

劉益志起初還有些擔憂，這麼大一筆開銷，負責管線的志工師兄、牙醫師們會覺得好用嗎？所幸實際使用後獲得一致好評，從此便成了牙科義診的必備儀器了！

⛰ 管線志工開班授課──牙科教育訓練

隨著北區牙科義診的福田不斷擴大，管線志工的專業能力也更加重要。2016年起，管線志工安排每年十月進行「牙科管線培訓課程」，紮實學習、複習、檢查所有牙科器材，11月便到臺東義診現場操作。如此便可確保千里迢迢帶到臺東的器材不會出差錯、管線人員也能快速安裝，避免器材失誤而讓醫護空等待。

2018年，人醫會資深志工邀集管線師兄，策畫了「北區人醫會牙科教育訓練」，這場特別針對牙科器械的研習，在臺北慈濟雙和聯絡處舉辦，竟來了140人參與，澎湖、高雄、臺南、臺中、新竹、桃園的人醫會志工都來了，為了成為更專業的志工，他們不遠千里來學習。

游耀輝負責帶領「治療主機的認識與操作」、「管線認識與故障排除」等課程，顏渼妗為他製做PPT檔案，游師兄特地把○○七行動診療箱內的管線、開關、洗牙機等器具都標上中文說明，讓學員一目了然。桃園人醫團隊則專程帶來牙科特製工作臺，並在現場組裝、解說，這樣的交流，讓大家跨區學習、更為精進。

過去各地師兄們研發組裝的器械，包括桃園人醫會研發的「輪

椅固定架」，都是自掏腰包完成的，所有會接觸到人體口腔的磨牙機、洗牙機、吸唾管等，則是採購日本製或臺灣製、檢驗合格的大廠品牌，再由這些專精器械的志工則將儀器組裝在○○七皮箱內。吸唾主機的改良也讓人醫會的牙科義診更形強大，謝金龍認為，「植物人或身心障礙者的牙科服務，是慈濟人醫會的獨創特色，因為必須要有這麼強的設備才有辦法做，這些師兄功不可沒！」

北一區的隊長邱鴻基，除了感謝在場的醫師和牙助，也特別感恩管線師兄，「牙科義診的工作已經二十多年了，管線團隊在義診中是最重要的，沒有他們架設器械，就沒有辦法進行服務，感謝管線志工的付出！」北一區的管線志工吳啟明、周金元等人，向來是他的強大支柱。

默默耕耘、不可或缺的行政志工

此外，還有一群每次牙科義診協助組織、聯繫，把行政工作做到滴水不漏的志工，沒有他們，義診同樣無法推動。

從早期全力投入，讓後輩念念不忘的游春美、丁勝雄；到現今由黃美玲為窗口，郭致呈、徐千惠、黃梨味……等人共同協助，她們溝通機構需求，聯繫醫師、牙助、護理師，準備各種醫材備品，安排醫護牙助的交通住宿，以及規劃診別與人力，事務既多且繁雜，得三個月前便開始籌劃，還要迎接各種變化球，沒有柔軟身段，無法成就如此規模的臺東義診。

而她們在現場，總是以微笑接待所有醫、護、牙助、志工，且放妥醫材備品的手速之快，望塵莫及，愛的戰鬥力十足啊！

臺東義診，從最初李彝邦一人、謝金龍醫師領著北區20餘位志

工南下,到如今已是集結高屏區、東區、中區、南區、北區,動輒230多位志工自費前來參與的慈濟人醫盛事了!光牙醫師就40餘位,每年5月及11月,人醫會成員們從四面八方來此聚集,「我們都很期待一年兩次的臺東義診,也是大家不分你我,聚在一起服務的美好時光。」志工楊碧秀說。

25 藥師出任務 1：以病人的用藥安全為起點

阿芳阿嬤（化名）的血壓超標了、心跳有點快，「163/80/98」，「阿嬤，妳有沒有按時吃藥？」人醫會醫護問著。「有啊有啊。」待阿嬤休息十分鐘，再重新量一次，雖然降了些，還是超標。

協助檢視阿嬤藥袋的藥師，發現有些藥過期了，有些藥依時間推估，阿嬤沒有按時服藥，擔心問起。阿嬤這才提到，因為衛生所在雙溪車站，離家很遠，所以她不舒服才吃藥，沒有不舒服就沒吃，這樣藥可以吃久一點。

這可讓團隊著急了，醫師藥師苦口婆心：「**不能等到艱苦（臺語）才吃，要按時吃藥……**」藥師也告訴她不按時服藥，會讓血壓忽高忽低，反而沒辦法好好控制病情，甚至延誤治療造成遺憾……這回阿嬤總算聽進去了，答應好好吃藥。

洪美惠：人醫會藥師應盡的職責

藥師在偏鄉義診時，最常看見像阿芳阿嬤這樣的長者，專業說法是「服藥順從性不佳」，有些長輩自行增減藥量、放錯藥袋、服用過期藥品，甚至將醫師所開的不同藥品全放在一個盒子裡。藥師洪美惠就曾遇到一位老人家混放藥品於一盒，但竟還能一一分辨出哪一顆藥是吃什麼作用，「我們不得不嘆為天才，但藥師還是要不厭其煩的教導他正確的藥品儲放法。」

洪美惠是早期創立慈濟人醫會的關鍵成員，大家都喊她「美惠媽」，她是留學日本的藥劑師，曾任北區人醫會副總幹事、藥師總窗口。人醫會的藥師組織從荒蕪、開創到枝繁葉茂，洪美惠功不可沒。

她談起臺灣義診用藥藥單，是由國際慈濟人醫會總召集人林俊龍醫師及各地慈濟醫院的院長、副院長、各科主任幾經研討確認的，並以「安全用藥」、遵守藥事法規為優先考量所制定。海外義診，包括早期的大陸義診則是以當地的好發疾病及大環境與健康問題來備藥。

早年藥師人力不足時，洪美惠一手創建義診的藥物分類、藥單設計、為藥品把關、申請用藥、備藥等等，「**雖然辛苦，但那段時間好快樂啊！**」她說，「把關」很重要，不只藥品，包括符合法規、經費、安全性等，都需要層層把關。譬如，偏鄉長輩很多都有乾眼症，治療的眼用凝膠，價格是眼藥水的十倍，而鄉間的老人家其實不太喜歡用凝膠，因為滴入後，一開始會黏矇矇、看不清，等上一會兒便能恢復。醫療端擔心的則是，獨居長者萬一在模糊看不清的那一刻，急著如廁或跌倒了，便十分危險。所以，不是所有昂貴的藥品就是最適合的，眼藥水對某些長輩來說，好滴好用無風險，反而更合用。

洪美惠也跟隨人醫會參與了許多海外義診，到醫療資源極為匱乏之地。海外義診有時單日便來「上千位」病人，她所設計的藥單，讓醫師能快速勾選、填上數量，後端藥劑師也能一目了然、快速配藥。她也隨時間累積出經驗，往往颱風、水災時，皮膚科用藥得多備；地震後的義診，則是身心科的藥品及慢性病用藥的需求

高,因為震災逃出時根本顧不上帶藥。

做慈濟,你也會很節省

十多年前(2013年),洪美惠制定了「藥師手冊」,把北區人醫會藥師的作業規範、藥品管理、執行細節等全寫在裡面;也不時舉辦藥師義診用藥研討會、讀書會聯誼,有制度且有溫度的經營藥師群組。

她說,因為慈濟學會了很多事。然而,她走向慈濟的因緣卻是因為父親過世,「**我一輩子沒有這麼難過過。**」她想起父親常告訴她「**有能力就要多幫助別人。**」她把哀痛化成祝福,希望透過捐助善款來紀念並延續父親的慈恩,正巧有人向她推薦了慈濟。

四十七歲那年,洪美惠不只捐款,她也走進慈濟做志工。她以臺北分會(原忠孝東路舊址)的醫務室為基地,推廣「骨髓捐贈」,為了事半功倍,她年近半百去學電腦;更熟讀醫師丈夫提供給她的白血病資料,整理吸收、編寫志工培訓課程的教材,也與血腫專科醫師一起為志工上課;帶著志工小組上街頭、機構,去推廣骨髓捐贈、驗血建檔。

如今她八十一歲了,她說她熱愛醫療工作,證嚴法師又給她機會做,「**我覺得人生中,這三十幾年是最快樂的,真的是賺到了。**」

她出身企業家千金[38]、留學日本,過去買衣服常跑日本買,上

---

[38] 洪美惠的父親是臺灣松下電器創辦人洪建全,為臺灣知名企業家。洪美惠原就讀中山女中,高二那年赴日開刀治療腿疾,自高二開始留日求學,就讀日本慶應大學藥學系,畢業返臺後投入藥學研究工作,爾後協助丈夫診所、投入慈濟人醫會。

萬元、數千元的服飾眼睛都不眨一下，但如今卻過著簡樸人生。三十年來，她貼近窮困病苦、曾在臺灣九二一地震、日本三一一大海嘯後前往賑災，那份不捨、悲淒的情懷總在心中洶湧澎湃，讓她更想把錢與資源用在需要之處。

「朋友、家人常勸我，『哎呀，美惠啊，人生本來就要享受，妳節省什麼！』但是做慈濟，你也會很節省，真的。」她現在身上穿的是菜市場裡一件350元或250元的衣服，但是，她很快樂，「做慈濟，你整個人都會改變。」她說。

儘管八十一歲了，她仍參與義診，也掛心著，盼人醫會藥師群能邀請臨床藥師，如徐莞曾（臺大藥學系副教授）來為藥師上課，把義診、往診遇到的用藥問題，再提出來討論。曾經一刻不得閒、只求活出生命價值的她說：「回頭看，我很感恩我的人生！」

洪美惠說，接下來就要交給年輕一輩了，她相信他們一定會做得更好！

26 藥師出任務 2：
值得珍惜的每一天

高鶯鶯藥師有股特別的氣質，她安靜專注，每次往診時，她總在一旁默默查看老人家的藥袋，非常仔細的查讀。待醫師看完診，她才靠過去跟老人家輕聲細語問著用藥狀況、一個藥袋一個藥袋的跟長輩核實、確認長者是否清楚自己服用的藥物，並提醒注意事項。她的安靜，有時讓人幾乎忘了她的存在。

她說，身為藥師仔細核實藥袋是本分，「**人醫會是一個 teamwork，我們就把自己螺絲釘的角色做好。**」她投入人醫會二十五年，才剛卸下北區人醫會藥師總窗口，仍繼續擔任著北二區合心幹部。她一頭灰白髮色，是小孫女最愛最黏的阿嬤，說起話來輕聲細語，卻總有真知灼見。或許是因為她從大學時便加入佛學社，學佛學得虔誠早慧；也或許是三十六歲那年的一場意外。

那年，她因子宮肌瘤開刀，13天後卻突然血崩。丈夫、爸爸趕緊為大出血的她裹上棉被，抱著她從十樓的電梯奔到一樓，她心想，「**怎麼我還沒有照顧到爸爸，就讓他那麼擔心。**」然後便昏過去了。丈夫飆車往醫院，父親一路唸著阿彌陀佛。

「我當下覺得，生命是那麼的短促。」高鶯鶯以為她再也見不到心愛的父母、丈夫、孩子……然而在醫師極力搶救下，她活過來了。經過生死關頭，她更覺得「**每一天都是好日子，都是值得珍惜的一天，要好好把握。**」

帶著使命而來

高鶯鶯除了與先生自營藥局、參與人醫會義診，1999年她也擔任偏鄉衛教講師、臺北市藥師公會督導，見證了「臺灣從沒有藥到有藥，再從『不會用藥』，到如何『正確用藥』。」這二十五年來，她的任務之一，便是不斷宣導如何正確使用藥物、不浪費。

跟隨人醫會往診時，她更有偵探柯南的精神，總是能從藥袋、病人樣態與病況來明察秋毫。有一回，她發現一位老伯身上有許多暗紫色斑點與黑青，很明顯是紫斑症，一查醫院藥袋，懷疑可能是預防血栓的抗血小板藥物造成微血管出血，然而這藥是心臟科醫師在裝設血管支架後常開的藥物，老伯同樣因此而服藥。只是她擔心老人家若已發生紫斑症，表示出血太多，那麼血液回到身體再吸收的過程，還是會有血栓的風險。

高鶯鶯與現場醫師討論後，提醒老伯盡快回診、務必告訴他的主治醫師有紫斑症，讓其衡量用藥劑量或換藥，也請老伯留意飲食等。

高鶯鶯相信「每個人都是帶著使命來到這個世界」，能投入人醫會或是為衛生局擔任偏鄉用藥衛教講師，則是福報，可以跟大家結下比較好的緣分。這幾年她承擔北二區合心幹部，「需要參與決策面討論，更覺得每個人的視野都很重要。慈悲，可以找到對的方法。」近年，她還與另外兩位人醫會的護理師，在新店慈濟的長照據點擔任義務講師，帶著長者思考四道人生、健康小知識、打起瑜珈拳，她認為「陪伴長者是很有意義的，因為我們也會老，而長者是我們每個人的老師，不管他現在活得如何，都有過一段寶貴的人生經歷。」

長年擔任人醫會藥師總窗口的高鶯鶯，去年將此任務交接給中壯輩的藥學博士王震宇。這位過去曾讓藥師高鶯鶯、洪美惠笑喊「書僮」的王震宇，早在1997年，仍在臺大藥學系碩士班就讀時便加入人醫會了，他的第一場義診是老松國小的遊民義診。那些年他協助聯絡藥師，直到他完成博士學位、出國工作才暫別人醫會。七年後，他回到臺灣，繼續投入人醫會，還帶著妻子徐莞曾一起義診，一轉眼又十年了。

帶著孩子來義診

每到偏鄉義診日，常見到王震宇一家四口前來，他帶著年幼兒子萌萌在駐診定點服務；大女兒則跟著媽媽徐莞曾一起往診。直到今年兒子滿六歲了，才開始跟著媽媽往診。

不久前，他們來到阿通伯（化名）家，藥師徐莞曾已來過數回，彼此都有份熟悉的信任感。阿通伯的四肢關節處長了許多痛風石，雙手雙腳也有些攣縮蜷曲，他獨自居住在一處破舊的房舍裡，前妻偶爾會帶些食物、保健品來給他。這天，醫師問完診後，徐莞曾的六歲兒子萌萌，伸出小小手搭著阿通伯，稚嫩童音說著：「伯伯，你要按時吃藥喔，我來幫你按摩。」

阿通伯瞬間紅了眼眶，徐莞曾也跟著心酸紅了眼，「我不知道為什麼，心裡也非常難過。伯伯或許想到他的家人，也或許有點後悔過去那段人生……」

徐莞曾也曾遇過一位因車禍臥床二十年的老伯，身體機能逐漸變差，導致多重用藥。他晚上睡不著，白天卻呼呼大睡，混亂作息也讓照顧他的妻子深受其擾。徐莞曾協助他調整安眠鎮靜劑後，終

於讓他作息正常。她發現老伯背部長濕疹，每次前往義診總幫他帶上藥膏。人醫會發現老伯的妻子在長期照護壓力下，身體越來越差，便也開始照顧他的妻子，為她測量血糖、血壓，「後來醫師幫她轉介心臟科，我們也教她怎麼用藥。」徐莞曾說，「人醫會真正治療、給藥的機會不是特別多，大部分是在關懷；而在這樣的過程中，我跟家人都學習到很多。」

徐莞曾在臺大藥學系任教，光是臨床、教學、寫論文或研討會、演講等，已忙得不可開交，而她同時身為母職，與做藥學研究的先生王震宇，分分秒秒都在跟時間賽跑。他們卻從不錯過在雙溪、平溪、貢寮、瑞芳等地的義診，問她會累嗎？她說：「有時身體真的很疲累，但是，當你遇到貧病疾苦，自己的怠惰就會消失，心境越來越清晰。」

雲端藥歷 守護鄉親健康

每回往診，人醫會的藥師會另外記錄「藥歷」，每位病人都有專屬藥歷，有些藥師除了病人的用藥外，還會記錄其身心狀態。「藥歷」能讓不同藥師往診時較快進入狀況、追蹤用藥情形，也能事先提醒往診醫師病人的用藥及身心處境。

人醫會的藥歷由來已久，這些「藥歷」又是如何傳承、延續呢？現任藥師總窗口王震宇承擔起重要任務。

平均來說，北區人醫會每兩個月有五次偏鄉義診，疫情後走了許多長輩，往診人數也略微減少，目前每次義診大約六到九條往診線，每條往診線約照護七到十位長者，人醫會每個月至少服務160位「往診」鄉親，這還不包含偏鄉「駐點」義診、移工義診、離島

義診、身心障礙者及植物人的牙科義診等病人。

　　所有鄉親的「藥歷」更新、上傳雲端，目前都是由王震宇來執行。最初，人醫會原本也想嘗試，往診時讓藥師帶著平板電腦，開啟雲端藥歷並記錄，然而礙於往診的時間壓力、使用習慣、深山無網路等，並不易執行。於是每次義診結束後，所有藥師手寫的藥歷會彙整給王震宇，他再利用週間空檔逐筆輸入電腦、更新存檔、上傳雲端。義診前三天再把病人的藥歷紀錄列印出來提供給當次主責的藥師。他笑說，有時工作忙到不可開交時，就會暗暗祈禱「**希望這次的藥歷更新不要太多啊。**」

　　當年曾因最年輕、什麼事都願意做而被稱為「書僮」的王震宇，即使過了27年，那份「**只要能做，就盡力去做**」的心意，沒有半點改變，不同的是，這十年來，他早已成為受證的慈濟人，更有一份傳承使命銘刻在心。

27 藥師出任務 3：
從藥局畢業，把人醫當志業

每逢義診日，蘇芳霈總是凌晨四點便醒來。她是開業的資深藥師，參與人醫會20年了，大家都喊她「蘇蘇」。

這天，人醫會來到阿榮伯（化名）家中往診，阿榮伯三、四個月前開刀置換人工關節，蘇蘇查看著他的藥袋，發現醫院醫師仍開類固醇藥物給老伯。她不免有些擔憂，若是手術後服用類固醇，是需要也可以理解；但是已經過了好幾個月了，她擔心類固醇若長期服用，反而會造成骨鬆，對腎臟、胃也不太好。「所以我會在他的藥袋上寫著：『老先生膝關節疼痛症狀已經緩解，這個藥是不是可以停用？』讓老人家回診時，跟醫師商量。」

下一站來到阿成伯（化名）家裡時，女兒趁他換衣空檔，跟蘇蘇提到，爸爸罹患甲狀腺腫瘤已切除，「但是爸爸一直心情不太好，脾氣變得比以前差、也不太愛講話……」蘇蘇告訴她，腫瘤有時可能會往腦部發展，若壓迫到某些神經就會影響情緒。女兒說：「爸爸的腫瘤確實蔓延到腦部了且蠻大的。」蘇蘇接著提醒，除了疾病的影響外，老人家心理上可能會覺得自己向來是一家之主，「如今卻變成孩子來照顧他，或許心理上還沒辦法接受，需要一段時間去適應。」

待阿成伯換好衣服來到客廳，提到自己夜晚頻尿，睡也睡不好。醫師關心他的身體狀況、飲食生活起居，大家跟他慢慢聊，阿成伯越聊越歡喜，醫護趁勢提醒他，如果可以走動時，多走走會讓

循環好一點。護理師帶著阿成伯做腿部運動，人醫夥伴也跟著一起做，蘇蘇說：「他一看到我們跟著做，他的活力就來了，這就是共振。」最後阿成伯眉開眼笑說：「你們下次要來前，先跟我說一聲，我先把衣服穿好，不要像今天，讓你們等這麼久。我現在腦袋不好，什麼都會忘記啊。」

「好好好，一定會先跟你講。」蘇蘇、志工連忙回應，即使志工早已提前通知過他，也十分有默契的哄著病人。看著阿成伯從愁容轉為笑顏，人醫團隊也安心地揮手告別，阿伯，下次見！

固定往診線 累積醫病情

不論去平溪、雙溪或貢寮義診，蘇芳霈總選擇同一條往診路線，累積熟識感。有位牡丹阿嬤（化名），一直都很健康、很少吃藥。2023年，疫情趨緩時，人醫會來到她家往診，一見面，卻讓蘇蘇心疼：「我們才一年沒來看妳，妳怎麼瘦成這樣⋯⋯」「就牙齒不好，疫情也不敢去看牙醫，一直痛，也不太敢吃。」阿嬤說。

蘇蘇看了一下阿嬤的餐桌，對陪伴的移工阿妮（化名）誇讚：「這桌菜很豐盛，妳很會煮呢。」阿妮笑了。蘇蘇又說：「不過，阿嬤現在牙口不好，不太能嚼，或許試試把蔬菜、水果打成蔬果汁，她比較能喝、能吸收，也可以分次打，少量多餐給阿嬤喝喔。」原本就跟牡丹阿嬤如祖孫般感情的阿妮，連連說好，她來試試。

後來蘇芳霈隨人醫會再去，牡丹阿嬤長胖、恢復了體重，她誇阿妮，「妳把阿嬤照顧得好好、好厲害！」誇得阿妮笑瞇瞇。臨走前，蘇蘇抱抱阿嬤，也抱抱阿妮。許多人醫會的醫護藥師志工，就

如蘇蘇這般，總是一起關懷長者與他們的照顧者。蘇蘇說：「讚美的話，不要捨不得說！」因為每次都是一份愛的鼓舞。

從插畫志工到人醫會藥師

藥師蘇芳霈又怎麼踏入人醫會的呢？她是從慈濟人文志業的插畫志工開始的。她擅長繪畫、書寫，出版過許多著作，還曾在自家藥局以陶藝、音樂來陪伴、引導自閉症的孩子。2023年夏天，她做了重大決定，從經營了三十年的藥局，畢業了！

起因出自她獨立經營藥局，還身兼義診、主持廣播節目、繪畫書寫、偶有演講等，她老是睡不飽，在參加完印尼慈濟醫院的開幕返臺後，便住院了，兒子非常憂心她的身體。她想想決定將「有收

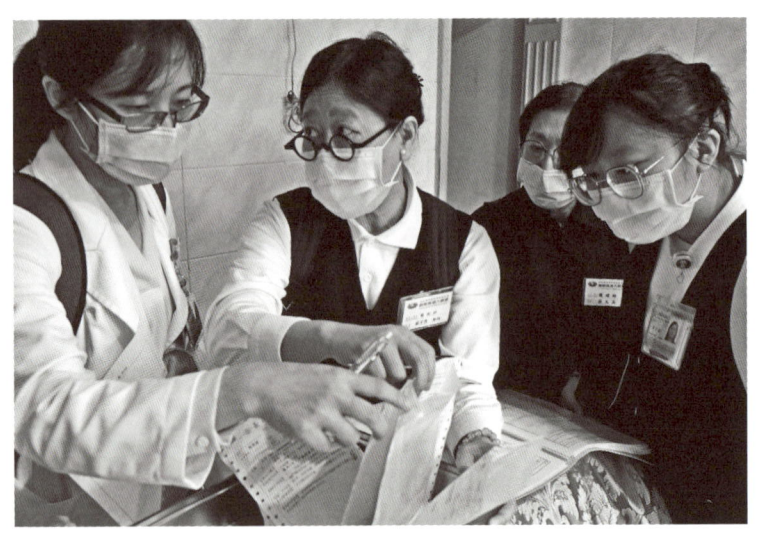

▲ 2023年貢寮義診，藥師蘇芳霈（左二）與何佳霖醫師（左一）、莊文美護理師（明菱，右二）、黃芯媛護理師（右一）在看診、檢視藥單後，討論病人用藥。黃永福／攝

入」的藥局轉手，繼續投入「沒有收入」的人醫會、書寫繪畫等志業。六十一歲的她，能做如此帥氣的決定，不是因為財力無邊，而是她的人生歷程教會她——什麼是生命真正重要的事。

人的一生中，總有幾個日子是畢生難忘的。對蘇芳霈來說，大哥考上醫學院那天，就是這樣特殊的日子。

哥哥考上醫學院，還是臺大醫學院，這對南部鄉下人家，是件不得了的大事，蘇家的四合院放了長長的鞭炮，炮竹聲響著喜慶，村子裡出了未來醫生，親朋好友不斷臨門道賀，但是靦腆的蘇家大哥卻顯得有些招架不住，於是告訴妹妹蘇芳霈，「**我帶Lucky（狗狗）去河邊踢球喔。**」那是他們常去的地方，蘇芳霈應好。

過了五、六點，已是晚餐時刻卻遲遲不見大哥身影，「**蘇蘇，妳哥呢？**」媽媽問著。「**沒看見啊。**」等啊等、問啊問，最後，家人、警察沿著河岸尋找。

「**後來，大哥被撈上岸時，大哥抱著那隻狗，狗狗抱著那顆球。**」蘇芳霈說，他們都忘記自己不會游泳。大哥再也回不來了，蘇媽媽哭得柔腸寸斷，心被硬生生給砸了個黑洞，一家人的眼睛泡在淚水裡，上不了岸。

「**那次以後，我會覺得『無常』隨時都會發生。**」蘇芳霈說。然而，命運的考驗尚未結束，十九歲那年，爸爸也過世了。為蘇蘇頂著的天地沒了，她得撐起一個家，為了照顧媽媽、弟弟，她四處打工、畫畫兼家教，籌措學費與家計。

她這輩子其實極少睡飽過，年輕時為了賺錢，中年以後為了志業。那些傷心欲絕的往事，讓她體會到「**人生七分用心、三分隨**

緣，但求盡力就好。如果我用心了，還是無法掌握大局，就讓老天爺來做主吧。」她學著瀟灑、轉念，她嚮往《金剛經》說的「應無所住，而生其心」。

　　蘇芳霈雖說七分用心，但認識她的人都知道，她做起事來是十二分用心。藥師洪美惠常誇她做事仔細，讓人安心。多年前（2014年），為了重整人醫會藥庫，蘇芳霈花了整整一個月，重新盤點、整頓。

　　那一個月裡，蘇蘇自營的藥局請了一位藥師全天候幫她顧店，她從早上八點就泡進人醫會的藥庫裡，有時醫院的藥師也會來支援，蘇蘇經常到晚上十點才離開，整理了上百種西藥、四百多罐中藥。美惠媽曾問她，妳一個人待這麼晚不怕嗎？她說不怕。儘管當時藥庫緊鄰著醫院的太平間。蘇蘇還把義診的兩大套藥箱裡的藥品全部挖出來，依照類別、「有效期限」重新排列，讓藥師能以「效期」來備藥，就能大幅降低藥品過期。慈濟人醫會如此龐大的義診量，用藥資源都須精打細算、不浪費。

　　那年，擔任人醫會藥品管理的蘇蘇把藥庫打掃得乾淨明亮、重新規劃擺放空間、貼標，包括藥品、文具、大小藥袋等，在她的耐心整理下井然有序，也為北區人醫會西藥庫建立了重要的SOP、定期盤點藥品。

　　不只臺灣義診，蘇芳霈與洪美惠一樣，經常參與海外義診，承擔起複雜多樣的藥品管理。蘇蘇還曾應邀到約旦，帶著身心受創的敘利亞孩子做藝術治療；接引海地醫師濟地成為慈濟人並投入義診。

目前人醫會的藥師群組約有140多位，經常出勤義診約有30餘位藥師，他們付出無所求。資深的洪茂雄藥師每逢義診總不缺席，他不僅承擔三芝線、新北移工健康關懷的藥師召集與備藥，也經常在義診時細心教導、提攜後輩藥師。溫政源藥師長年來協助中藥備藥與藥品管理，同樣長期投入付出，從沒喊過一聲累；還有簡梅鶯、何淑珍、朱芸娟、李麗俐、謝裕隆、林安敏……等藥師，各自承擔不同地點的備藥、藥師聯繫或出勤等。對他們來說，人醫會義診已成為生命版圖中不可或缺的綠洲。在許多假日，天未亮時，他們迎著晨曦走向偏鄉鄉親，那份愛與關懷從未停歇。

28 天涯海角尋醫記

⛰ 2014年 臺北

「陳醫師，這次義診可以來吧！」黃祥麟殷切問著，這已經是他連日來不下三十餘通電話了。他不禁想著，慈濟人醫會能有今日規模真是不容易；而自己應該能順利達成任務吧！？

數個月前，黃祥麟從原本單純參與義診的快樂牙醫，被賦予了承擔「醫師窗口」的重任，那時他還不清楚這份任務的輕與重，然而宏大且務實的計畫已在他心中開展。

自行創業的黃祥麟醫師開設兩間牙科診所，病人總是絡繹不絕，他相信只要審慎計畫、勤奮執行，總能成事。人醫會找醫師向來不易，但他告訴自己天道酬勤，努力便是。

他的第一項任務是在永和舉辦社區義診暨醫師聯誼會。黃祥麟規劃先拜訪永和地區三分之一的診所，每周抽出自己二到三個診次的時間來逐一拜訪，他拿著健保卡，像病人一般去掛號、拜訪醫師。

這非親非故的陌生開發，有如街頭傳教士，他熱情談起慈濟人醫會、那些需要醫療的窮鄉僻壤、邀約義診，有些醫師直言：「很忙啊，實在沒辦法」、「我沒有興趣」、「恐怕有困難」、「我也想參加，只是走不開啊」；也有比較溫暖回應：「好啊，可以試試」、「可以啊，有活動再聯絡我」……黃祥麟一一寫在他的筆記上。

「頭幾次吃了閉門羹、碰了軟釘子時，我也起了煩惱，懷疑自己為什麼要來做這些事，是吃飽撐著嗎？單純做牙科醫師不是很好嗎？在自己診所還可以吆喝人家，現在卻要低聲下氣來求人。」黃祥麟說，但是這個高難度的功課，日後卻讓他的人生起了很大的變化。

義診三天前

黃祥麟一通接著一通電話撥打著，即使心急、即使對方看不見他的臉，他依然以熱情、歡喜的聲音說著：「這次可以來共襄盛舉吧？」

「啊，剛好有事」、「我還不能確定耶」、「這次沒辦法啊」、「我再回訊息給你」一通通婉拒或不確定的話語，像冷雨打在心上。他從三周前便開始聯繫，眼看義診三天後就要舉辦了，卻還找不到足夠的醫師，身為牙醫師，他急到牙齦都腫了。

最後關頭，他求助昔日醫師聯絡人陳琇秀師姊，拿到一份人醫會其他地區的醫師名單。他不過打了五到十分鐘，就找到四位醫師，「還有一位醫師對我說：『謝謝，我願意參加，感恩你給我機會。』我聽了，眼淚差點掉出來。」黃祥麟說，不斷求人，不斷被拒絕，「這回，竟然有人跟我說感恩，這是什麼世界啊！」

如今回想起十一年前的那次經驗，黃祥麟笑稱自己原本臉皮很薄，「訓練到現在，我都可以當業務推銷員了。」

邀約醫師的挫折，也成了滋養黃祥麟慈悲柔軟的沃土。過去只要業務人員到他診所推銷，因為忙，他不是不太搭理，便是請助理

打發。然而嚐過閉門羹的滋味後,他開始親自接待業務,即使買賣不成他也耐心傾聽,更不會讓業務員等太久。因為,他也曾在診所坐了大半天的冷板凳,只為等待醫師聽他說說人醫會,他深知這種煎熬——到底要繼續等,還是該識相的走人了。

一轉眼,黃祥麟邀約醫師已十餘年,當年他厚著臉皮,如病人般去掛號邀來的醫師,也有幾位成了人醫;還有一些是靠著慈濟志工、親友、醫師同儕引薦而來的,「**要能留住醫師,真的要靠陪伴、靠點點滴滴的關懷。**」這些年來黃祥麟與隊友也陪伴了賴秋英、林金龍、陳振芳……等多位醫師從投入義診到受證成為慈濟人。

「每次在義診中,看到大家歡喜付出、看到病人治療後的笑容與感謝,現在的我,也可以體會當初那位醫師『付出無所求,還會說感恩』的境界。」黃祥麟形容,不論是醫師、志工,大家都成了

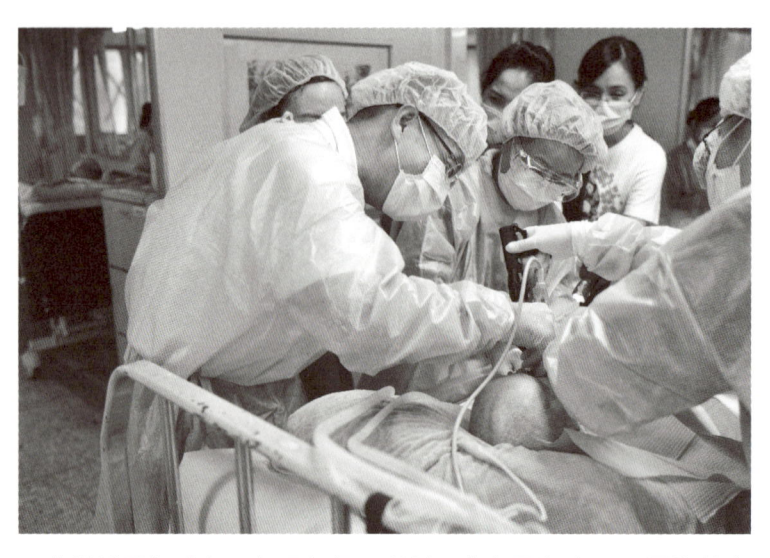

▲黃祥麟醫師(左一)長年投入義診、擔任醫師窗口,圖為他為植物人洗牙及診療,近年他也邀約成為醫師的兒子、女兒參與義診。邱德馨/攝

志同道合的朋友，甚至把義診這份志業看得比事業還重要，若遇到人醫會義診與職場工作時間衝突時，便請人代班來投入人醫會，有時甚至「**法親比家親**」。

身心科醫師李嘉富說，他每次在移工義診前，都會接到來自黃祥麟醫師的溫馨提醒：「**下周要義診，拜託了。**」感受到黃醫師的付出與投入。更讓李嘉富讚嘆的是，儘管年輕人都有自己的想法，黃祥麟醫師還是會努力邀約自己的醫師兒子參加人醫會醫師群組的線上讀書會，希望在孩子心中埋下法喜與行善的種子。

被醫師放鴿子

義診有時也難免碰到剛加入的醫師答應要來，卻在活動前一天或當天才臨時通知「不能到」，這可是晴天霹靂的告假啊。北二區隊長張治球醫師，只要遇到其他隊伍被醫師放飛了，臨時請他支援，他即使有事也會排除萬難，應下頂替的邀約，因為他也曾體會過邀約醫師之難以及被臨時放飛時，心急如焚、不斷打電話找醫師的折騰。

然而，絕大多數人醫都深知承諾的重量，一位志工曾描述，李嘉富醫師出國開會卻趕在臺北移工義診前，直接從機場拎著行李箱來到義診現場，大家看到他，心裡再暖不過。

投入人醫會多年、專精胃腸肝膽科的蘇銘堯醫師[39]儘管再忙，也同樣信守承諾。他曾為了能在義診中更仔細的診療，2017年與親

---

[39] 蘇銘堯醫師現為新北市土城醫院副院長、土城醫院胃腸肝膽科教授級主治醫師、長庚大學醫學院副教授。蘇醫師是在他的妻子，也是慈濟資深志工褚玉萍的邀約下投入人醫會多年。

友志工合捐了一臺攜帶型腹部超音波。2023年，他在黃祥麟醫師邀約下，前往土城慈濟環保站以行動超音波為環保志工檢查肝膽腸胃。這群環保志工的平均年齡大約七十歲，檢查前須空腹四小時，一次只能做30位，原本預估會來報名檢查的人數大約一次即可完成，「結果報名了90位，蘇醫師就安排了三天來做。做完第一次後，蘇銘堯醫師還發願要把北北基地區的環保站都跑完（超音波義診），他把一整年的假期空檔全都排出來，不到一周就被填滿了，真的很讓人敬佩。」黃祥麟希望接下來也能邀約牙醫師跟著到各個環保站義診，守護這些長年服務的環保菩薩。

經驗豐富的蘇銘堯醫師，每次為環保志工做肝膽腸胃及腎臟的整體超音波檢查時，既仔細又快速，溫暖的提醒也不會少，像是「不要吃太油喔……」、「別吃得太飽」。但是有一回，彭秀靜護理師卻發現，他的檢查速度變慢許多，一問之下才得知，蘇醫師前一天才剛動了一個小手術，他卻抱著不適、依約前來義診！

29 陪伴的意義

人醫會陪伴的不只是病苦孤寂者，團隊裡的醫師、護理師、藥師、志工等也是需要相互陪伴、砥礪的。北一區的醫師窗口周素雲及合心幹事彭秀靜是人醫會公認最懂得陪伴醫師的志工。然而周素雲卻說，她最初承接北一區醫師聯絡人時，一度擔心到睡不著！

「我不覺得自己可以勝任，醫師都那麼聰明、有智慧，我何德何能、要怎麼跟他們互動聊天呢？」周素雲惶恐推託，但同隊的彭秀靜鼓勵她，「醫師很單純，且像鴨子一樣都有『銘印效應』，只要認定一個人，就會跟著投入、跟著做。」

後來，周素雲發現醫師們確實有銘印效應、也很投入義診，但他們認定的不是她，而是證嚴法師，就像她自己一樣。

從環保志工到人醫會志工

家裡做生意的周素雲，從小看盡人來人往，訓練出察言觀色的本事。她從2000年便開始在基隆住家社區大樓推動慈濟環保，挨家挨戶按門鈴宣導「垃圾分類、每月環保日」，有人歡喜接受；也有人一聽到「慈濟」立刻把門關上，「那謝謝你。」不論接受與否，周素雲都送上合十鞠躬與祝福。她從一個環保據點做到三處據點，更邀集到60位志工投入環保行列。

後來，她受邀投入人醫會，同時也是慈濟大學醫學系的懿德媽媽（關懷大學生的志工）。為了邀約醫師，她也曾備好結緣禮品，到社區附近、或曾看過病的診所去掛號、拜訪醫師。「碰釘子是一

定有的,都是很正常的事。我就笑笑說:『那謝謝你,感恩。』『那祝福你。』但我不覺得這是壞事或逆境,這也是個學習啊,反而讓我看到很多面向。」

周素雲只要一接到社區志工或親朋好友來訊說,有醫師想了解義診或慈濟,「我們一定當晚趕緊約好時間,準備伴手禮,盡快去拜訪。」她說,只要團隊成員一起去,他們幾乎都會成為人醫會的醫師,而她最常邀約同行出任務的,正是彭秀靜。

一起去爬山

彭秀靜曾形容周素雲「不僅專業且非常有能耐」,怎麼說呢?她曾觀察一位參與義診的新進醫師,不太與人互動——問他十句話,他大概只會回答半句、儀容也較為不修邊幅。彭秀靜擔心這位醫師是否有些狀況,「但是我們的周素雲師姊卻告訴我,『他絕對沒有問題,他很專業,只是比較害羞。』素雲師姊就不離不棄,把他當成自己家的孩子來照顧。」

周素雲第一次電話邀約這位醫師,同樣碰上銅牆鐵壁——不應不答。但是素雲師姊沒有放棄,繼續說著:「醫師,你喔自己一個人住、看診很累、很辛苦,也要運動運動,那我們找個時間,就去你們醫院附近的步道走一走?」

「呃⋯⋯」不應醫師的回應難以捉摸。

「那就這個周六,我去載你喔!」總之,「不應醫師」就這麼被周素雲師姊「邀」出來了,與幾位核心志工一起爬山、吃點心、培養感情。

「可能我很會煩他、吵他;不會怕他不回答就不敢再問。從

那次之後，跟他的互動就破冰了。」後來只要有義診或醫療支援活動，周素雲會去宿舍接送他，也陪在現場。

一次次累積了熟識的溫度，在車上，周素雲跟他問早，但沒聽見他回話。「醫師，看到人要打招呼，我跟你說早呢。」周素雲溫暖又帶點俏皮說著。

醫師細聲說著：「我有回啊。」

「你含在嘴裡那麼小聲，我怎麼聽得到，要大聲一點啊。看到病人也要打招呼喔，譬如說，『阿公，你有好一點嗎？藥吃得怎麼樣？』這樣你的病人才會多，才會滿掛。」（周師姊的關懷包山包海，擔心到他醫院的工作去了……）

一個月、兩個月、半年、一年、兩年……周素雲師姊自自然然的引導、提醒，也與丈夫三番兩次邀約這位年輕醫師、甚至醫師在外地的父母到家裡吃飯、喝茶。漸漸的，「不應醫師」的回應變多了，也變得活潑些，還能在《法華經》讀書會中分享，哪一天某某某曾說過什麼，他讀過、聽過的幾乎都烙印在腦海裡，非常驚人的記憶力。

獨居的醫師工作忙，累了就睡，而年輕人油脂分泌旺盛，有時難免疏忽梳洗，在來回接送的車上，周素雲師姊叮嚀他，「我們衣服要時常洗，這樣才不會邋遢；每次活動出來，鬍子記得要刮得乾乾淨淨，你不刮，就會被別人刮喔。」沒想到，他也聽進去、還照做了。

有一回證嚴法師到基隆行腳，看到這位醫師的名字「羅大佑」，便問，「是那個會唱歌的羅大佑嗎？坐在哪裡呢？」羅大佑

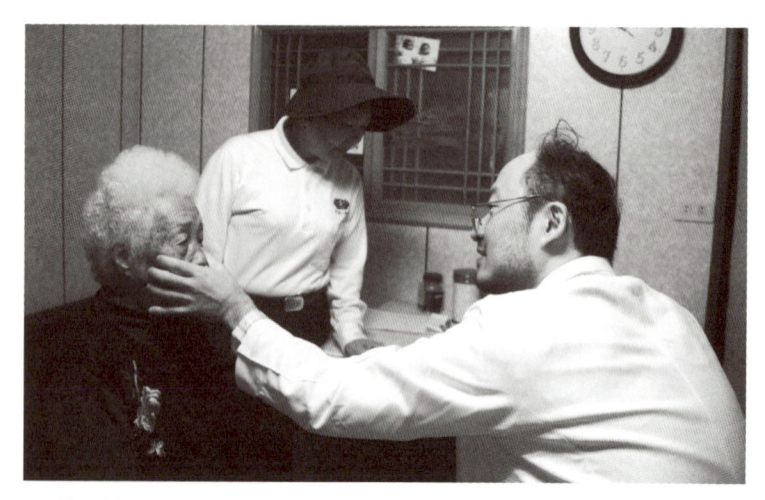

▲「阿嬤，妳的心臟藥有照時間呷某（有照時間吃嗎？）最近人有叨位嘸爽快某（有沒有哪裡不舒服）？」羅大佑醫師往診時，總是親切又細心地為長者看診。黃碧雲／攝

起身了，他坐得離師父很近，他不是那位會唱歌的羅大佑。證嚴法師又笑問了他一次，「你真的不會唱歌嗎？」他和大家都笑了。

隔年，周素雲師姊邀約羅醫師來培訓成為慈濟人，他應「好」。那年，完成培訓的羅大祐在受證時分享：「我願意承擔病人的苦，用上人的法，來做更好的醫師。」很少說話的醫師，一開口就感動了現場許多人，周素雲默默拭去淚水。

大家一定很好奇，這位不擅與人打交道的羅醫師，最初怎麼會自己找上門、還自行包計程車來到人醫會偏鄉義診現場呢？

原來他的姊姊在英國留學時接觸了慈濟，成為慈濟人，後來感動了爸媽也成為慈濟委員。三位家人輕輕一推，羅醫師就往愛的軌道前進了，周素雲及人醫團隊添足了燃料、給足了關懷，讓愛一路奔馳啊。

一轉眼，羅大祐醫師參與人醫會已經六年了，素雲師姊瞇瞇一

笑:「他從打招呼不太回應,到現在都會消遣我、開我玩笑了,就像家人一樣啊。」

「沒關係」的藝術

周素雲進入醫會不久後,便發現有許多非常慈悲的醫師,但卻還沒有受證成為慈濟人。她希望能慢慢邀約讓這些大醫王更了解慈濟。她去了人醫會江勤醫師的診所,發現江醫師非常有親和力,病人很多,看到她也會喊「素雲啊!」就像在喊家裡的人一般。

她邀江勤等四位人醫會的醫師先來參加志工課程,「很忙啊……」醫師想推拖;但她遊說著:「一個月只要半天就好,來更認識慈濟,可以啦!」結果醫師都到了。當她再進一步邀約江勤醫師培訓成為慈濟人時,江勤說她長年俐落短髮,哪裡有辦法留長髮綁髮髻呢!?周素雲則說:「沒關係,頭髮慢慢留,三、四個月就

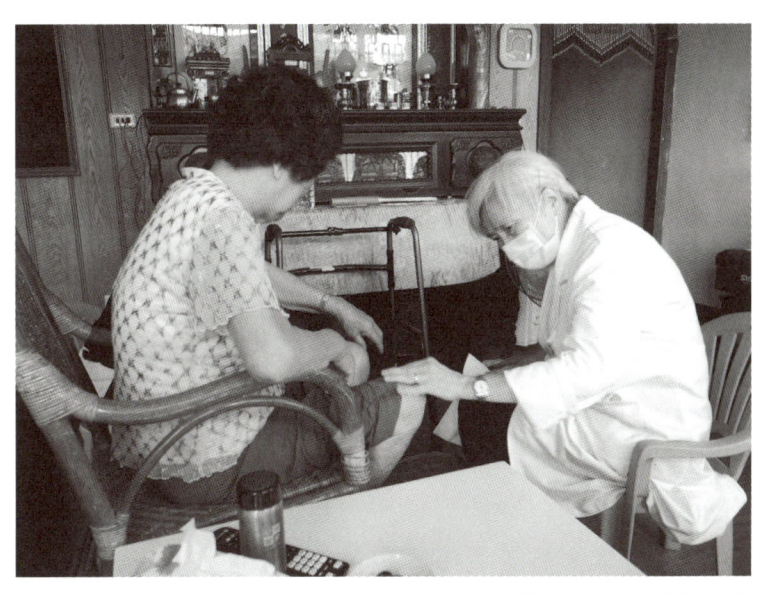

▲江勤醫師親和力強,深得病人信賴,圖為雙溪義診,她為行動不便的長者診療。黃麗琴/攝

長了。」

「我不行啦，我從年輕到現在都是短頭髮，不習慣啊。」江醫師說。

「沒關係啊，如果人家要檢查，那我們就買一頂假髮來戴。」周素雲笑說，她當時就這麼跟江醫師瞎扯，聰明如江醫師也懂她的體貼與用心。

後來她又催江醫師，要準備培訓了喔，明年還有某某某可以一起當同學培訓喔。江醫師說：「要吃素，我沒辦法。」素雲告訴她：「沒關係，妳才剛開始，就活動時吃素，回家再慢慢來改，試看看。」

就這樣，一句句「沒關係」反倒把江勤說動了。四個月後，她開心說著，頭髮已經留到可以用橡皮筋綁起來，還差一點點，再兩個月就可以梳成髮髻了。周素雲說：「沒關係，這樣很好，我那邊有包頭髮的，我趕緊拿來給妳試用看看。」

又過了三個多月，江醫師看到素雲師姊，開心分享：「我現在都吃素，幾乎沒吃肉了。」周素雲直誇她：「妳怎麼這麼厲害啊！」

曾有醫師形容周素雲與彭秀靜就像「童乩與桌頭（臺語）」，默契十足。近年來，她們與團隊邀約陪伴了七位醫師、一位醫檢師參與慈濟培訓，成為慈濟人。是不是慈濟人，有什麼差別呢？從基隆的張卻醫師到桃園的人醫隊長黃崇智，他們都曾不約而同提到：「本來覺得我是來幫慈濟義診，但現在（受證後）就覺得，是自己的事、自己的責任了。一樣在做義診，但使命感不同了。」

再忙，都要來義診

儘管天涯海角尋醫難，但也有許多醫師一旦加入人醫會，便從不缺席，骨科醫師黃勉倉就是如此。他是基隆地區醫術一流的骨科名醫，永遠有看不完的病人。儘管忙碌，這二十年來人醫會在基隆、瑞芳的義診，他幾乎從不缺席。2005年，因為一位醫師臨時有事，他受友人之託前往支援義診，從此成為人醫會義診的固定班底，2015年也受證成為慈濟委員。

自幼生活貧苦的黃勉倉，八歲喪父，也曾經歷三餐不繼，人生

▲ 2024年，人醫會團隊前往探訪因意外而頭部受傷的志工師姊，左起：彭秀靜護理師、邱鴻基醫師、周素雲師姊、黃韵筑護理師（蹲者）、萬人傑醫師。彭秀靜、周素雲與養病中的師姊是同一年完成慈濟委員培訓與受證的同學，一見面就緊緊相擁。在專業醫護往診鼓勵下，盼能師姊早日康復！林群傑／攝

211

路上受到許多人的幫助，母親再嫁後，他的繼父對他視如己出，讓他對貧病者更有一份悲憫之心。在基隆開設骨科診所的他，只要遇到生活困難的病人便優免治療。平時認真卻寡言的他，一去往診，就像突然開機似的，跟案家閒話家常、衛教，還很會安慰老人家。他會在仔細問診後告訴老人家：「這是神經在痛，晚上睡覺時不能睡太高，要睡平平的，枕頭不要超過這裡的筋，對神經會比較好一點……。」

人醫會護理師彭秀靜提到，好幾位慈濟關懷的基隆個案，因意外跌斷了腿或是手骨折了，都帶去給黃醫師開刀，「他分文未取，還幫忙復健。慈濟骨髓捐贈的抽血、驗血也借用他的診所進行，他隨時隨地都在布施。」

還有許多像黃勉倉這樣的人醫，總是自動報名、準時出現，親自走進病人家裡，他們長年的堅持與付出，溫暖了無數需要照護的鄉親。

第五部

又遠又亮的星星

「第一次去義診，我嚇了一跳，北區人醫會帶去的牙科器械是在診所裡七成工作都能做得到的器械，當時是民國88年！……我們好多位醫師從一大早看到下午兩點都沒停過，我才知道偏鄉有那麼強的看診需求……」
——黃崇智醫師

30 桃園 1
從尖叫到擊掌

機構裡一群喜憨兒見到熟悉的黃崇智醫師，紛紛來討抱，還要擊掌；街友小江（化名）則對著為他看診的陳仰霖醫師，淚眼簌簌的哭了起來，因為從來沒有人這麼關心過他⋯⋯這是桃園人醫會長年深耕機構義診的醫病情誼。

✦ 走進育幼院

1997年，尚未加入人醫會的牙醫師黃崇智在好友黃金仲醫師邀約下，與桃園縣好人好事推廣協會一起前往桃園育幼院，現今的北區兒童之家義診。牙科慢工出細活，黃崇智說，到了中午，內科的黃金仲醫師已經看了一百多位孩童，他卻才看了二十幾位。義診持續了好幾年，直到2002年，協會碰上人力難題、也覺得太勞師動眾，決定停辦義診。育幼院的老師來央求黃崇智，「孩子都很想念你們，好希望你們去⋯⋯」該怎麼辦呢？

當時已加入慈濟人醫會的黃崇智，於是在人醫會新春聯誼時尋求協助。北區人醫會也排定2003年5月前往桃園北區兒童之家拜訪、勘查，但是「嚴重急性呼吸道症候群（SARS）」爆發了，被迫取消行程。直到疫情趨緩，同年9月北區人醫會勘查後，10月臺北來了大批醫護、藥師、志工，同時邀請桃園在地慈濟志工承擔機動、生活、香積等功能組，一起走進了桃園「北區兒童之家」。

兒童之家收養了近160位院童，人醫會同時開設八床牙科診療，

管線器材組的蘇建坤師兄帶著一組志工，總是最早抵達，協助運送、場佈牙醫診療器材，再加上北區的牙科巡迴醫療車兩床，一共八床牙醫同時運作；每半年一次定期看診後，院童的牙齒維護得不錯，牙科巡迴車也退役了，就改以六床來運作。

去年，曾有新加入的牙醫師來此義診時感嘆道，一般孩童看牙，常上演驚恐大哭，得不斷哄騙，但是這裡的孩子，有些才四、五歲，卻乖乖的躺上診療床，不哭不吵不鬧，讓醫師感受到孩子超齡的成熟與獨立。

然而孩子能那麼安定，或許更關鍵的是，黃崇智號召多位桃園牙醫師，已經在此服務二十多年了，每回都有志工精心策畫的團康與衛教，大小孩子、老師、院長都跟人醫志工們熟識，長期累積的快樂氣氛，讓孩子安心信任來看牙。

☆ 遇見仁心仁術的同路人

北區人醫會早在1998年即前往桃園復興鄉部落義診[40]。1999年之後，桃園、新竹地區的志工、人醫日臻成熟而開始獨立運作。2004年成立「桃園人醫會」，時為北區人醫會第五隊，最初的會務，是由人醫會相當懷念的隊友——蔡宗賢醫師領軍，志工周淑卿師姊與蘇建坤師兄擔任合心幹事，協助組織行政事宜，一步步開

---

[40] 人醫會成立初期，第一隊承擔桃園復興鄉義診；第二隊負責新竹尖石、五峰鄉，第三隊則籌畫宜蘭大同、南澳鄉的義診。

展的[41]。2006年，交棒黃崇智接任隊長。然而，能遇到黃醫師這塊寶，甚至讓他願意點頭承擔，卻是一趟蜿蜒崎嶇的機緣路。

黃崇智對義診一點都不陌生。1995年他便在好友黃金仲邀約下，前往桃園復興鄉各部落義診，每次義診，他的後車廂滿載著空壓機、牙科躺椅、器械。「後座也堆滿了收納箱，只剩下半個位置，剛好我們診所的牙助瘦瘦小小的，就坐在那半個位置上。我家師姊（妻子）在副駕駛座，她腳下一箱，手上又抱著一小箱器具。」

一到假日，黃崇智總是從二樓診所把器材搬到車上，如此「搬上搬下」引起了對街婦產科診所鄭嘉榮醫師的關注，他問：「黃醫師，你是不是在義診啊？」

「是啊。」

「我告訴你啊，慈濟有個人醫會，牙科陣容好大啊，你要不要來參加？」搭話的鄭嘉榮是桃園慈濟人醫會第一位醫師會員。黃崇智一口答應，然而之後兩次邀約卻都失之交臂。直到1999年，他總算如願跟著鄭醫師、人醫會前往北部的石碇鄉義診。

「第一次去我嚇了一跳，那是民國88年（1999年）耶，但他們帶去的器械，是在診所裡七成的牙科工作都能做得到的！」這麼強的移動式牙科器械，讓黃崇智開足了眼界，也想著若能引進桃園來義診，該有多好。

那天，石碇來看診的鄉親非常多，人醫會各個科別也宛如小型醫院。負責牙科的黃崇智，從九點開診後，雙手沒停下來過，慈濟的師兄師姊看見這些牙醫師那麼辛苦，也過去問了他：「要不要稍

微休息一下？」

「不行啊，你看，後面還排那麼多人、在等著呢。」

於是志工遞了水，讓醫師至少喝口水。黃崇智就這樣一路看到下午兩點。硬漢也是會累啊。

「我才發現，原來偏鄉有這麼強的看診需求。」黃崇智於是請時任牙科窗口的游春美師姊，定期為他安排義診，跟隨人醫會一起到「最需要醫師」的地方來付出。

✦ 四顧茅廬 感動人醫

蔡宗賢醫師幾次向黃崇智提起，希望他參加慈濟培訓，成為慈濟人。黃崇智總是回應：「那個不重要，我的心比較重要。」學佛的他認為那些都是表相。

有一天，負責桃園人醫會行政聯繫的周淑卿師姊出現在他的診間。黃崇智請她先等等，讓他先處理完已預約到診的病人，最後再來幫她看牙。「師姊，來來來。」他邀師姊坐上診療椅，周淑卿才趕緊說道，她不是來看牙，是來邀請他參與慈濟培訓。兩人懇談許久，師姊落空返家。

㊶ 牙醫師蔡宗賢，1999年加入慈濟人醫會，2012年病逝。他曾跑遍臺灣本島、離島、海外義診，他幼年罹患小兒麻痺，總是拄著拐杖跟著人醫會上山下海，永遠以最親切的笑臉為義診鄉親看牙。藥師洪美惠仍記得在澎湖離島義診時，師兄姊們急著搬一箱箱器材、藥材場佈，「蔡宗賢醫師跟在後面，手撐著拐杖、拚了命要趕上，那有多辛苦啊，那個畫面，我到現在還是很難忘。」

沒想到隔幾天，周淑卿再度來訪，依然得不到黃崇智的應允。又過了一段時日，周淑卿鼓起勇氣，三度拜訪，「*沒辦法，師姊，抱歉，真的沒辦法啊。*」黃崇智堅定婉拒，心想，這下子師姊應該不會再來了吧。

沒想到，她還是出現了。「她後來才告訴我真正的原因。」黃崇智說，因為當時主責桃園的蔡宗賢醫師住在臺北，要聯繫運作或即時跑桃園現場都有難度，他們希望交棒給桃園在地的醫師來承擔桃園人醫會。跑了四趟的心意，也把黃崇智夫妻的心給融化了，黃崇智終於點頭，妻子應著：「好啦，我把他捐給慈濟了。」

2006年，黃崇智培訓、受證成為慈濟人後，接下桃園人醫會隊長一職，責任也更大。他發現以他的人脈邀牙醫師不難，但牙醫助理（以下簡稱牙助）人力相對不足。為了培訓牙助，他拿起相機將牙科各式器械工具、材料一一拍下，製作成投影片（PPT）教材，帶著團隊開始招募、培訓牙科助理。同年，桃園人醫會的服務新增了弘化懷幼院；2007年，再添藍迪育幼院義診。

☆ 人醫會首次為植物人義診 在桃園

2008年7月，黃崇智挑戰了不可能的任務——一通來自創世基金會桃園分院護理師的求助電話，讓黃崇智猶豫再三，但一周後，院長也親自來電了，讓他不得不正視植物人洗牙的迫切需求。桃園人醫會成了為植物人洗牙治療的先鋒部隊，那是臺灣慈濟人醫會「首次」為植物人洗牙、治療；同年十月，臺中人醫會也開始為植物人展開牙科義診。

回想當年，黃崇智找了管線師兄蘇建坤一同前往桃園創世拜

訪、勘查、討論。返家後，黃醫師花了好些時日、不斷翻查其他國家地區為植物人洗牙治療的各種資料，得知關鍵在讓植物人側躺、讓水可以流出；另外則需要有吸力較強的吸唾機來吸取髒汙，而當時機構內就有較強力的吸唾機（用來抽痰），換個牙科專業接頭、便能吸唾。

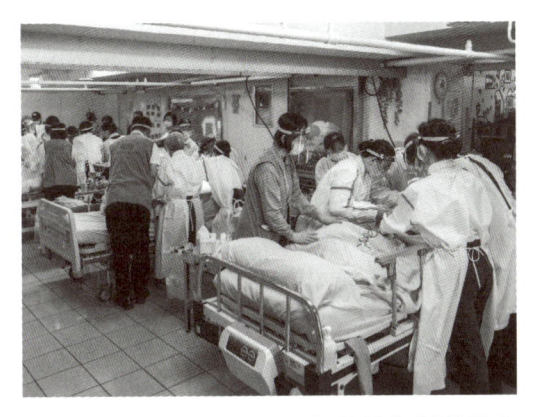

▲ 2008 年 7 月黃崇智即率隊前往創世基金會桃園分院為植物人義診，每半年的約定持續至今，圖為 2024 年創世桃園分院義診，醫護牙助管線行政等共 64 位志工前來服務。謝佳成 / 攝

「我們得自己先準備好，才能去挑戰，這點很重要！」黃崇智做足了功課、實驗與安全措施，率隊前往創世。首次義診時，人醫會與機構大費周章的將病人移到「洗澡床」上看診，後來發現洗牙的水量不多，便改在住民床上看診、墊上護理墊來吸水。醫師們就著床邊洗牙，得要彎腰、屈膝，非常辛苦，加上有許多住民十多年不曾看過牙科，醫師們迎接的是整口滿滿的牙結石……；儘管疲憊不堪，但卻成功完成了為植物人洗牙的創舉，讓黃崇智及所有夥伴幾乎忘記了疲累，興奮溢於言表。機構的院長、護理師等一再感謝——人醫會為他們解決了這個長久壓在心頭、難以突破的照護難題。這個挑戰也轟動了臺灣各區的人醫會！就這樣，桃園人醫會每半年一次，來此守護植物人的口腔健康，至今已持續十七年。

黃崇智感謝這些年來一同投入桃園各項義診、不畏辛勞的醫師群，包括：簡志成、林世雄、江聰鷹、陳秋彥、李後基、孫金銘、廖永楷、朱嵩豪、王連興、蔡明仁、陳偉南、郭希致、許偉宇、林

219

寓涵、林冠翰、陳瑞琳……等牙醫師；賴金盛、呂明益、白振益、李仁豐、陳仰霖、黃國昌、彭百慧、柯美蘭、黃筑煙……等西醫師；以及余珠琴、蔡金印、陳超元、黃淑貞……等中醫師。

黃崇智則從最初不願接受培訓、不愛在公眾場合發言的不沾鍋醫師，到現在成為熟悉電腦操作、還能公開演講、勇於承擔的團隊領頭羊，他的轉變令人驚嘆。今年七十五歲的黃崇智笑說：「以前我連電腦都不會（有助理），現在，在我這個年齡層裡，我已經是『電腦達人』了。」

✦ 從尖叫到擊掌：為身心障礙的孩子義診

2008年，桃園人醫會的會務、義診行程，幾乎滿載、相當忙碌。儘管如此，在林鴻津醫師邀約下，桃園人醫會還是走進了「仁友愛心家園」。「那年我們真的很忙，但是一到仁友，看到那些身心障礙、多重障礙的孩子，就知道他們真的非常需要牙醫的協助。」黃崇智親眼見了，再忙、再滿載也無法拒絕這個義診邀約。

然而實際為身心障礙、多重障礙的院生看診，卻讓牙醫師們嘗到此生看牙最為艱辛的時刻。

院裡有好幾位院生已四、五十歲，卻是人生第一次看牙；他們張嘴時散發的濃重口氣，「聞所未聞」。更慘的是，當時尚未研發「行動束縛帶」，身心障礙的院生們最怕日常的改變，看牙更是難以配合，怎麼哄也哄不了，「要好幾位師兄姊去幫忙壓制孩子，」在驚聲四起、尖叫聲不斷下，牙醫師很怕稍有不慎便傷到孩子，彎身曲腿、小心翼翼、緊張到大汗淋漓，終於完成任務。連向來最耐操的黃崇智醫師都不禁嘆道：「那天真的看得很辛苦，看完最後一

位時，我心想『總算結束了！』」

　　這個無比艱辛的經驗，並沒有讓黃崇智等桃園的多位牙醫師打退堂鼓，他們選擇把自己的技術磨得更精、把牙科行動設備改善得更好。因為他們深知，如果連他們都不去，這群孩子的牙齒等同被徹底放棄了，而不健康的牙齒不僅影響咀嚼、營養吸收，更與心血管、肺炎等全身性疾病關係密切。「我們還是照去，一年去兩次，照顧院生的牙齒健康。」

　　2009年，林鴻津醫師募款在機構內設置牙科診療室，「我去協助仁友的院長一起找院內適合的場地，把測量的長寬面積提供給林鴻津醫師。」診療室完成後，黃崇智在桃園找了五位牙醫師，請每

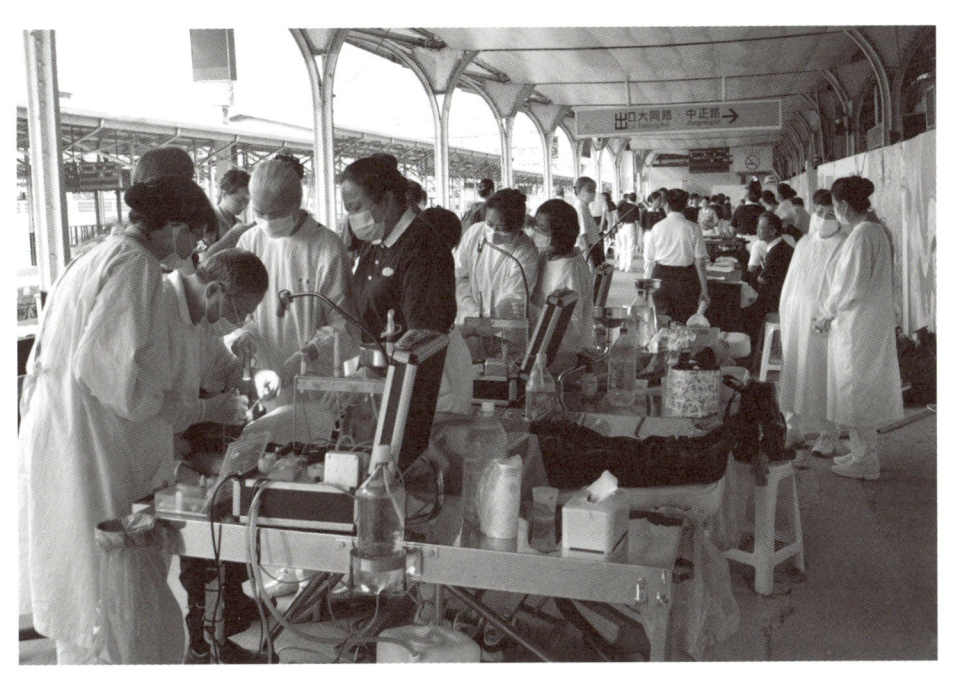

▲ 2018年桃園慈濟人醫會受桃園市政府勞動局邀請，5月20日於桃園火車站舊站月臺舉辦外籍移工健康檢查，提供各科義診、衛教及醫療諮詢服務，守護外籍移工朋友的身心健康。賴文志／攝

位醫師每月奉獻一個早上或下午，繼續在仁友愛心家園義診。又過了一年多，健保局告知可以成立醫療團，醫師可申請健保來為機構診療牙齒。黃崇智心想，「既然有資源，就不必我們義診，以後就交給牙醫公會的醫療團來做，我們就退出。」

沒想到機構的主任卻連連說不，「不行啊，我們這些院生一定要你們啦！」因為經過這些年的相處，院生看到人醫會的牙醫師都很開心，早已從驚聲尖叫，到要「討抱抱」了。因此，這甜蜜的「任務」還得繼續啊！

像有位多重障礙的院生小惠（化名），是位虔誠的基督徒，黃崇智幫她看了十幾年的牙齒，每次見到她，都跟她說「耶穌愛妳」，小惠便很開心，儘管黃崇智自己是佛教徒，卻非常尊重他人的信仰。而小惠等候看牙時，慈濟志工師姊還會陪她一起唱〈奇異恩典〉，讓她總是期待人醫會的到來。「還有的院生，一見面就跟我討著，『要抱抱、要抱一下』，有的要握握手……；看完牙齒，我們要離開了，還要擊個掌，這都是長期培養出來的感情啊。」黃崇智說。

31 桃園 2
長年守護
脊損傷友、街友、靜音菩薩

　　桃園人醫會護理師唐冬菊還記得，一個周末剛入夜的夜晚，她和兩位同伴一起到大溪觀音亭附近家訪。不過黃昏前，觀音亭裡人來人往、香火鼎盛；然而當她們三人轉進小巷，拜訪脊髓損傷病友阿宏（化名）時，迎接她們的卻是陰暗與窘迫。阿宏坐著輪椅，對著一室昏暗不以為意，他行動不便、似乎沒有家人，獨自生活久了，顯得有些消沉，身上也少不了病痛，「看了真的很不捨。」

　　那是2006年，桃園人醫會首度走向脊髓損傷者健康關懷的行列，起因於桃園脊髓損傷潛能發展中心來尋求協助。桃園人醫會與慈濟在地志工於是動用六組人員、近50位人醫志工、護理師，花了三個月的時間走遍桃園十三個鄉鎮，家訪100多位脊損傷友，「**親自去看、去家訪，才能知道他們真正的需求，也建立起日後義診的信任感。**」負責這項計畫的統籌者之一林王淑惠說。

　　大部分的脊損傷友是因為意外而中途致殘，也從原本的經濟獨立或家庭經濟的提供者，一夕之間變成依賴者，光是心理適應便是一大難題。身體不再是原來熟悉的身體，不只失去行動力，更因為脊損伴隨而來的「自主神經失調、神經根痛、體溫調節功能失常、排尿困難、便祕，甚至大小便失禁、褥瘡」等，如影隨形。

　　桃園人醫會合心幹事林王淑惠，就曾拜訪一位年輕男孩，因車禍受傷，全身不能動彈，只能咬著筆費勁來溝通，他深受排尿困

難、動輒發燒發炎等困擾。她也曾家訪過一位五十餘歲、同樣一身病的陳先生，林王淑惠問他：「你怎麼不去看病呢？」

「清彩啦（臺語，意指隨便啦），我都已經麻痺了。」

脊損傷友就醫往往需要家人協助，相對不易也不便。但更難為情的是，脊損的重大挫折，讓有些病友始終難以調適、變得敏感，或與家人相處不易；也有另一半難以扛起照顧重擔而離開了，「因為這樣就妻離子散了；有些則是久病床前無孝子……」那些形同沒有家人的脊損者，就醫更為不易。當然也有一些傷友是在家人不離不棄的呵護下，挺過生命難關。

那次大規模家訪，讓林王淑惠、唐冬菊等志工感到震撼的是，有些脊損傷友因為失去行動力，生活得很沒有尊嚴而越來越失志，因此而尋短者時有耳聞，「有很多獨居的脊髓損傷者，一整天都沒有人跟他們說話，他們不是只有醫療的問題，幾乎都還伴隨經濟、生活的難題。」

2006年，桃園人醫會投入脊髓損傷者義診，除了多科別定點義診，也展開居家往診。許多脊損者都有「排尿障礙」的困擾，花蓮慈濟醫院的泌尿科權威、也是慈濟醫療法人副執行長的郭漢崇醫師，幾乎每次都特地從花蓮到桃園參與脊損義診及往診。

郭漢崇醫師已為臺灣脊髓損傷者的整體醫療照護奔走了三十年，不僅為脊損病友錄製衛教影片、撰寫專書，更在花蓮、大林、台北、台中等慈濟醫院成立「慈濟脊髓損傷醫療重建中心」，他最了解脊髓損傷病友的處境。在桃園人醫會安排的往診中，郭漢崇也發現兩位病情較嚴重且求助無門的脊損病友，因而協助他們轉到花蓮慈濟醫院，由他來醫治。

林王淑惠說,「每次脊髓損傷義診,只要告訴他們,有郭漢崇醫師,他們就一定會來參加,因為郭醫師不是只有醫療,他還非常了解他們,特別有愛心與耐心。」

☆ 研發「輪椅固定架」 讓脊髓傷友便於看牙

每半年一次的脊損傷友義診,包括泌尿科、內科、外科、牙科、中醫科等多科別服務,讓脊損傷友不必奔波,便享有各科別看診服務。

2006年首次義診前,黃崇智醫師想到牙科義診需要躺床,脊髓損傷病友幾乎都坐著輪椅來,如果要上、下輪椅來躺治療床,擔心他們不方便、也影響就醫意願。他想起之前與人醫團隊前往日本參訪學習時,曾看見直接安裝在輪椅上的固定架,可以斜躺、便於牙科治療;但他認為義診需要的是讓每臺輪椅進來之後,都可以推入一個共用的「固定架」。於是,黃崇智與管線組師兄蘇建坤商議、研發「輪椅固定架」,讓病人無須上、下輪椅,只要將輪椅斜躺45度、牢牢固定在不會移動的不銹鋼架上,便可以讓牙醫師看診。

黃崇智參考海外資料、研發草圖,再與蘇建坤討論,蘇師兄請自營鐵工廠的慈濟志工陳萬能來製作,第一代輪椅固定架驚喜現身,然而較為笨重,醫師要站著、彎腰來看診,還沒正式使用,便被黃崇智打了回票,情商再修正。「負責製作的陳師兄真的很厲害,不到一周便修改出第二代。」讓醫師可以不用彎腰、避免職業傷害。

輪椅固定架一推出,果然,脊損傷友來看牙科的人潮不斷!還有幾位傷友告訴黃崇智:「我坐上輪椅十幾年了,第一次看牙

醫。」正如最初志工家訪時便得知的訊息——他們是有牙科診療需求的。

之後，黃崇智與團隊又研發第2.5代輪椅固定架，改良枕頭高度，將原先偏低的枕頭墊高、還可以上下移動。然而這款固定架，較寬的輪椅進不去、且醫師的腳很容易踢到兩邊的架子，於是再將主要支撐架改為中間立柱，成了第三代。「我們做了第三代輪椅固定架，去支援中區人醫會的脊損義診，後來就送給他們用。之後，臺南跟臺北的師兄又研發為『可拆式』，成了第四代固定架，可以分解、組合，義診攜帶更方便。」

在桃園，這些不斷修改的輪椅固定架，都是由志工陳萬能師兄發心製作，黃崇智醫師想要支付他材料費用，卻被拒絕了，他說：「要給錢的，我不做。」他們都是慈濟人，一心只想著要付出啊。脊損傷友的健檢、義診關懷，除了新冠肺炎疫情期間被迫中斷外，至今仍持續舉辦。在投入脊損義診兩年後，桃園人醫會的腳步又跨向了街友健康關懷。

✩ 做街友的家庭醫師

陳仰霖醫師細細問著眼前病人的各種症狀，病人卻突然哽咽、哭了起來。陳醫師握著他的手，讓他哭。

這是桃園人醫會自2008年以來，與人安基金會桃園平安站合作，每月一次的「街友義診」。哭泣的街友小江（化名）正值壯年，經常無端惹事，是讓平安站頭痛的一號人物，但是他來到陳醫師面前，陳醫師仔細問診、沒有分別的關心著他的身體，那份真摯竟讓老是端出怒目的硬漢落淚了，「我從出生到現在，從來沒有人

這麼關心過我。」他啜泣說著。後來,每次義診,他總來找陳醫師看病,也吐心聲、治心病。

每到義診日,平安站總是擠滿了街友,等著看診。然而,桃園人醫會首次舉辦街友義診時並非如此熱絡與溫情,反倒是個煙硝味四起的尷尬場景。

林王淑惠還記得,街友帶點挑釁的說:「啊,你們無效啦,你們都是來做秀的啦,把我們當猴子來看,看一看就走了,以後也不會再來。」直到發現慈濟人醫會依約「每月」前來,從醫、護、藥師到志工個個溫暖體貼[42],信任感才逐步建立。

最初林王淑惠提議要做街友健康關懷時,黃崇智醫師便建議要「定時、定點」,「因為街友很多都是慢性病,久久看一次意義不大,如果可以找到醫師願意每個月來一次,那我們就來舉辦!」很幸運地,林王淑惠找到在鶯歌執業的陳仰霖醫師,他擁有家醫科與內科的專長,也樂意帶著護理師妻子每月來桃園為街友義診,爾後,陳醫師又邀來黃國昌醫師加入陣容。而來自大園的退休護理師賴翠琴則設計出一套街友的護理照護程序以及病歷整理歸檔方法,對日後義診流程幫助甚大。最初兩年,桃園人醫會每年舉辦一次大型健檢及各科義診活動、透過篩檢掌握病灶;每月則有家醫科醫師來義診,有時也有中醫師來助陣。

㊷ 桃園的街友義診團隊,除了陳仰霖、黃國昌……等醫師,還有許多志工的投入,包括賴翠琴、許苑玲、柯素蘭等護理師;張嘉富、孫哲君、游輝滄、吳貞寬等藥師,以及簡玉珠、侯金珠等志工師姊,他們的長情陪伴,也帶給街友溫暖與希望。

陳仰霖醫師時常自備藥品[43]、驗血醫材，自費為有需要的街友驗血、來確認疾病與治療效果。他把自己當成街友的家庭醫師，除了看內科，也經常跪在地上、彎著腰幫街友處理腿、腳等外傷。讓林王淑惠印象深刻的

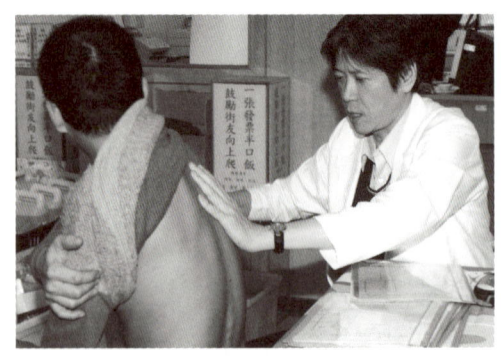

▲ 2011年，陳仰霖醫師（右）為街友細心看診。謝慶雄／攝

是，陳仰霖曾經幫一位左腿幾乎潰爛化膿的女街友治療，讓林王淑慧印象深刻：「陳醫師非常細心為她清創、消炎、換藥，弄到後來，竟然整條腿都好了，真的很不可思議。」

這十多年來，許多街友在人醫會醫師的治療下恢復健康，不論是皮膚病、腸胃疾病、糖尿病的控制或外傷等等。更有人身體好了、甚至可以去打臨工，租個三千元的小房間，告別露宿街頭的命運。人醫會也曾遇過已重回職場的昔日街友，帶來兩包白米捐贈，讓大家萬分驚喜。

自2008年到2022年間，每月定期為街友義診的陳仰霖醫師，在接受大愛電視臺訪問時曾說：「這麼多年來的街友義診，讓我們會去思考，到底一個醫生要做什麼，才是有意義、有價值的；如果沒有這些義診，沒有這些街友來幫我的忙，其實我們很難有這個機會去思考，所以我每次來的時候，真的很感謝他們。他們真的很需要（醫療），我也很幸運，可以滿足他們一點點的需要。」

2010年，桃園人醫會也至中壢平安站為街友義診，由長期投入人醫會的賴金盛醫師來服務街友，同樣有著護理師、藥師、志工

的在地陪伴[44]。2022年因受疫情影響，人安中壢街友平安站關閉至今，義診也暫告一段落。

桃園街友義診也在2022年因疫情被迫停止，直到2024年3月，黃崇智醫師帶領人醫會重啟街友義診。目前由賴金盛醫師主責看診，柯素真、鄒金蘭、唐冬菊等護理師，蔡來成、黃茂森、孫哲君、黃玉琴等藥師，徐道義、侯金珠等志工持續投入街友健康關懷。

✬ 陪他最後一段路

在桃園，有位「半街友」葉子先生，平日靠著「舉牌」賺取微薄生活費，得以租住每月三千元的雅房。他在平安站常罵粗話、有時還狀似惡煞般的與人打架，在人醫會長期關懷下，他只要一見到人醫會的醫護志工，眼神便柔和了起來。有一回，他車禍斷了腳，志工林王淑惠也轉介慈濟基金會協助他急難救助金，讓他養傷期間仍能安心租屋。

隔了一、兩年後，陳仰霖再為葉子看病時，發現他消瘦不少，葉子則說自己全身疼痛，陳醫師聽診也不樂觀，立刻幫他轉介到大醫院檢查，卻已罹患癌症。當他不再出現在平安站時，志工林王淑惠、護理師唐冬菊等人都擔憂了，特地前往他的租屋處去看他，他的鬍子很長、臉色蠟黃，正在接受化療。後來透過社福網絡，葉子

㊸ 慈濟基金會也有提供基礎藥品，陳仰霖醫師針對街友需求再另備藥品。

㊹ 中壢街友義診，由人醫會梁美志、鄒金蘭等護理師，黃玉琴、郭蘭香等藥師及江景圳、鄭文隆、曾秀娥等志工長期服務至2022年。

229

住進了新北市的安養院。林王淑惠、唐冬菊等志工又特地從桃園去新北探望他。

「我們每次去看他，他的眼神都有一些害羞又很高興，會一直跟我們講話。」林王淑惠說，葉子跟她們要了佛珠，說想要念佛，「他說他自己今生做錯太多事，才會變這樣，他不斷的懺悔。」

長年與街友相處，林王淑惠發現，「有時看一個人真的不能光憑外表，他們雖然看起來兇巴巴的，甚至大小聲，但其實都很缺愛，只要真心關懷，就會看到他的柔軟與改變。」就這樣人醫會志工一直陪伴到葉子往生，曾受他折騰、斷了線的家人與孩子最後也現身來為他辦理後事，算是圓滿了今生的親緣。

☆ 靜音菩薩的健康關懷

聽不見又無法言語的瘖啞朋友，要怎麼看醫師呢？

2014年，桃園人醫會又將觸角延伸向一個常被忽略的群體——聽障人士，人醫會稱他們為「靜音菩薩」。聽障朋友因為溝通困難影響就醫意願；再加上他們不易準確描述自己的症狀、缺乏病識感，因而常發生一到醫院檢查已是重症或癌症，甚至猝死的狀況。

桃園地區聽障者若要看病，可以在三天前申請政府提供的手語翻譯，但是突然生病就成了難題。當時還有一群年紀較大、沒學過手語、甚至不識字的瘖啞長輩，若無子女，或子女在外縣市工作，醫療對他們來說更難以企及。

桃園聽障協進會因此找上桃園慈濟人醫會來協助。

靜音菩薩雖然聽不見，但視覺很敏銳，人醫會在設計義診現場時，以顏色區分科別來做為引導，例如「內科」用黃色的指引線，外科用綠色等等，除了有志工帶領、也讓他們方便辨認。人醫會每次都有四到六個不同的科別來聯合服務。

　　黃崇智醫師提到，「因為他們比較沒有病識感，所以第一次義診先透過驗血、血壓檢測來得知身體狀況，報告出來後又舉辦一次健康諮詢關懷。」向他們說明檢驗數值、該怎麼留意、照顧身體，或需進一步至大醫院檢查等等。

　　每次義診，每位醫師身旁都有一位手語翻譯志工來協助翻譯。人醫會也特地安排衛教活動，讓瘖啞朋友們能學會更多自我健康照

▲桃園人醫會前往桃園市綜合性身心障礙福利服務中心舉辦靜音菩薩義診活動，每位醫師身旁都有手語翻譯員共同協助，為聽障者提供醫療服務。賴文志／攝

顧，隨著醫療需求遞減，義診也從半年一次改為一年一次，以預防醫學為重點，每次大約有五、六十位靜音菩薩來看診。

慈濟人醫會從1998年起，已持續二十七年在桃園地區義診，從山區部落、育幼院、身心障礙者、脊髓損傷者、植物人，到街友、聽障菩薩的健康關懷，他們以平等、無私的愛，守護鄉親、膚慰病苦，二十七年如一日。

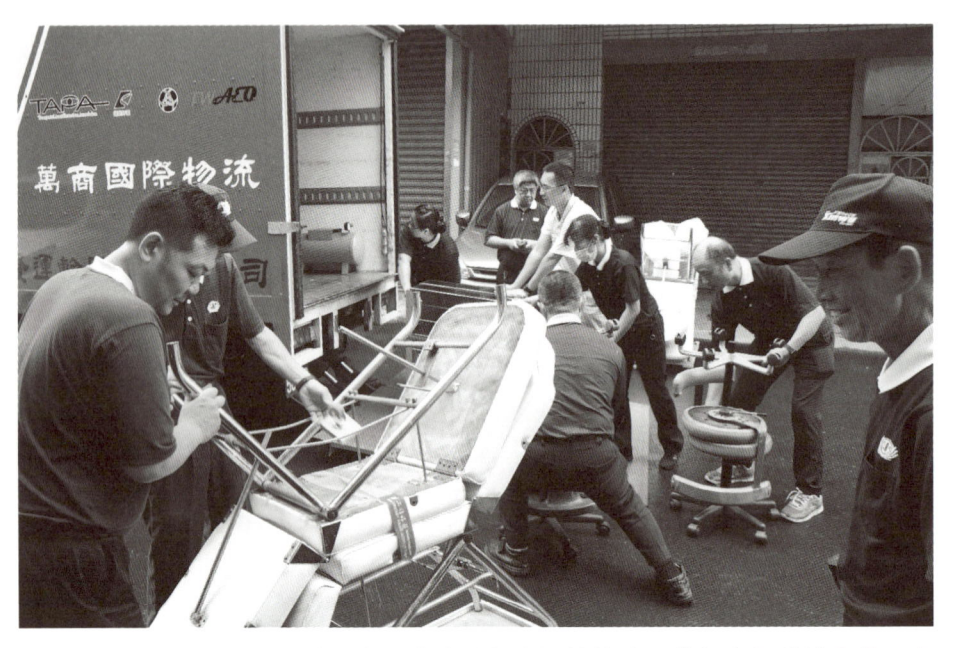

▲ 2018年桃園人醫會來到位於八德的祥育啟智教養院，赴每半年義診之約，志工們分工合作將醫療用品及器具熟捻的搬運、組裝及定位。張素貞／攝

32 新竹 1
推動社區醫療網

前往新竹關西採訪范文勝醫師那天,他前一日才去了苗栗,隨慈濟「新竹輔具平臺」探訪兩位需要醫療協助的感恩戶[45]。而不到五個月前,范醫師才動了髖關節手術,走路仍須持著拐杖,很紳士的微跛前行。

即便在復健中,他也一口答應這趟隨行往診任務;他極少拒絕請託,只要是他覺得該做的事。同時擁有家醫科與婦產科專科執照的范文勝,爽朗熱忱、正義敢言,結交了不少好友,是現任新竹人醫會隊長。他從2011年就跟著慈濟志工一起探訪需要醫療協助的貧病個案,隔年加入新竹人醫會,從移民署新竹靖廬收容所、新竹老人養護中心、創世植物人、華光智能發展中心、福嚴精舍、冬令發放義診,到居家往診,都有他與人醫團隊一起努力的足跡。

☆ 守護貧病孤老

人醫會早在1998年,就由時任總幹事的呂芳川帶著北區醫護志工前往新竹尖石、五峰等山區部落義診;爾後,竹東的中醫師彭衛來在新竹廣招醫護、加上在地志工投入,奠定了堅實的基礎,2005年1月1日成立新竹人醫會,是當時的北區第六隊。

時任隊長的彭衛來醫師曾投入人醫會十多年,與志工鄭粧師姊及李綉彩、蔡智玲護理師及多位醫師、志工,都曾隨訪視志工前往

---

[45] 慈濟稱受扶助者為感恩戶。

新竹各地的貧病孤老家中往診。他們曾遇過祖孫相依為命，不過小學就要照顧生病阿嬤的小女孩；也遇過瘖啞卻居漏水陋屋的姊弟；還有因貧拖延就醫，讓人醫志工趕緊揹下樓、緊急送醫而救回一命的案家。

他們從看診、教家屬如何拍痰、如何正確移動重癱長輩的抱姿、如何復健等，都細細指導。經常去往診的范文勝醫師，印象最深的是住在山邊的壯年三兄弟。

人醫會抵達時，中年大哥全身光溜溜也不覺有異，精神障礙讓他活在另一個世界；大弟已中風四、五年，左側手腳不靈活、靠著助步器來拖行；小弟則是身心障礙者，也同樣中風。

儘管錯過黃金復健期，范文勝依然抬起大弟的右腳，教他如何將腳掌頂住矮桌、撐住三十秒，再換腳，來鍛鍊肌力。范醫師帶著他們做手臂延展復健，也商請在地志工後續提供軟式網球，讓他們練習握力。此外，也與志工商議居家改善，范文勝評估，若能在浴室及往浴室的走道上安裝橫桿把手，不僅讓兩兄弟行動更安全，也能協助他們復健。

人醫團隊離開時，環視屋外環境，傍山而居綠意盎然，范醫師卻敏銳地發現，三兄弟的住家上方有條高壓線，騰空經過部分房舍，他請志工協助將兄弟的臥床移到高壓線外的空間。

義診結束，慈濟當區訪視志工的任務才要開始，擅長鐵工的師兄為他們量測、安裝橫桿扶手。爾後，范醫師再來往診時，也指導兩兄弟如何透過扶手來鍛鍊肌耐力。過了好一段時日，讓團隊振奮的是，大弟、小弟的身體日漸恢復，大弟也可以騎著電動三輪車出門打零工，撐起部分家計。

「看到他們復健的成效那麼好，真的很欣慰。慈濟基金會的志工幫忙改善居家環境，我們幫他看病，醫病又醫心。」范文勝說，這正是證嚴法師希望人醫會與在地慈濟志工攜手合作的「全人醫療」。

　　故事還沒結束呢，身障小弟的妻子終於覓得小村裡小吃麵店的工作，當慈濟人為賑災前往募款時，她立刻捐了五百元，小店老闆娘及家人也慷慨捐了數千元。蔡智玲說，「我們志工每年都來帶著照顧戶參與冬令圍爐及義診，這是持續了很多年關懷所累積的信任，他們即使仍有生活重擔，也願意捐助更需要的人，這正是善的循環。」在慈濟的協助下，如今大弟、小弟的孩子都已順利就讀大學、學習認真還曾獲得慈濟新芽獎學金。

　　當疾病得到緩解，甚至康復後能重返社會、找到工作，讓原本貧困而愁苦的命運逐漸翻轉，這就是醫療注入慈善之後，最令人歡喜的成果了，也是鼓舞人醫志工的最大驅動力！

✩ 以環保站為核心 推動社區醫療

　　春日三月，天光才悄悄透出雲層，新竹近300位環保志工浩浩蕩蕩，在新竹人醫會號召下，搭上遊覽車、前往台北慈濟醫院接受健康檢查。

　　「那是禮拜天，趙有誠院長特地到大廳迎接我們，台北慈院真的很幫忙！」范文勝也邀請了兩位新竹人醫會的婦產科醫師一起北上協助看診、檢查，那是2013年，新竹人醫會第一次為環保志工舉辦健康檢查。

　　而早在此次健檢的五個月前，范文勝醫師、蔡智玲等志工，便

開始為健檢鋪路，啟動了「健康巡迴講座」，他們跑遍了新竹區十幾處環保站演講宣導。

當醫師又開診所，總是相當忙碌的范文勝，怎麼能有時間趴趴走、四處宣講呢？原來，他把每周四、周六下午，固定打高爾夫球的運動時間，全拿來跑環保據點，自從加入慈濟後，小白球也不打了，還力邀劉昌熾醫師、鍾汦展醫師加入巡迴講座行列，他們都是「人醫」，自然當仁不讓來宣導。

范文勝醫師、蔡智玲護理師從「三高四癌」、「運動333」、「十巧手」的活潑分享中，帶著環保菩薩一起拉筋伸展。范醫師也透過「問與答」，讓這些因為老化、身體逐漸改變卻不知道怎麼回事的志工，一次問個夠。范文勝發現許多環保菩薩一心付出，卻常忽略自己的身體；他也觀察到，有些志工經常「蹲著」整理回收物，容易增加膝關節的負擔與損傷，因而建議他們要坐在小板凳上來分類、拆膜，他還帶著志工們一起伸腳，做腿部、膝蓋的舒緩運動，讓大家動得十分起勁。

透過巡迴講座，醫護也發現許多志工的「用藥」觀念不正確，譬如自行停藥、忘了吃藥等，蔡智玲建議他們使用標示周一到周日、早中晚的「藥盒」，避免搞不清楚「藥到底吃了沒？」她也提醒這群老菩薩，去拿第二次慢性處方簽時，把第一次空藥袋上的藥名剪下來、訂在一起，放在包包裡。「**因為人生無常，不論去到哪裡，萬一發生什麼事情時，最起碼醫生知道你現在在吃什麼藥。**」蔡智玲說。

從防癌知識、飲食、日常運動、用藥到如何培養好心情，人醫會一一衛教，希望能顧好這群環保菩薩的身心健康，讓「預防

勝於治療」。慈濟基金會提供了四部血氧機；范文勝、呂清文、蔡智玲及王瑞榮、林昌慧醫師，也自掏腰包採購了24個醫護箱及基本藥品，分別放置在新竹區各地環保據點；也在16處環保站設置血壓機，讓環保菩薩定時量血壓。

五個月後，環保菩薩來到台北慈濟醫院接受全身健康檢查時，檢查出有些人患有白內障、糖尿病、腸胃疾病，甚至口腔內膜組織病變等，他們卻「渾然不知」。所幸，透過檢驗提早發現來治療，還是可以延續健康人生。

新竹人醫會副隊長呂清文，看著許多早期投入的慈濟志工，轉眼來到垂暮之年，更覺人醫會除了照顧病苦民眾，也要對這些老菩薩做更多健康關懷，「**我們很多師兄師姊，一有病痛，連要去掛哪一科，都搞不清楚。**」他說，每次慈濟舉辦大型活動都會設立醫護站，范文勝醫師也會到場支援，總是有許多師兄姊來問各式各樣的疑難雜症。未來，也盼能再持續規劃「社區巡迴健康講座」，提高民眾的健康知識，讓人醫會也成為社區及慈濟人的健康靠山。

☆ 熱血醫師碰上招募難題

早在進入慈濟人醫會前，范文勝便是一位在新竹小有名氣的熱血醫師。1999年，九二一大地震的隔天，他便帶了診所一整年用量的外科縫線前往東勢義診，不可思議的是，「**僅僅一個下午，縫線便用光了。**」災情慘重可想而之。

想為震災再多做點什麼的范文勝，邀請他的地質學系好友教授，整理出臺灣55條斷層帶，有近十年時間，范文勝在桃竹苗各地的大學、中小學演講「地震與防災應變」，甚至協助部分學校規劃

地震時的撤離路線與安置。

爾後，時任家庭專科醫師醫學會理事的他，也提出「社區群體醫療」，2001年政府開始推動「社區醫療網」時，在新竹關西執業的范文勝便跟衛生局通力合作。2004年，艾利風災的強降雨，讓尖石鄉成了重災區，「衛生局一通電話來，我就組醫療隊進去啊。」

積極參與推動「社區群體醫療」的范文勝，也曾擔任過新竹縣醫師公會顧問，他熱心公益，在新竹地區廣結善緣、人脈極佳。

剛加入慈濟人醫會時，他心想為義診招募醫師，應該得心應手，能有什麼困難呢！他一通通電話打出去，有人稱忙實在湊不出時間；有人好啊好啊、再說再說；還有熟識醫師直接告訴他：「范醫師，麥啦（不要啦），了錢又了工（花錢又費工），慈濟的代誌麥找我啦（慈濟的事，不要找我啦）。」

「他講得很白，也讓我很受傷。」范文勝說。在此同時，他的妻子、診所病人竟也開始抱怨他了。

起因出自范文勝常利用中午到下午四點半之間的「診所休息時間」，跟著慈濟訪視志工去往診，然而，往診時間總是很難拿捏，經常一回到新竹關西的診所時，已經是下午五、六點了，只見病人苦苦等候，無奈數落著：「范醫師，你是不是錢賺夠了，不想看了？」

更有些病人直接向他的妻子抱怨，妻子覺得他似乎有些「本末倒置」，怎麼參加義診參加到連診所都不顧了呢。還好，丈人也是醫師，力挺他，「這是做好事，有什麼關係呢！」勸慰著自己的女兒要多體諒丈夫。「幸虧我的岳父一直力保我，後來我家師姊（妻

子）慢慢就贊同，讓我可以全心全意做慈濟。」

遭到內外夾攻、邀約醫師卻屢被婉拒的范文勝也開始思索，為人處事除了公益之外，也要懂得「互惠・共好」。「社區群體醫療」正是一條不與民爭利、不擋人財路，又可以更細緻來照顧病苦鄉親的第三選擇。

直來直往邀不來醫師，范文勝轉身成網紅，改以網路溫情攻略。每次義診前，他會發布即將義診的訊息；義診結束後，他同樣在臉書、Line上分享義診的感動與照片。漸漸的，開始有醫師私訊他，「范醫師，創世義診那天我有空，可以參加喔。」像國泰醫院腦神經外科劉昌熾主任、南門醫院心臟科陳炳榮主任⋯⋯等，就這樣加入新竹人醫會。

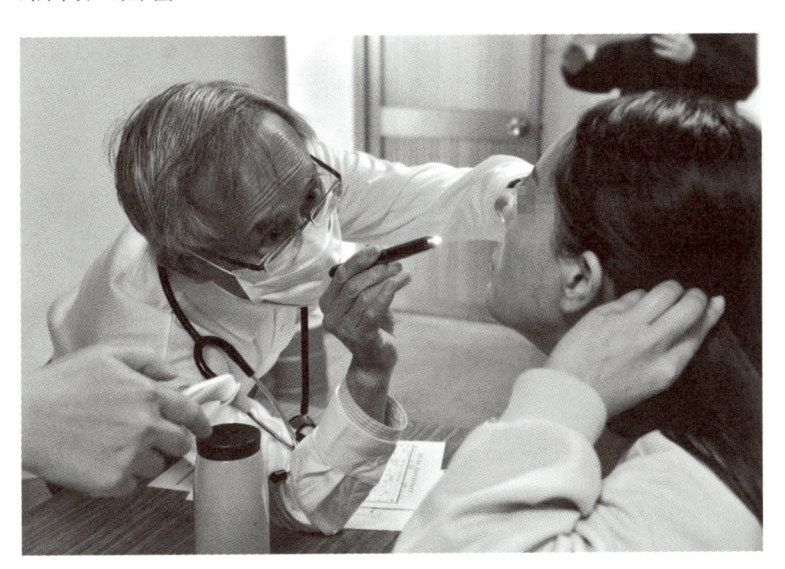

▲ 2017年新竹人醫會前往移民署新竹收容所舉辦義診，長年參與的家醫科張傳錞醫師細心地為收容人看診。楊德芳／攝

除此之外，東南扶輪社、新竹市牙醫師公會、新竹市中醫師公會與人醫會長期合作，是義診不可或缺的重要夥伴。劉昌熾、陳炳榮、王瑞榮、林昌慧、徐煥明、張傳錞、羅仕健、劉復國、羅興邦、林朝順、曾文馨、鍾泙展、李榮泉、張心穎、林漢銘⋯⋯等多位醫師長期投入新竹人醫會義診，亦功不可沒。范醫師也以「社區醫療群」的概念來經營新竹人醫會，遇到往診關懷的對象若沒有健保，就由人醫會負責；有健保者就交給社區的醫師來照顧，「這樣一來，社區的醫師也都很願意來參與義診。」

☆「做人」與「做事」

投入人醫會已十四年的隊長范文勝，向來帶人帶心，剛滿八十歲的他，近年來對做人做事別有一番體悟。「做人是一輩子的，做事只是一瞬間，事情完成當下，就圓滿了。而做人最基本的誠正信實、慈悲喜捨，卻是一生一世的宿願。」范文勝說，身為人醫會的一員，他感到非常幸福，也是他成為醫師以來最快樂的時光，「因為人醫會不是只有醫護人員，志工才是我們的主幹，像管線志工、牙助志工⋯⋯你看我們每次去創世，管線志工前一天就先去把所有管線、場地佈置好，甚至把管線牽到在天花板、埋在地上，哪裡有那麼好的義診環境！」這番話幾乎是所有北區各隊隊長都曾提及的心聲。

33 新竹 2
為病人彎腰、打掃、推動健康蔬食

✩ 那段後山義診的日子

　　眼前的景象，讓志工蔡智玲為之屏息。雜亂的客廳裡堆了三堆衣物，如三座小山丘，同時位於客廳的廁所傳來陣陣異臭。人醫會一行人，朝著敞開的門內喊了幾次：「有人在嗎？」喊了案家阿志（化名）的名字，等了好一會兒，始終無人回應。

　　蔡智玲隱約聽見洗衣機轉動的聲音，終於有兩個孩子跑了出來。志工好奇問道，衣服為什麼分成三堆呢？孩子說：「這一堆髒了，就換另一堆穿啊，這樣就不用常常洗衣服了。」

　　這天，人醫會要來探訪的，是孩子的爸爸阿志，他單親撫養兩個小學三、五年級的孩子。但是爸爸不見人影，孩子也不知道爸爸去哪兒了。為了幫孩子處理異味，慈濟師兄打開廁所門，沒想到蹲式馬桶裡糞水滿溢，且無水可沖，他再拿了臉盆，問孩子哪裡有水？跟著孩子往後走，卻踩到溢出的濕滑糞便。

　　放心不下這兩個孩子，原本前去往診的一行人，分成兩隊，讓醫師、一位護理師隨訪視志工，繼續前往下一戶案家往診；餘下的兩位護理師及志工，則挽起袖子帶著孩子清掃地板、客廳、廁所、廚房，最後連餐具全都洗淨、拿出去曬太陽了，「等到我們整理完，已經下午兩點了，因為山裡午後會起霧，開車挺危險的，所以

我們得下山。」蔡智玲說，就在大家收拾完、準備離開之際，孩子的爸爸回家了，「他兩手提著米酒，醉醺醺的一晃一晃的走進來，我看著他，心很痛啊。」

那個讓阿志欲振乏力、終至迷航在酒精裡的巨大暗影，到底是什麼呢？歷史、

▲ 2008 年新竹尖石鄉梅花村義診，人醫會蔡智玲師姊（右一）教導孩童正確的刷牙方法。楊雅甯／攝

政治、社會經濟結構的牢籠乃至個人遭遇，誰又能說得清楚呢。只是孩子何辜？

因為看見山上孩子的需要，於是，經常參與往診的幾位護理師也邀丈夫一起上山，義診時，讓先生也幫忙教孩子寫功課。

蔡智玲仍記得，每逢上山義診日，若遇到下大雨，便請部落裡熟悉山路的原民青年協助開車，有一回大雨直落、道路泥濘，山青駕駛便說：「你們眼睛閉起來，才不會怕，反正我是憑感覺開車。」

儘管山路崎嶇、逢雨還有風險，還是有非常多志工期待上山義診，新竹人醫會與教會牧師、或天主教修女合作，持續多年，定期以兩、三部車的精簡人力往返尖石、五峰等山區義診往診，直到在地醫院的巡迴醫療車定期上山看診後，才停止義診。但如果遇到通報有特殊需求、繳不起健保費的病苦者，人醫會的醫師依然隨志工上山居家診療、關懷。

開啟新竹創世義診

人高馬大的牙醫師王瑞榮正彎著身,為病床上的植物人病友洗牙。自新冠疫情後,每次義診,除了防護衣、口罩,還要戴上透明面罩,此刻,他頭上罩著無塵帽,再戴上一盞「頭燈」,正照亮著病人的口腔。

看似有些克難,還要為病人八、九十度彎腰,姿態著實辛苦,但王瑞榮和同為牙醫的妻子林昌慧,這十多年來卻甘之如飴,只要有牙科義診,幾乎都會看到這對同修的身影。

新竹人醫會自2013年便開啟在創世基金會新竹分院的牙科義診。其實早在十多年前,新竹創世便向公部門提出牙科診療申請,當時衛生局、牙醫師公會都曾前往評估,但礙於人力不足、沒有完備的行動式牙科儀器、創世也無力在院內設置牙科診療室,且尚無法解決植物人吸入性肺炎的風險,只得作罷。

2013年,范文勝醫師接到植物人義診需求後,便邀約王瑞榮醫師、管線志工等去了新竹創世幾趟,勘察場地外也一一檢視每位住民的身體與病史。

一切準備就緒,就在第一道寒流來襲那天,八位醫師及56位新竹、桃園人醫志工(含護理師、牙助等),

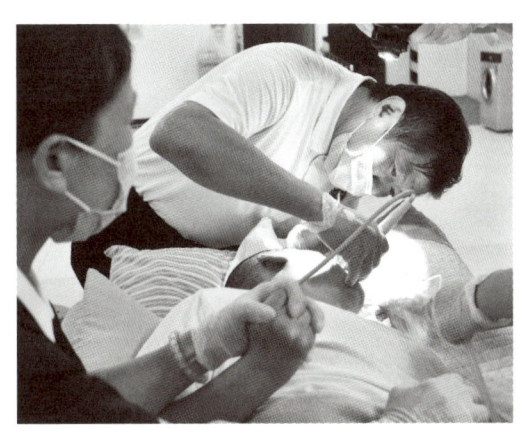

▲ 2018 年至創世新竹分院舉辦每半年一次的定期牙科義診,新竹人醫會牙醫師窗口王瑞榮醫師配合病人調整姿勢,仔細為院友洗牙。楊德芳／攝

展開了新竹首次創世義診,已有植物人牙科診療經驗的桃園人醫會隊長黃崇智醫師,率隊前來鼎力相助。

當時,一位因緊張生氣、不願張開嘴巴的病友,讓大家束手無策,最後也在志工們哄慰、黃崇智醫師協助輕輕掰開嘴巴後,順利完成洗牙與治療。

「創世的牙科治療,在我們新竹是很特殊的。義診前,我們就邀神經外科、心臟科、連同我(家醫科),一起幫所有院民檢查評估,看看有哪些問題要注意,哪些院民要先做,一一列出。」范文勝提到,像是今年有三位院友,心律些微不整,如果家屬同意洗牙,就會排在最前面做,除了牙醫師時時留意病人反應、護理師監看血氧外,還有神經外科主任級醫師劉昌熾、心臟科主任級醫師陳炳榮、家醫科范文勝醫師,一人監控一床,從頭到尾看顧著,來確保院民安全。

每半年一次的創世義診日,志工林德燿帶著管線師兄,不是一大清早便是前一日即搬運、設置好牙科器材。原是牙科儀器廠商的彭鏡波師兄,則在2014年受邀來創世義診擔任志工後,幾乎每次都來協助林耀德師兄場佈、組裝牙科儀器、排除現場疑難。這位從廠商變志工的彭師兄,後來,連妻子、好友都邀來共襄盛舉、協助義診。

近年來,范文勝則特別不捨一位2020年被送進創世的八歲孩子,大腦還有知覺,但全身已動彈不得。每次義診時,范醫師總是會到他的床邊跟他說說話。

負責行政統籌協調的副隊長呂清文則說,每逢植物人牙科義診,一床病友身邊圍繞著至少五、六位志工,包括牙醫、牙助、護

理師、監控病人安全的醫師、膚慰志工等，還有負責牙科機器順暢的管線志工來回穿梭，從治療、掌控病人安全到膚慰，面面俱到，總讓他「光是看著也很感動啊！」

☆ 不怕病痛 只怕失智

「我不怕病痛，就怕失智！」這是許多現代長者的心聲。2015年，新竹人醫會也開始關注失智議題，成立了「憶能志工」社團。那年夏天，新竹人醫會與清華大學認知與心智科學中心主任、也是人醫會成員的楊梵孛教授，開設為期八周的「中高齡知能訓練師」專班，培訓了20餘位慈濟志工。

慈濟人醫會也在新竹四處據點舉辦了「憶能篩檢」（預防失智篩檢活動），希望能透過及早發現、及早治療，來延緩病情惡化。第一場在華夏金城社區舉辦，深獲在地里長、社區長輩好評；到了新竹靜思堂場次時，志工呂清文更細緻的規劃動線與空間，他以屏風隔出十個小區，來進行衛教、篩檢服務，也照顧到長者的晤談隱私。更貼心的是，他們為了避免年長的慈濟人，若讓熟識志工來做失智篩檢，會感到尷尬或暴露了隱私，特地安排不同區域的志工來交叉服務。

後續的關西、竹東場次，范文勝醫師也邀約在地的臺大醫院竹東分院、榮民總醫院新竹分院的醫師在場服務，同時添加「失能（身體及心智功能喪失）」檢測，以「社區群體醫療」的力量，全面守護長者的身心健康。

然而也有讓范文勝感到無奈之處。他發現有些民眾對慈濟的依賴性太強，「在關西，我們的失智篩檢，若有需要進一步看診的

長者，都已經現場協助掛號了，卻有鄉親對我說：『范醫師啊，既然你們都篩檢出來了，那就負責到底，帶這些長輩去看診吧。』」但是即使人醫會也沒有這樣的人力啊，更別提這些來到現場篩檢的鄉親並非貧病孤老。范文勝認為，推廣失智篩檢的用意是希望及早發現及早治療，而不是取代親職。

▲圖為「憶能篩檢」的「醫師總評區」，醫師根據長者各項檢測數據做最後評估。
徐兆明／攝

當然，也有讓人歡喜、省思的一面，有些環保老菩薩，做完環保，便來參與失智篩檢活動，笑談著：「**活著就是要多做多動，開心就不會老。**」還有些長者已體認老化及死亡是人生必經路程，認為早發現早治療，也能老得更有尊嚴。他們的智慧與豁達，也強化了人醫志工對「尊嚴老化」的新思維。

✦ 推動健康茹素21

2021年，新竹人醫會與在地志工共同推動「健康挑戰21」，從飲食改善健康，帶來可觀的成果。

「健康挑戰21」最早是由馬來西亞人醫會所研發，透過持續21天的全植物飲食、少油低鹽，以當季、原型食材來烹煮，每餐包括四分之一的全穀類、四分之一蛋白質、二分之一蔬菜，再加上一份堅果、水果，藉此茹素並邁向健康。

范文勝醫師提到，這是含括新竹縣市的計畫，包括新豐、湖

口、新埔、關西、竹北、寶山、竹東、北埔等地，是由慈濟新竹八個區域的和氣幹事協助招生，他則帶著人醫會的醫師透過社區醫療來「分區驗血」（活動前、後需驗血分析對照）。

儘管是做好事，也未必一帆風順——如何跟一家家餐廳溝通、如何突破「取餐點」來創造便利性、如何解決人力不足的難題，又如何讓八個據點的志工輪流分工等等，這一切都經過無數次的討論、討論、再討論，最後，終於如願開辦。慶幸的是，有許多民眾因為參加活動，透過驗血才發現身體出了狀況、血糖超標，因而更有行動力來改變飲食。

「我把這些參與的民眾有三高的，另外抓出來，成立一個Line群組，分享要怎麼控制、運動等，包括三餐拍照上傳。」范文勝說，他也鼓勵自己的病人參與這項計畫，「所以我現在的病人（三高患者），有70%不用再吃藥了，他們改成吃健康蔬食。」

計畫執行第一年九個梯次統計下來，在總膽固醇部分，獲得改善者高達71.4%；血糖改善者達33.3%；血壓恢復正常達66.6%、三酸甘油酯則有57.1%恢復正常值，成果令人振奮！

「這21天的挑戰，不是只有21天，我們現在已經進入到第15梯次了，是『永續的21』啊。」范文勝滿臉笑意說著。

這群新竹人醫、慈護、藥師、志工的身影依然每年穿梭在新竹老人養護中心、華光智能發展中心、福嚴精舍、創世新竹分院、慈濟冬令發放的靜思堂及環保站裡，把醫療與溫暖隨著風城的風，飄揚四方。

34 離島義診：
從澎湖花嶼到小金門

　　下了船，呂芳川和同伴們越過星狀消波塊，終於踏上「花嶼」，這個澎湖最西邊、離島中的離島。那是1998年，碧海藍天環抱著島嶼，是攝影師眼中的絕佳美景，卻缺水、缺電、缺醫療。這個面積僅1.27平方公里（大約12座臺北大巨蛋）的小島，住了近160位鄉親[46]，「幾乎都是老人啊！」呂芳川說。

　　這裡的孩子讀完國小就得離家，到澎湖馬公就讀國中（住校或親戚家）。孩童逐年減少，花嶼國小2023年包括幼兒園一共只有八個學生，一、三、五年級沒有學生。

　　慈濟早在1996年就有高雄區醫師志工定期到澎湖義診，而1998年7月19日，則是北區人醫會首次前往澎湖義診、衛教，地點選擇最缺乏醫療的三個離島中的離島——望安、將軍嶼、花嶼。

　　時任總幹事的呂芳川，早在義診前三周便與核心幹部、澎湖在地志工前往這三處離島探勘，拜訪鄉公所、村長、學校、衛生室等，評估實際就醫需求。透過鄉公所、學校提供的資料，發現當地學童罹患腎臟病的比例偏高，於是義診時特別安排尿液、抽血等健檢；也分別在三個離島做水質採樣，針對主要水源、學校用水、腎臟病患者家中用水等採樣，帶回臺灣後，與衛生署合作進行水質化驗。

　　1998年的首次望安鄉三島義診，一共有81位醫護及90餘位志工參與，自費自假前往澎湖。龐大的義診團包機飛抵澎湖，再驅車前

往馬公港，在澎湖水上警察局的協助下，171位志工乘風破浪，分別前往三個離島，只見志工們將四、五十箱的器材、藥材，搬上搬下。來到花嶼，甚至扛著往上走。三個島嶼分別有內科、牙科、中醫科、婦科、小兒科、皮膚科、眼科等全科服務，一共為258位民眾看診、568個診次服務。

在花嶼，當人醫隊伍離開時，好些老人家倚在家門前、咾咕石牆旁揮手道別，特別溫馨。

那年，水質採樣結果帶來驚人的發現，除了少數有使用或採買逆滲透水的機構或住家外，多數水質的含鈉量高出臺北的三到五百倍。推測主因在於澎湖的地勢平坦，難以產生地形雨，平均年降雨量只有一千毫米，這是臺灣本島一個颱風就可累積的降雨量，而澎湖的強風與日曬又蒸發掉少得可憐的降雨量。缺水一直是個問題，政府因而使用海水淡化處理來供應民生用水，檢測結果也促進三處離島水質改善，提出治本之方。

爾後，澎湖在地的志工與人醫會，把焦點擺在預防醫學的健檢、衛教與義診，每年一次前往望安、將軍嶼、花嶼三地，持續三年。之後，也輪番走向澎湖西嶼鄉內垵村、白沙鄉鳥嶼、虎井、吉貝、湖西鄉龍門村、馬公等地。

讓人醫會成員印象最深刻的，是有著壯闊柱狀玄武岩的「鳥嶼」，但醫護藥師志工們向來無暇欣賞風景，一上岸便如火如荼的場佈與義診工作，直到結束搭船離開。他們之所以難忘，是因為才

34 離島義診：從澎湖花嶼到小金門

㊻ 花嶼當時大約160位鄉親，2023年實際居住者約為120位。

249

一下船，小島岸上便響起劈里啪啦、震耳欲聾的鞭炮聲，鄉親們來到港口以長串鳴炮歡迎，這可是每年澎湖海上繞境、迎媽祖上岸才有的規格啊！實在太震撼了。

人醫會在花嶼的義診、健康關懷持續至2019年，直到新冠疫情才停歇。這二十年來，澎湖在地慈濟志工不斷接引當地醫師、護理師、牙助參與義診，像是家住臺北、曾任澎湖惠民醫院院長的骨科醫師蕭天源，自行開業的澎湖中醫師林志堅……等，都是澎湖人醫會的堅實支柱。

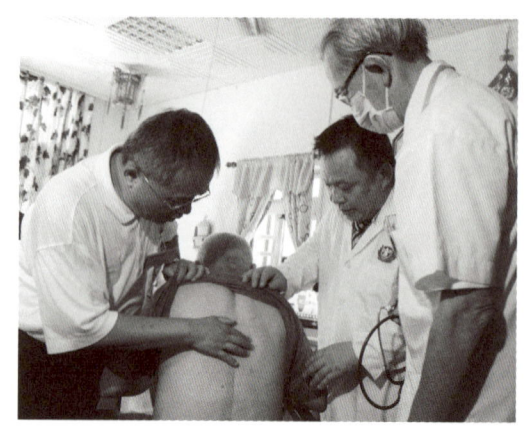

▲ 2009年，澎湖湖西鄉義診、往診，張治球醫師（左一）及蕭天源醫師（右二）為老人家的皮膚問題看診。張嫦娥／攝

讓人不捨的是，時常參與花嶼往診，總是溫言軟語仔細為病人檢查、勸慰並教導鄉親復健的蕭天源醫師，在2021年新冠疫情期間過世，家人遵照他的遺願，將奠儀全數捐給澎湖惠民醫院重建基金，繼續照顧澎湖鄉親！他的人醫精神依然環抱島嶼，永存世間。

☆ 金門，我來了！

身心障礙的孩子使勁力氣哭喊、掙扎，不想張口給牙醫師看診。林俊傑醫師連忙哄著、志工撫慰著，孩子終於張開嘴巴，讓林醫師洗牙、治療。明明看診前、看診中幾經波折，「**但是一看完牙，拆下約束帶後，孩子竟然微笑了，還跟我鞠躬、說謝謝。**」這抹純真的笑容，讓林俊傑詫異又感動。這是北區人醫會在金門福田家園的義診場景之一。

慈濟人醫會早在1999年即前往金門、小金門義診。志工顏渼姈（慮耀）提到，時任第一隊隊長的趙森發師兄是當年出錢出力、前往金門開疆闢土的靈魂人物，雖然他已病逝，但醫愛金門的火把延續至今，2013年，由北三區林俊傑隊長接下，依然做得有聲有色、井然有序。

　　人醫會為什麼會前進金門呢？起因自慈濟志工林欣璇，她有感家鄉醫療資源匱乏，提出需求後，時任總幹事的呂芳川、趙森發隊長、資深志工潘有益便隨她搭機到金門，再搭船[47]到俗稱「小金門」的烈嶼鄉探勘醫療需求。自此展開了金門、小金門的定期義診。起初有段時間衛生所提出牙科看診需求，於是每周都有兩位牙醫師自費自假前往支援，持續了一年。爾後則由北區人醫會展開每年兩次，在金門及小金門的大型（各科）義診。

　　每到義診前，金門在地師兄洪松柏總會在紅紙上揮毫書法，寫下一張又一張的義診日期、地點。起初他興沖沖的拿到市場、活動中心、人多的商家等各地張貼，他心想，海報文宣、再加上各村廣播放送，這麼難得的義診機會，鄉親們一定會來看病了。但沒料到，跟他想的不太一樣。

　　原來隔了海的金門，早年資訊相對封閉、民風純樸保守，長輩們一聽到要去義診「看病」，心裡自然不舒爽，「我好好的人，看什麼病啊！」太觸霉頭了。這是洪松柏師兄後來挨家挨戶去拜訪，才恍然大悟。他改變策略，不提看病，而是跟老人家說，「我們來『看健康』、『顧健康』，讓你更勇健！」醫護還會教大家怎麼

34 離島義診：從澎湖花嶼到小金門

㊼　隨著金門大橋開通後，2024年3月交通船已停駛。

吃、怎麼運動喔。洪松柏跟同伴們「換個說法」及「見面三分情」的人情味發酵了，鄉親帶著孩子、老人家紛紛來到義診現場，起初不敢抽血檢查的長輩，也在志工的哄愛下捲起袖子來抽血。

顏渼姈則記得早年金門義診時，也來了許多國軍，為了撫慰在離島服役的阿兵哥，每次義診第一天的夜晚也舉辦「愛灑晚會」，讓軍民同歡。

▲人醫會最初開創金門義診時，時任隊長的趙森發師兄（左）細心張羅，至今依然讓隊友們相當懷念。圖為2012年金門義診第一日晚間，人醫會舉辦軍民聯歡晚會為大家紓壓解惑。游錫璋／攝

人醫會走進了金門的晨光社會福利基金會、金沙鎮西園社區、松柏園老人長期照顧中心、福田家園、監獄，小金門的林湖村，也走進許多行動不便的長者家中往診。每半年一次的大型義診，牙科、眼科、中醫科、家醫科、皮膚科、耳鼻喉科等醫師都來了。人醫會的牙科醫師群總是熱情支持，經常一字排開七、八個診別同時看診。起初也曾遇到老人家太緊張，看牙時，嘴巴無法完全張開，醫師牙助志工等耐心的連哄帶逗，讓長輩安心接受治療。有時也會遇到老人家牙齦萎縮、牙套不合，經常參與金門義診的陳瑞煌醫師總是耐心地為他們磨牙處理，讓老人家再次戴上「合身」牙套，笑咪咪的誇讚「**醫師醫術高明啊！**」

他們曾經遇到駝著背、步伐蹣跚來看診的阿嬤，志工不忍，揹起阿嬤，讓在地志工載回家。一位挺著大肚的孕媽，帶著哭得唏哩

嘩啦的孩子來看診,她的孩子發燒了,醫師忙著開藥,志工急著安撫。往診時,也發現獨居老人的比例特別高,因為兒孫都「臺飄」到臺灣本島工作了。

但也有令人欣喜的時刻,人醫夥伴曾拜訪過好幾位高齡長輩,包括一〇四歲卻依然健朗的方堃阿嬤。方堃阿嬤有句名言:「**有性命的呷白米,沒性命的呷槍子。(臺語)**」從日軍上岸到八二三砲戰,她帶著孩子跑過山丘、挺過烽火,見證了小金門一世紀的風華。阿嬤每次見到人醫會醫護志工來到家裡,總是特別高興,還會拉著醫師的手。林俊傑醫師說,「**看到阿嬤,好歡喜,就我個人而言幫不上她什麼忙,但老人家卻很喜悅……**」負責攝影的真善美志工張嫦娥師姊則記得方堃阿嬤總是說:「**你們每年都要來喔,我會把我的金項鍊給你們……**」其實是「**給你們看**」啦,逗得大家笑呵呵。儘管沒有人能抵擋生老病死,但方堃阿嬤開朗又有韌性的生活態度,深深崁進志工們心裡,給了大家難忘的正能量。

▲ 2012年夏天,金門離島義診,志工搬運醫療物資。張嫦娥/攝

✦ 萬全準備 成就跨海行動醫療隊

這支跨海的行動醫療隊，所有參與成員同樣是自行負擔機票交通住宿費，因為交通包含「海、陸、空」，行前準備更須嚴密完備。負責醫材、儀器、藥材的志工群，必須分門別類、妥善裝箱，數十箱的物資抵達金門後，還得兵分兩路或三路，隨志工抵達不同義診地點。牙科器材也很驚人，曾經跟過義診的志工郭龍憲分享，八個診別的儀器重達近兩千公斤，「以前只有遠東航空願意載，但我也搭得膽戰心驚啊。」

動輒九十餘到上百人的隊伍，得在三個月前就訂妥來回機票。每次出發前，領隊林俊傑醫師總不時滑著手機，緊盯著金門的氣象，一顆心像懸在空中。

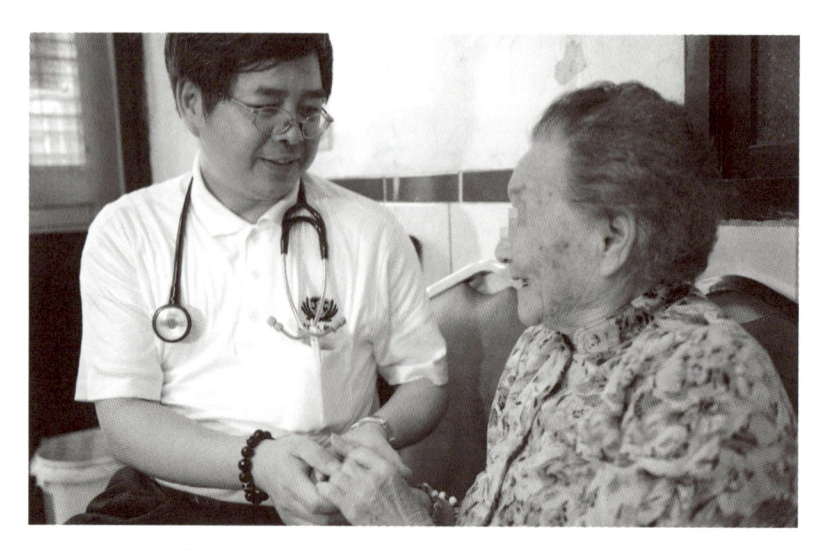

▲ 2013年金門義診。半年前，人醫會往診時發現九十歲的阿嬤陷入昏迷，家人都以為回天乏術，但當時殷光達醫師積極建議家屬呼叫救護車轉送金門醫院治療，此舉救了阿嬤一命。半年後，殷醫師再度往診，阿嬤會說會笑氣色好，不斷道謝。游錫璋／攝

有一回，義診隊伍早早到了機場、等待的班機卻延誤了，還好最後終於順利登機，「我們也很高興跟金門的師兄回報搭上飛機了，沒想到飛到金門上空，卻因為濃霧、霧鎖金門，飛機在金門上空盤旋很久，始終無法降落，最後又飛回松山機場。」林俊傑醫師說，那次讓他體會到金門人就醫的不便，也掛心著跟金門的鄉親失約了；而眾人為義診籌備了許久，難免失落，只能期待下次順利成行。長年帶隊前往金門的林俊傑醫師，不僅細心張羅大小事，他一口流暢臺語，總能把金門的鄉親長輩哄得笑咪咪；每回金門義診，他總是要等到義診完全結束、團隊飛抵松山機場時，他才能放下心中那顆石頭、揚起嘴角的微笑，心中無限感恩。

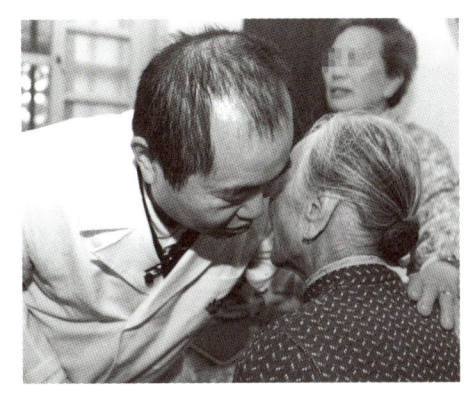

▲小金門（烈嶼鄉）往診，謝金龍醫師在重聽的阿嬤耳邊貼心提醒她身體注意事項。張嫦娥／攝

　　二十餘年來，人醫會在金門的義診，除了新冠疫情期間外，從未間斷，北區人醫會也號召了其他各區人醫、金門在地醫師共襄盛舉；更邀請金門在地學子參與志工行列、一起服務家鄉長輩。金門機構裡身心障礙的大小孩子或長者們，因為熟悉這群人醫，看牙時掙扎少了，微笑也多了。每當聽到鄉親說著：「慈濟的醫師不一樣，真的很細心。」「只要你們（慈濟人醫會）來，我就一定會來看診。」人醫會這份溫柔的約定，就會持續航向金門！

255

35 投身重大災難現場1：
震出地表大愛的九二一

　　每當臺灣或海外發生重大災難，國際慈濟人醫會總是即刻動員。1999年9月21日凌晨1:47臺灣發生大地震，當日上午，臺灣中區人醫會已經分多條路線進入新社、大里、霧峰、集集、埔里，橋斷、路斷，道路通到哪兒，他們就到哪，在人潮聚集處成立急救站義診。

　　北區人醫會也在次日下午二時前抵達南投重災區，在中寮國小操場外側空地搭起一排白色義診營帳，方便操場中央及四周帳篷區的災民來就醫。當天便有近三百位鄉親來看診。當時大家齊心齊力、自動補位的效率與默契讓時任總幹事的呂芳川、副總幹事洪美惠相當難忘。

☆ 廢墟裡的野戰醫院

　　「後來我才知道，我們是第一個進入中寮的義診團。」呂芳川到南投體育場、南投縣府成立的救災中心報到時，方才得知。當時重災區南投就有58家醫療機構倒塌；中寮鄉房屋全倒、半倒戶數高達82.6%，行政中心、商店聚集的永平村，長長街道兩旁的房子幾乎全塌了，斷瓦殘磚、塵土飄揚猶如世界末日。

　　可敬的是，中寮衛生所的醫護人員，儘管有多位家園全毀，仍在安頓好家人後投入救災醫護工作。慈濟人醫會的到來，也帶給中寮鄉親莫大的慰藉。陸陸續續有許多義診團隊前來，縣府人員要他

們到了中寮「請找慈濟」,「**因為我們最早到,比較熟。**」呂芳川說,人醫會也協助協調、分配醫療資源到各個定點。

許多中寮鄉親是從瞬間傾倒的房舍中驚恐逃出,還有從瓦礫堆中爬出,免不了一身是傷。讓呂芳川、洪美惠(藥師)印象深刻的是,林鴻津等不少北區的牙醫師都來參與,但他們看的不是牙科,他們平時對口腔內的細工縫合早已訓練有素,為了因應大量外傷急救,他們協助外科一起幫災民消毒、縫合傷口,因為受傷的鄉親實在太多了。有的頭皮裂了、有的手臂撕裂傷或腿腳、身體傷痕累累。還有一位女孩抱著家中愛狗奔逃,卻被驚恐的愛狗咬下耳朵,人醫會志工潘有益趕緊安撫這位驚慌哭泣的少女:「**我們外科醫師的技術很好,會幫妳縫回去,妳放心。**」外科醫師連忙消毒、打麻醉針,跪在草蓆上細細為她縫合,大功告成時,醫師卻連站都站不起來,因為他跪了近兩個小時、腳已經麻了,潘師兄連忙扶他起身。儘管記不得那位醫師的名字,但那個場景與感動至今仍鮮活的留存在潘有益心中。

慈濟醫院(現為花蓮慈濟醫學中心)也投入醫護人力到埔里、北中寮支援。約莫在地震後第三天,日本NHK電視臺也隨日本急難醫療救護隊抵達中寮,他們當時看到已經有如此完整、擁有多科別的[48]醫療隊及藥局駐紮的慈濟人醫會,驚訝不已,訪問了精通日語的洪美惠藥師。「因為我們平時就在做海內外義診,已經很有默契,所以能在短短數小時內號召醫護人員及志工備妥物資;我們在

---

[48] 陸續提供外科、家醫科、婦產科、眼科、內科、身心醫學科、中醫科、牙科等多科別服務。

路斷、橋裂、大停電下,先在慈濟臺中分會打地鋪、度過一晚,災後不到12小時,就抵達中寮了。」呂芳川說。

除了外傷,來看病的還包括許多罹患糖尿病、高血壓、痛風等慢性病的鄉親,他們的藥品早壓在傾倒的房舍中。緊接著睡在帳篷、樹下、活動中心等已無家可歸且面對停水停電的鄉親,免不了感冒、風寒、皮膚癢、起疹子、腸胃不適,也來就醫。更讓人不捨的是,餘震不斷,有許多睡不著、驚恐、惶惶不安的鄉親來到內科、身心科醫師前,訴說著「很害怕、睡不著」,有的禁不住淚流滿面,「兒子、媳婦都走了,為什麼要留下我……」讓醫護不禁紅了眼眶安慰著。

✦ 人醫菩薩 地湧而出

慈濟人醫會在中寮的醫護站,從早上八點到晚上九點,晚上則採輪值制。病患之多,藥品衛材不到一周就快見底了,藥師洪美惠與護理師在中寮下診後,返回臺北補充醫材藥品,抵達臺北時已是深夜。在臺北時,洪美惠時時感到搖晃有地震,身旁的人卻告訴她「沒有啊!」這是她在餘震不斷的中寮帶回的有感身心,她備齊藥品又隨即返回中寮。還有好幾位人醫會醫師心繫災區,索性把自家診所關了,來到中寮義診。

中寮鄉幅員廣大,沿著丘陵溪流劃分為北中寮與南中寮,當地鄉親多數以務農為生,種香蕉、柑橘、檳榔、樹薯……等。隨著各地湧來的醫護人員漸多,人醫會也派一組醫護隨慈濟志工到更遠的村落「往診」;還有一組醫護、志工逐一探訪南中寮五百多頂帳篷,關心他們的身心狀況、家中是否有過世的家人及後續安置。醫療團隊也積極宣導「公共衛生」、環境清理與環保。

衛生署（現為「衛福部」）在第一時間調度大量醫護前往各災區，9月28日將中寮醫療責任區正式交付給慈濟。慈濟人醫會及慈濟醫院（現為花蓮慈濟醫學中心）除了駐守中寮國小醫護站外，也在爽文國小、內城衛生所成立醫護站，直到11月6日交還

▲九二一地震後，北區人醫會在中寮義診，由左至右：王立信醫師、沈士雄醫師、呂芳川總幹事。圖／呂芳川提供

給在地衛生所、地區診所。而自9月22日起，臺灣、海外各地人醫會的醫護都前來馳援，長達46天愛的接力。10月中旬起，慈濟醫院身心醫學科也在中寮開辦「失眠特別門診」，持續關懷鄉親的身心健康。

☆ 同體大悲 人醫會成員倍數成長

人醫會志工黃秋良、顏渼妗夫妻檔，為了救災能多載幾位醫師，地震第二天便自費買了一輛八人座車、載醫師前往中寮。顏渼妗猶記得，數日後要返回臺北時，「沿途都是車，都是滿載物資要去救援的車，真的很感動。」

九二一災後，國際慈濟人醫會的臺灣中區、南區、北區及慈濟醫院，在全臺陸續設立19處義診醫療站，海外的慈濟人醫也回來義診。截至1999年11月15日止，總計動員醫護人員2,052人次，醫治患者達12,407人次，光是在中寮鄉便有8,249的看診人次。

呂芳川、洪美惠、潘有益、趙森發、劉文昌……等北區人醫會

志工在南投中寮待了整整一個多月。在九二一地震前，人醫會的醫師已有400多位，「但九二一之後，人醫會的醫師增加了將近一倍（800多位），單單婦產科就新增了十六、七位。」呂芳川說，以前婦產科醫師是很難招募的，因為他們都需要留守待命；人醫會的護理師同樣倍數成長。一場世紀浩劫，卻震出了大家一島同命的悲心。

爾後，這群人一起在臺灣、在海外各大重大災難後的義診現場救苦扶傷。而慈濟基金會為了救災，陸續研發了行動淨水設備（一天可提供15噸，供5,000人緊急用水）、行動廚房（三小時內可提供900人份餐食）、熱水即食的「香積飯」，以寶特瓶回收材質製作、可阻隔地表泥濘的「福慧床」與「福慧桌椅」、環保毛毯、保有隱私的「福慧隔屏」及福慧蚊帳……等，慈濟志工總在第一時間，將物資、醫療用品送抵賑災現場。

36 投身重大災難現場2：
獨樹一幟的「慈悲醫療」

2008年，中國四川發生8.3級的汶川大地震，傷亡慘重，超過6萬2千人往生，近1萬8千人失蹤，慈濟開啟了17梯次的賑災及義診，北區慈濟人醫會志工黃秋良就擔任過五次領隊。

有一回義診，黃秋良正在分配工作時，一位在地的醫師卻望著窗外，任憑黃秋良喊了幾回，他都不回應。黃秋良心想，「奇怪了，他怎麼都不理我。」等分配完任務後，黃秋良走到他身邊，輕拍他的肩膀，「醫師，你好，請問有什麼需要我服務的嗎？」

這位醫師緩緩站起身來，從口袋裡掏出一張照片，那是一位小男孩天真燦爛的笑容，黃秋良正看著，突然間，嘩地一聲，醫師嚎啕大哭了起來，秋良師兄嚇了一跳，連忙安撫他：「請坐、請坐。」並請師姊弄杯熱茶來給他喝，一邊說著：「我們慢慢講。」

醫師哭顫著說：「我永遠不會忘記孩子最後一句話、最後一個面容。」「沒關係，你慢慢來、慢慢說。」秋良師兄安撫著他。

地震時，這位醫師接到孩子打給他的電話，「爸爸，我被壓到了，好痛好痛，你趕快來救我。」

「你撐著，爸爸馬上趕去。」醫師請妻子也趕緊去學校。到了學校後，他仍持續問著孩子：「爸爸媽媽到了，你在哪裡？」孩子的聲音卻越來越小聲：「我在這裡……」

又找了五、六分鐘，還是沒找到，卻傳來孩子越來越虛弱的聲

音:「爸爸,你是個醫生,也救不了我⋯⋯」醫師爸爸聽到「哐啷」一聲、手機掉落的聲響。最後終於找到了,從一個小小的洞孔,看到兒子的眼睛睜得圓圓大大的⋯⋯已無聲息。夫妻倆抱在一起痛哭,把泥塊搬開後,兒子下半身幾乎全黑了,爸爸哭到昏了過去,那是他唯一的孩子。

這麼心痛的場景在醫師腦海裡揮之不去,地震那天早上,孩子上學前還甜蜜地跟他說:「爸爸,再見。」卻永遠不見,多麼苦的生離死別。

黃秋良寬慰著他許久,然後指著窗外,告訴他,「你看看教室外面,等著看診的隊伍排得有多長,你是個醫師,就把外面那些孩子,當成你的家人、你的兒子,你一定可以走出心裡的傷痛⋯⋯」

淚水盈眶的醫師望向窗外,怔怔說著:「我可以嗎?」

「你可以!」黃秋良堅定的回應他,並火速請志工搬來桌椅、設置問診區,讓他看診、讓他幫那些受傷的孩子擦藥、換藥。

那天,這位醫師從早上十點多看到下午一點多,才去吃飯。扒完飯又緊接著看診,到了夜晚,大家都告一段落了,他仍在現場幫忙到晚上八點半。最後,黃秋良去接他時,他的雙眼已回神,說著,原來有那麼多學生受傷、需要治療,「嗯,我也努力把他們當成我的孩子一樣⋯⋯」

☆ 災後・創傷後壓力症候群

身心科醫師李嘉富在1999年九二一大地震時任職北投國軍醫院,他負責緊急率隊前往新北市板橋殯儀館開設「心理諮詢門

診」，協助災後罹難者家屬可能會出現的心理創傷。「可是當天，救護車送來了新莊『博士的家』的遺體，家屬來了，我的心理諮商門診卻沒有人過來。我還在跟心理師說，我們是不是應該要過去？話還沒說完，就看到藍天白雲的慈濟師兄師姊已經去陪伴著孤兒、陪伴著哭泣的家屬。」當時，李嘉富立刻告訴同伴：「我們應該要像慈濟這樣做才對！」李嘉富提到，那次之後，在心理界、衛生局，或是華航空難事件後續的心理專案中，大家就知道要更深入的去理解、去家訪，才能貼近並一點一點打開受創者的內心，開啟療癒的可能性。

一般人在遭逢重大災難後，很容易出現「創傷後壓力症候群（PTSD，以下簡稱PTSD）」，會過度警覺（如失眠、易怒等）、或逃避麻木、或再度經驗創傷（惡夢不斷或痛苦回憶不時翻湧等），這些症狀如果超過一個月，便是PTSD。時常參與海內外賑災的志工呂芳川也觀察到，「所謂災後的創傷後壓力症候群，其實不是一個月之後發現了才來關心，而是在當下，如果你給他機會，去轉移他的注意力，也會有不錯的成效。」

他談到2004年南亞大海嘯後，慈濟在斯里蘭卡的賑災經驗。有一天有位中年婦女走進了義診帳篷，她的丈夫及兩個兒子全在海嘯中喪生了。而慈濟團隊只要得知家中有往生者，都會特別做問卷，問她現在住在哪裡、有什麼需求等等。一談之下，發現這位婦女的地方方言及英語能力都很好，便邀請她來擔任翻譯，這位婦女聽到請她幫忙，眼睛突然睜大了，「好啊，可以，我來幫忙。」

前兩天，她來翻譯，整個人還是不太有精神，可是隨著日子一天天過去，她越來越有活力，有一天，臉上竟也出現笑容了。義診

很需要她的協助，而她不論大小事總是積極溝通，也感受到自己身為災民竟也能助人的喜悅。後來，她也住進了慈濟援建的大愛村，有了新的家園、開啟新的人生。

呂芳川認為，對災民的心理關懷，「**在當下適當的引導、甚至讓他投入救災，不要一直處在悲傷裡，會更快走出創傷。**」正如他們接引這位翻譯；黃秋良師兄接引那位醫師一樣，都是讓他們將目光從自己的傷痛中移向需要的人身上，與團隊一起投身助人，從受助者的感謝、微笑或訴說共同創傷中，都能得到意想不到的撫慰。失去家人的悲痛或許如影隨形、是一段無比漫長的思念，然而透過傾訴、透過人與人的互相扶持，至少會感到不是那麼孤單，依然能有攜手面對的勇氣與希望。

在四川大地震的賑災中，慈濟的志工師姊以團康、手語歌來帶動當地的孩子，也帶他們繞著帳篷區，去為長輩們捶背按摩，孩子有事做、長輩也被他們逗得歡樂，一舉兩得。藥師蘇芳霈曾帶著幾位受災戶的女孩整理義診藥品；四川鄉親的鄉音很重，這些青少年、學童，也受邀成了義診的最佳翻譯。漸漸的，有些家長發現自從慈濟來義診後，孩子變得不太一樣了、不再那麼害怕、無語。有些家長很好奇，便跑來義診區一探究竟，這之中，有人留下來成為香積志工（協助備餐）。不論家長或學童，只要有事做、能助人，就有機會從擔心害怕中走出來，讓自己也成為賑災、服務家園的力量，「這些都是我們從義診中學到的寶貴經驗。」呂芳川說。

✦ 牙科醫師的「震撼教育」

汶川大地震的隔年，慈濟仍持續去四川洛水舉辦義診，鄉親非常踴躍、大排長龍。三天義診的最後一天，鄰近傍晚，義診正在收

攤，一位二十來歲的女孩方才抵達，眼見義診結束了、已在收拾，她哭了起來，因為她走了好長一段路、搭了好幾個鐘頭的車才終於趕到，為了來看痛了好幾天的牙疼。「我因為動作比較慢、還沒收，就幫她看牙。」邱鴻基醫師為她清理了好幾顆蛀牙、補牙，治療結束後，沒想到女孩又哭了，是治療過程太痛了嗎？邱醫師心一驚。師姊連忙關心，女孩抱著師姊哭，她不痛，是太感動，那是喜極而泣的淚水，她很高興自己最後還能接受治療！

同樣是牙醫師的林俊傑，2005年，首次前往遭風災重創的菲律賓義診時，夜晚住的旅館飽受風災侵襲，電力尚未恢復，大家鋪著紙板，就地而睡。清晨四、五點便出發前往里爾小學。抵達時，帳篷區早已大排長龍，很多鄉親半夜就來排隊、等著義診了。

菲律賓的慈濟志工早已將教室打掃消毒，成為各科別的診間。牙科的病人坐在小學木椅上，牙醫師們得站著彎腰屈腿來治療，讓人震驚的是，幾乎每位病人都來「要求拔牙」，從小孩、青壯到老人都有，讓林俊傑飽受煎熬，「我一天拔的牙比我在臺灣一年拔的牙，還多！我好像進了屠宰場，一直在拔牙。臺灣的觀念是牙齒保存學，不到最後關頭決不輕言犧牲牙齒。」有一位六歲男孩，才剛長出一顆大臼齒，上面只是一個淺表層的小蛀洞，「在我們這邊，只需要挖除蛀牙、補上樹脂就好，可是他們卻要求『拔牙』，我實在拔不下手，只好讓他離開。」林俊傑認為大臼齒在咀嚼上很重要，若拔掉也影響未來齒列生長。沒想到家長帶著孩子繞了一圈，跑去找菲律賓本地的牙醫，還是拔了牙。

林俊傑後來才理解，菲律賓看牙科很昂貴，「他們一個月大概只有七百元收入，但拔一顆牙齒就要上百元，對他們是很大的負擔，

所以他們選擇拔牙（不願意治療），這對我來說，是震撼教育！」

那回（2005年1月），在臺灣與菲律賓人醫會近200位醫護志工合作下，提供了眼科、牙科、內科、外科、兒科的診療，聯手服務了3,600多人次的鄉親。

✩ 世界上最嚴重的疾病是「貧窮」

早年謝金龍前往菲律賓義診也曾面對同樣的煎熬，他告訴病人牙齒可以補，但病人堅持要拔，「我透過翻譯努力跟他溝通，才知道他沒有錢看牙，萬一補的地方以後掉了，誰要幫他補呢？他寧可拔牙。哇，我都覺得，下不了手啊，明明可以補的牙齒卻要硬生生拔掉，真的衝擊蠻大的！」

曾有人說，世界上最嚴重的疾病是「貧窮」。義診讓林俊傑、謝金龍……等許多醫師、志工目睹「健康不平等」的窘境，進而發願做更好的準備，行到所需之處，也與管線志工共同催生了日後五星級的牙科行動診療器械與各式儀器。2005年的平安夜，北區人醫會謝金龍、蔡宗賢（已往生，成為大體老師）等醫師帶著數臺周金元師兄研發組合的「007」牙科行動設備贈予菲律賓慈濟人醫會，讓義診不再只是拔牙，也能治療，為菲國社區牙科義診開啟了新頁。

2010年，林俊傑、黃祥麟等醫師前往四川義診時，設備、備材帶得更齊全，「需要根管治療抽神經的、抽完神經後要填補、放釘子等，我們都帶齊了，還能用樹脂補起來、做一個臨時假牙。」在時空限制下，這些原本就技術一流的牙醫師練就了一氣呵成且毫不馬虎的行動醫療術，「我們的共識是，把握因緣、盡量做，一定要做到最完整。」林俊傑說。

北區人醫會如徐榮源、謝金龍、邱鴻基、林俊傑、張治球、黃崇智、黃祥麟、范文勝……等許多醫師及各職別志工們，長年參與了無數場海外義診。他們曾頂著42度高溫、在極熱的約旦，大汗淋漓地為敘利亞難民義診；也曾在寒冬極冷的四川，忍住顫抖為病人治療。從臺灣的九二一地震、莫拉克風災、尼伯特風災……等重大天災；到海外的菲律賓海燕風災、尼泊爾強震、非洲獅子山伊波拉疫情、土耳其難民潮、菲律賓馬尼拉垃圾山的貧民窟……等，都有國際慈濟人醫會義診的足跡。每一趟義診，都有名額限制，但他們積極爭取，儘管是自費自假，他們依然樂此不疲。

☆ 獨樹一幟的「慈悲醫療」

　　北區人醫會召集人徐榮源認為，慈濟義診最大的特色在於同時結合了「醫療、慈善、教育與人文」。臺灣地區的定期義診，在證嚴法師的殷殷叮嚀下，朝著「醫療社區化」至今，台北慈濟醫院、各地的慈濟醫院則扮演國際慈濟人醫會的最強後盾。

　　義診之外，各區在地慈濟志工也不時關懷需要協助的貧病鄉親、連結慈善救助系統；若需教育扶助，則有慈濟的安心就學方案；志工在訪視的同時，也將慈濟人文如靜思語、茹素、環保愛地球觀念帶進案家。

　　若遇重大災難，如臺灣九二一大地震，在證嚴法師慈示下，不僅提供「急難救助」，也啟動了後續「安頓與關懷」、「復建與重建」來賑災——慈濟在多所中小學搭建臨時簡易教室、援建19處「大愛屋」；以希望工程為災區重建51所學校等。2009年臺灣的八八風災（又名莫拉克風災），慈濟同樣展開「六安」計畫——安身、安心、安居、安學、安生及山林安養生息。2013年海燕風災重

創菲律賓，禮智省獨魯萬市因海嘯房舍全毀宛如「棄城」，慈濟動員了十三個國家地區的慈濟人、出動了九個梯次的賑災團；也在一周內啟動「以工代賑」方案，讓在地人清理自己的家園與街道，更協助重建在地信仰中心——天主教教堂，讓人心有依歸。

2015年尼泊爾強震，慈濟動員了11梯次的賑災義診團，徐榮源醫師擔任第九梯次的醫療團團長，他希望不只是去義診，而能就地種下醫療之愛。因此義診之外，他把握時間拜訪與慈濟合作的四家後送醫院並促成聚會，期待人醫會離開後，尼泊爾仍有一群願意在當地舉辦義診的醫護人員及志工，此舉也催生了日後的慈濟尼泊爾人醫會，提供在地義診與服務。

不只是醫療，也不只是慈善，更不受限於不同種族與宗教藩籬。來自四面八方、擁有各自專才的慈濟人，從每次賑災及義診中不斷學習改善，且默契十足、總有超強的動員力提供及時援助，他們帶著在地鄉親，從驚恐或兩眼無神或憂慮未來中，找到重建家園的力量，是獨樹一幟的「慈悲醫療」。

截至2023年底，國際慈濟人醫會的義診足跡曾抵達58個國家地區，動員世界各地的醫護人員累計達44萬7千831人次，服務了近402萬4千人次民眾[49]。全球各地人醫團隊的腳步從未停歇，每年數百場義診仍如天上繁星、綻放光亮。天災會來，也會過去，唯一不變的是，人醫的愛與在地鄉親的韌性，會傳遞、會擴散、會延續，成為明日的希望。

[49] 資料來源取自《2023慈濟年鑑》

第六部
［希望與未來］

「人生是個不間斷的過程，我們唯有不斷付出，
不計得失，才有可能看見更輝煌的明天。」
——林俊傑醫師

「一個人或許沒辦法，但我們有一群人，
只要一直做，就會隨著時間不斷改善流程，越做越完善；
希望人醫會能成為一個『善』的教育平台，
讓更多人參與、啟發慈悲心。」
——徐榮源醫師

37 高齡化時代的身心照護

2024年5月，彰化縣一位七十二歲老伯，騎機車外出後失聯，警局緊急協尋、透過各路口監視影像，發現老伯一路騎往南投信義鄉，再透過信義鄉警員接力協尋、山頂空勘，最後在郊野果園旁，幸運的找到因「失智」而迷路、摔車的老伯。

然而在臺南，同樣因為失智、騎單車外出的八十七歲老伯，就沒那麼幸運了，經過警、消、救難大隊地毯式搜索仍無尋獲。

臺灣已有高達32.5萬名失智者，八十歲以上長者，每五人就有一人失智。2023年9月警政署統計近四年來，有6,700多位失智者，忘記回家的路，還有47人尚未尋獲。

失智有辦法預防嗎？

人醫會的身心科醫師李嘉富，同時也是台北慈院失智共照中心主任，早在2016年，便希望結合台北慈院與人醫會的力量，為偏鄉長輩做失智篩檢。然而在雙溪義診的首次失智篩檢，卻碰了大釘子。

「我哪有失智，為什麼要做這個？」「我還好的很，不需要！」……這些向來溫和歡喜來義診的老人家，竟然有些動氣了，只因為兩個敏感的字：「失智」。李嘉富醫師下回義診立刻改成「智能篩檢」，情況才開始好轉。

「其實『失智』已經是被更名過了，以前用『癡呆』。」李嘉富說，後來他的門診直接改為「記憶保養」門診，讓長者敞開胸懷

來看診。

當時人醫會以關懷志工的三高為出發，持續做長者健檢、體適能評估，也在慈濟環保站內設置血壓量測點，這些血壓記錄可提供長者後續就醫時的用藥參考。但卻發現，慈濟多數環保志工，只想做事，卻不太關心自己的身體，經常忘記量測，得要透過宣導、流程設計（在志工簽到時，量測血壓），才逐漸改善。

2016年，李嘉富醫師以慈濟雙和環保教育站為基地，研究環保回收對健康促進的成效。他發現一周來環保站少於一次的低度參與組，平均年齡為七十三歲；而一周來三次以上的高度參與組，平均年齡則高達七十七歲。兩者皆已經超過臺灣平均「健康餘命」[50]七十二歲。研究團隊也將衛教、每日「健康操」帶進環保站，八個月後發現，每周至少參與二到三次以上的志工，不但改善認知功能、減少疼痛且血壓穩定，還能調節自律神經功能，更能顯著減輕憂鬱。

「原來，環保站就是最好的日照中心。」李嘉富說，在這裡，志工每天「運動」、「動腦」，還有良好的「人際互動」、蔬食共餐，這三項動力，正是延緩失智的妙法。

當時全世界都在仿傚芬蘭施行的多元化介入——透過營養、運動、認知促進，來延緩長者的失能、失智。「但是他們少了一個元

---

[50] 「健康餘命」是指身體健康、可以獨自生活的歲數，當時國人的平均壽命已達八十歲，健康餘命卻不到七十二歲，意味著人生最後八到十年，都是在臥床或失能狀態下度過。

素，就是志工的身心靈環保──利他、靜觀、感恩的元素。」慈濟環保站早在1990年12月便開始推廣運作了，以利他為出發，26年後，才發現竟也一步步累積了預防失智的資本。

透過篩檢 提早預防 延緩失智

李嘉富透過台北慈濟醫院的長者免費健檢及人醫會義診篩檢，篩出部分長者已有「輕微認知功能障礙」，但並不等於失智，而是介於失智與正常之間的淺灰色地帶。但是如果沒有盡早發現並預防，大約一年後，就會有10%～15%，退化為失智。

為了協助這些長者，李嘉富結合北區人醫會志工團隊、台北慈濟醫院社區醫學部，開始設計並推廣「環保心創生命力」培訓課程，培訓延緩失智據點的專業師資、指導員及協助員。

課程內容包括全方位的蔬食營養、強化肌力的運動、增強認知等，還有獨樹一幟的「正念引導」。透過「老歌新唱」、找來主角級的吳安琪老師將歌仔戲動作化繁為簡，帶著大家唱演「歌仔戲」，有唱、有演、有跳，更創作了「心創力之歌」，讓長者動腦學且歡喜演練。

不識字的老菩薩為了記熟歌詞，請家裡孩子幫忙以圖畫來表達歌詞，她拿起圖畫小抄，來練習歌仔戲，一旁隊友看了笑呵呵，直呼有創意。李嘉富醫師和妻子也參與排練來陪伴長輩們，他笑稱：「動作最不到位的，就是我。」

這套課程在2022年完成回覆試教及回訓。北區慈濟人醫會與台北慈院也啟動專車接駁，為新北市慈濟環保老菩薩免費健檢，發現有21%出現腦力退化傾向，13.8%有衰弱狀況，以及有5.1%需要營養

介入。團隊將需要協助的志工轉介到靜思堂據點，參與「環保心創生命力」課程，可喜的是，參與課程後，有80%到100%的老菩薩，衰弱程度大幅改善。

李嘉富在台北慈院失智服務中心這五年來，已經累計超過二千位長輩轉介到課程據點，研究發現，只要持續參加一年，認知功能改善便非常顯著。2023年，「環保心創生命力」系列課程也獲得衛福部國民健康署認證，並通過新北市衛生局的徵選專案。

台北慈院失智服務中心2023年再度榮獲SNQ品質標章認證，2024年獲新北市政府第一屆長照服務獎的「團體卓越獎」。獲獎時，李嘉富醫師感性說道，他曾有幸分享環保站是最好的日照中心，如今，更發現這些環保志工如常力行的智慧生活，正是預防失智的靈方妙藥。然而能獲獎並非一朝一夕，是團隊長年努力累積而來的。

2017年 平溪「瑞齡學堂」

每到周三，阿雀阿嬤（化名）總是很期待。前一晚，她的女兒便上山陪她，以便隔天一早帶她去上課，阿嬤總是第一個到，張望、等待著同學一一到來，臉上便有了微笑。然而不過一個多月前，她可是連吃飯都提不起勁、讓子女憂心不已呢。

那是2017年，李嘉富醫師在新北市平溪籌設的失智照顧據點「瑞齡學堂」，帶著長輩「**動動腦、動動身體、與人互動**」，是他為延緩失智開立的行動處方箋。為什麼跑到平溪開設失智據點呢？

臺灣約有八成五的失智者住在社區，且由家庭照顧，起初李嘉富原本想在新店或中和成立失智照顧據點，但投了計劃案才得知，

這兩區已經有其他醫院在執行了,衛生局的評審委員問他,「偏鄉沒人做,要不要去平溪?」

他一想,慈濟人醫會已經在平溪做了那麼多年,他也經常往返服務,於是便答應下來。委員好心提醒:「只是,**偏鄉據點是很困難經營的。**」一般「都會區」據點需十位長者才達標,偏鄉地區打八折,八位即可。

偏鄉失智照顧據點為什麼困難經營?這個難,在於長輩或家屬擔心,去了據點等同被標籤為「失智者」,內在的抗拒便排山倒海而來。李嘉富帶著團隊先拜訪平溪的里長、衛生所醫護,護理長向他推薦了幾位長輩,其中一位便是阿雀阿嬤。當時阿嬤因為暈倒,被送到衛生所,後來發現她變得悶悶不樂,經常吃不下、頭暈,記憶力也變差了。

在李醫師拜訪、說明後,阿雀阿嬤及她的女兒欣然同意讓阿嬤參與瑞齡學堂,是第一位應允的學員。

李嘉富邀請台北慈院身心醫學科的心理師、社工師、職能治療師來授課、服務,每周三,他開著公務車,載同仁前往平溪。讓委員驚歎的是,在平溪開課的第一天,人數就達標了,「**原來是慈濟啊!**」

排除萬難 接受失智服務據點

課程結合說唱、繪畫、遊戲、運動、衛教等元素,讓長者歡喜學、快樂動。團隊持續服務了半年,成效也讓衛生局刮目相看。就拿阿雀阿嬤來說,她從鬱鬱寡歡逐漸變得有說有笑,總等著周三要

上課，記憶也有明顯的進步。

課程結束後，李嘉富收到一封感謝信，來自阿雀阿嬤的女兒。那時，他才得知，原來女兒要帶媽媽到瑞齡學堂這個失智據點前，是經過家庭革命的，最初哥哥們曾質疑她：「媽媽好得很，媽媽哪有失智……妳才失智吧？」

遺憾的是，許多偏鄉長輩剛開始失智或已有「輕微認知功能障礙」時，遠方孝子女多半都是這種反應，這也讓家庭第一線的照顧者，承擔莫大的情緒與照護壓力。

一直到妹妹把團隊提供給家屬的課程影像傳給哥哥們看時，哥哥才發現，原來媽媽之前不是單純情緒不好、故意找麻煩，而是生病了。他們也驚喜看到媽媽在課程中的轉變與進步。

「許多人一開始都不會把失智當作一回事，就是因為不理解。然而從衝突不斷到實際就醫，一拖延，病症往往已邁入不可逆的輕中度階段。」李嘉富說，因此他與團隊也經常去演講或在義診時衛教宣導。

課程上著上著，阿雀嬤還主動問李嘉富醫師，「能不能捐錢給慈濟？」於是她成了慈濟人李嘉富在偏鄉的第一位慈濟會員。

新冠肺炎疫情時，阿雀阿嬤罹患了舌癌，因為病情惡化住進了加護病房，李嘉富醫師趁著假日前往加護病房探望她，「我喊了她的名字，『阿雀阿嬤、阿雀阿嬤……』她居然睜開眼睛，醒了過來，微笑了一下，又昏睡。」第二天，阿雀阿嬤便到天上去了。

她的女兒很內疚，因為媽媽生前曾告訴她，「不要給我插鼻胃管」，可是其他家人不捨反對：「如果不插，是要把她活活餓

死嗎？」最後還是插了。李醫師也去了阿嬤的告別式，送她最後一程。

平溪的「瑞齡學堂」大獲在地好評，衛生所主任也拜託李嘉富醫師，能否在菁桐也開個據點？

李嘉富情商人醫會老戰友呂芳川師兄，一起拜訪評估。「很感謝芳川師兄，當時二話不說，就帶著他的團隊跟我去見了菁桐區區長。」爾後台北慈院李醫師團隊協助課程規劃；呂芳川率隊協助「蔬食共餐」；也邀請以「動健康」為主軸的中和樂齡學堂的統籌者顏溎妗師姊協助帶領長輩運動。讓人感動的是，阿雀阿嬤的女兒也自願來當志工，協助建立菁桐據點。

可喜的是，次年，菁桐由在地的社區發展協會銜接起長照失智據點任務；平溪也由一粒麥子基金會來提案承接。台北慈院繼續回到「醫療專業」，協助醫療評估、診斷、後送，「**大家分工合作，我們才有辦法，有更多的精力去輔導『失智共照中心』據點的成立，並且協助偏鄉承擔醫療『綠色通關』。**」衛生所只要發現有疑似個案，就會派公務車送到台北慈濟醫院，一次送三位長輩到李嘉富的「記憶保養門診」，看診、做核磁共振、心理測驗等，一個上午完成後，再原車回返平溪。

衛福部在2020年曾推出「2020555」計畫，第一個目標是讓失智症患者在該年至少能有50%被確診；其次，50%的家屬知道該如何提供失智友善環境；第三，讓全區至少有5%的民眾得知失智友善的觀念。2025年，則盼進步到70%、70%、7%。

平溪大概是偏鄉第一個達成2020「555」指標的鄉鎮。「那年，我們團隊也拿到SNQ國家品質認證標章。」李嘉富深信背後有

著人醫會、慈濟志工長年累積的努力、信任與協作。

當時曾擔心有些臥床、行動不便的長輩,無法篩檢或診斷,因而成立「中重度失智關懷小組」,結合人醫會,每兩個月到山間往診時,也帶著心理師居家關懷、評估診斷。

「記得快樂」門診

失智狂潮襲來之際,李嘉富醫師認為,鼓勵長者盡早篩檢、發現,盡早預防治療,來「延緩」失智,是非常重要的。但是失智長輩到最後,過了一年、兩年、三年……終究要面對逐漸退化的生命法則。

「如果病人或家屬抱持著『一定會好』的想法,只會越來越無

▲ 2018 年,平溪瑞齡學堂的一位阿嬤(中)認真練習寫字,阿嬤說:「這樣才不會變傻。」她還與李嘉富(右二)、張治球醫師(左一)分享三十年前讀書時工整的筆記本,堪稱長者最佳學習典範。王賢煌/攝

力。」然而，要能與失智共處、或接受不斷失能退化的家人，就如同行走在無垠沙漠，有著無邊的苦與無邊的挑戰，沒有轉念，難以跨越。

失智的記憶喪失，一般先從「時間」混亂，再到「地點」遺忘，最後模糊消逝的是「人物」。隨著病程發展，長輩發現自己記性越來越差時，煩憂如影隨行，李嘉富又找來解方：「你會忘記，我也會忘記，既然都會忘記，那沒有關係，我們把不快樂的事情忘記，下次來門診時，分享一下這一個月或三個月來，你最快樂的事情。所以從今天開始，我的門診叫做『記得快樂』門診。」

長輩一聽，哈哈大笑，「對對對！」

「我要開保養的藥，你要拿一個月，還是開三個月，比較不用來回奔波？」

「無啦，開一個月就好了。」老人家回。一旁家屬連忙補充，「啊伊（他）就是要來看李醫師，要來跟你開港（說話）啦。」

看到醫師，病就好一半了，那是病人或家屬內在的依靠與支撐，因為有人懂得他的苦，陪他一起走這段漫長艱辛的道路。

一起預約幸福

失智或重病之前，我們還能做些什麼呢？

慈濟人醫會來到東北角的山邊往診，眼前的師父，小腿水腫、膚色一片暗沉，他腹瀉得厲害、心跳又快，師父說是因為吃西瓜吃的。人醫會的萬人傑醫師及志工師姊苦勸著他：「我們去醫院看看好嗎？」

然而，九十歲的法師婉謝，溫和堅定地表達，不願再前往醫院。

「法師對自己的靈性選擇很清楚。師姊（慈濟志工）因為多年探望，累積了愛的存款，可以一再勸他就醫，但是法師不願意。」藥師高鶯鶯說，萬人傑醫師理解法師的想法後，不再勉強，轉而請自家診所準備益生菌、藥品，讓師姊送上山給法師。

「有時醫療並不是真的能夠做什麼，或許緩解，或許膚慰，但我覺得『理解』更重要，萬醫師的理解讓我很感動，也讓我想到，我們一直在走在義診這條路上，不會疲憊，也許就是因為『時常被感動』。」見到法師的清明自覺，想保有自然、尊嚴，也讓高鶯鶯深刻感受到，如何選擇生命最後一哩路，是人生該提早準備的必修課。

這些年來，李嘉富醫師推動的「預約幸福門診」，正是協助民眾提前思考人生最後一哩路的醫療與照護。

不久前，一位來自平溪的阿嬤，因為失智來到李醫師的診間，叨叨念念請託著：「李醫師，有一天如果我怎麼樣了，拜託你，千萬不要給我插鼻胃管。」

「那妳有沒有跟兒子講？」陪阿嬤前來的媳婦直搖頭，因為兒子希望救到底。

臺灣有許多老人因為疾病陷入「反覆進出醫院」的折騰；病重時，即使不想再遭受急救的折磨，卻已經無法好好表達。

面對不願放棄、救到底的家屬或醫師，「預立醫療自主計畫（Advance Care Planning，簡稱ACP）」，是一項解方。李嘉富醫

279

師的「預約幸福門診」，就是透過ACP諮商，讓我們好好想一想，當生命末期到來時，我們希望自己怎麼被醫療照護？進一步預立醫療決定，就像送給自己生命最後一份愛的禮物。這份醫療自主計畫書，不論是「希望」或「不希望」被急救，都可以如實表達自己的意願，日後也能回顧、修改，保有相當的彈性。更重要的是，身旁家人也能協助其醫療抉擇，而不會陷入家屬意見分歧的紛爭或子女永恆的內疚。

人醫會有一位臺裔日籍醫師——田中旨夫（漢名：陳奎村），2023年1月以一○五歲高齡往生。他百歲時，依然神采奕奕上山下海去往診，鄉間老人家每每看到他現身，便備受鼓舞。然而，田中醫師更讓人敬佩的是，2020年，他拿著「預立醫療自主計畫書」、「大體捐贈書」來到李嘉富醫師的診間諮商並簽署。兩年多後，田中醫師在台北慈濟醫院安詳往生，許多醫護志工都去送他最後一程，他也如願奉獻大體供醫學生學習研究。

他生前以醫療專業愛灑四方；晚年豁達安排醫療抉擇、捐贈大體，活出高齡者最帥氣的姿態，他的開朗笑顏、身教典範，也將永遠迴盪在所有慈濟人心中。

38 青醫團：蓄勢待發的新希望

2023年夏天，臺東仁愛之家的牙科義診現場，牙科助理劉芷妡顯得有些緊張。即使她已參加過牙科助理培訓，也在人醫會的台北慈院特殊牙醫診療、各個機構牙科義診實習演練多次，但畢竟不是天天執業的牙助，壓力毫不留情的籠罩著她，她努力讓自己專注。

「（吸唾位置）再稍微靠左一點點⋯⋯對，很好！」「不要怕，要有自信，就是那個位置沒錯。」資深牙醫師曹明玉帶領著劉芷妡，不時鼓勵她，讓她越來越順手。四個小時的義診結束後，劉芷妡滿臉笑意，惶恐已蕩然無存，「曹醫師給我很大的信心，我的速度也變更快，做完所有病人，我是非常開心的！」她說，她又超越自己了。

劉芷妡是「慈濟青年醫療志工團」（簡稱「青醫團」）的成員，如今也成了該團牙科窗口之一，這個團體在2019年8月成軍，成員為大學生及社會青年，最初由潘信成、陳盈如、徐強等人籌畫，他們起初投入醫院志工行列，但很快地發現，大學生平常要上課，只有周末假日能服務，恰巧與醫院的看診時間錯開，加上疫情來襲，醫院進行人員管控，於是轉往義診服務。2020年，核心幹部陳盈如找了她的學姊——慈濟人醫會護理師郭淑宜協助牽起義診這條線。

郭淑宜聯繫人醫會志工洪秀梅，並在人醫會北三區護理師洪玉玲及隊長林俊傑的支持下，青醫團從三芝石門線跨出義診的第一步。所有團員必須經過「初階課程」培訓，才能參與義診。

郭淑宜還記得2023年3月第七次初階培訓課程，原本要招收40位成員，「但是電子海報才出去短短幾天，一個不留意，已經湧入86位報名者，我們趕緊關掉報名。」如此踴躍的報名，讓大家嚇到了。

那年2月土耳其強震，慈濟基金會號召志工整理打包捐贈物資，意外來了一群年輕人協助，3月青醫團舉辦的課程訊息也因此被大量轉發。「年輕人很有愛，只是沒有機會，只要給他舞臺，他們都很樂於付出。」郭淑宜笑說，招生爆滿這次，還有沒能報上名的人來找她關說。「最後很感謝慈濟基金會及資深志工潘有益師伯的支持與贊助，讓我們能順利展開80人的培訓課程。」

一整天的初階課程，上些什麼呢？邀來了北區人醫會副總召集人謝金龍主講「人醫仁醫」，謝醫師以豐富的義診影像，感性描繪了人醫精神；其他醫、護、社工、心理師，分別講述：感控與自我保護、緊急意外事故包紮、用藥安全、血糖血壓量測、實用穴位按摩、輔具使用、長照關懷、同理心溝通技巧等課程，這些講師全都義務來開講。

除了講師群熱情相挺，青醫團還有一群強大的靠山，一直以來默默支持著他們，「包括潘有益師伯、呂英鶯師姑、黃思維學長、北區人醫會成員，他們除了為課程出錢出力外，也不遺餘力的關懷、陪伴新進成員。」郭淑宜說，每次舉辦培訓課程時，新店、雙和及蘆洲地區的慈濟志工也來鼎力相助，提供美味的便當、點心、茶水，讓學員們身、心、腦都被餵得飽滿充實。

這群青醫團志工深知義診對象是長年獨居的阿公阿嬤，也勤練國臺語歌曲，盼駐點或往診時，能用來暖場、帶動氣氛，把歡樂帶

給偏鄉長輩。

跟隨義診 現場學功夫

2022年，青醫團核心幹部郭淑宜第一次接到北區牙科團隊邀約青醫團參與臺東義診時，她說，簡直像中樂透，開心到想歡呼，「真的太榮幸了！」

青醫團自2021年起，即在謝金龍、劉益志等醫師協助下，展開「進階課程：牙科助理培訓」，當時幾位重要幹部都參加了，包括郭淑宜，他們希望日後也成為陪伴青醫牙助的種子幹部。2022年，首次來到臺東牙科義診的郭淑宜，跟的是夏毅然醫師的診，她擔任護理師工作。

「跟夏醫師的診，你最好要會唱歌，因為他會『點歌』。他會說，接下來，我們讓郭淑宜護理師為我們唱一首〈小城故事〉……。哈，還好這首我會。」讓郭淑宜感動的是，來到這裡的醫護都很替病人著想，夏醫師是藉由歌聲來轉移病人注意力，幫助他們放鬆。夏毅然一邊彎著腰洗牙，一邊介紹：「我們是『五音不全合唱團』，接下來為您帶來這首……」

郭淑宜長年從事護理工作，更是帶領護生實習的老師，她深知臨床上要能讓病人感到心靈安適，是非常不容易的，人醫會卻做到了。她在牙醫義診一再看到歌聲、一雙雙輕撫病人的手、哄家人般的細語……讓病人放鬆、信任，治療結束時報以微笑，多麼難得的醫療現場。

到了2023年，青醫團不用等邀約，郭淑宜、劉芷妘、吳觀瑜、徐強等人，已自行搶先報名臺東義診了！她們自費自假參與義診，

住在嘉義大林的郭淑宜，清晨四點出發，開車繞了大半個臺灣來到臺東，依然精神奕奕。

這幾年來，青醫團不只去臺東，更跑遍了三芝、貢寮、雙溪、平溪……等各地義診。志工郭曖伊儘管臺語不輪轉，一句「阿嬤，妳吃什麼，怎麼看起來那麼年輕，一點都不像八十歲……」，便把老人家逗笑了。還有一位來自馬來西亞的志工黃馨樂，臺北醫學大學畢業後來到花蓮慈濟醫院擔任住院醫師。她更神奇，最初參與往診時，竟然沒有人發現她連一句臺語都聽不懂，因為她看著別人笑，就跟著笑。每次去義診她就學一句臺語，她學的第一句是：「阿嬤，阮幫汝量血壓。」她跟著中西醫、甚至資深藥師往診，學會了許多臨床上的實際運用，更學會那份體貼與用心。

參與義診的年輕人要在早上六點半集合，接著，搭上機動志工的車上山下海，他們看到了偏鄉長輩就醫的難處、醫病情的溫暖，也看到雖病卻豁達的長者，每次義診結束，他們也會寫下分享：

「（三芝義診）……有一小段時間，護理師姊姊不在，我試著學她關心一位奶奶，也試著用臺語跟她對話，雖然臺語有點破，但對方還是聽得懂。讓我意外的是，奶奶不知道自己有沒有高血糖或高血壓，因為她平時根本沒有去監測，更不用說去看醫師了……」

「那天清晨，我起了大早前往距家27公里的淡水，一進入共修處（集合地點）讓我有些緊張，因為所有的人都很忙碌，沒有人告訴我應該去哪裡、做什麼……，不過很快的，一位師姑看出了我的窘迫，帶領我到自己的隊伍，親切告訴我哪裡有早餐，還有位藥師告訴我要去放便當盒，讓初來乍到的我感受到滿滿的溫暖。……

義診過程中，師姑、師伯都很用心引導我跟爺爺奶奶溝通、幫

他們量血壓……看到他們很用心關懷病患，我也學著他們的模樣，慢慢的嘗試與爺爺奶奶交流。……還有一位快一百歲的奶奶，生龍活虎、記憶超群，所有的案家老人都很可愛，也希望他們能健健康康、壽比南山……」

「我們前往探望的阿公阿嬤身體都有許多病痛，但很多人心裡都有對生命的豁達寬廣。……印象深刻的是一位阿公，住在僅一張單人床的海砂屋中，雙腳皆因糖尿病而淺淺發黑，大拇趾也因為先前感染而遭切除。雖然如此，阿公仍然用清晰的嗓音訴說著他今天為義診付出的努力，早餐從四片吐司減少到三片，為了不要讓血糖太高，著實非常可愛吶。……這次，我們走進有苦的人家中，那些有苦的人同樣也走進我們的心中……」

有意思的是，這些年長的案家一看到年輕人，就像看到孫子孫女，心花頓開，臉上堆滿笑意。有些年輕人則想起自己的阿公阿嬤，多了份親切感。郭淑宜認為「他們存在本身就是力量，那種活力、熱情會感染整個團隊。就連我，跟這些年輕人在一起時，就覺得我又活過來了，哈哈。」然而，不過四十歲的郭淑宜，在人醫團隊也被歸類為年輕人啊。青醫團的成員年齡介於十八至三十五歲，從大一到上班族，有具備醫護背景、也有其他各行各業的人才。

青醫團只要有團員報名義診，一定會有核心幹部陪伴同行，郭淑宜、徐強、劉芷妧、陳景怡、陳盈如、王信睿、黃馨樂等，都是常陪著出巡打點的老將，這些老將都有一個共同的背景，打從學生時代就是「慈濟青年社」的成員，他們深知「陪伴」是讓小苗定植、深根且茁壯的不二法門。

對人醫會而言，兩個世代的交流與碰撞，也產生了美麗的火

花。年輕人跟資深人醫志工學習專業、學習聽懂案家真正的需求、學習尊重被服務者、學習膚慰；同時也逐漸開始提供他們在網路時代成長、對資訊熟能生巧的應用。

原先住在臺北，參與北區人醫會已十二年的郭淑宜，前幾年去了嘉義工作生活，但仍經常北上參與義診，通常她得在義診前一天就先到臺北住旅館，才趕得及一早的集合出發。問她為什麼願意如此舟車勞頓？「每次參加義診我都覺得自己是來充電的。」她提到，人醫會志同道合的夥伴是生命很大的支持，「義診現場，我們做的並不多，遇到老人家，就是給予關懷、醫療照護，做比較多的其實是噓寒問暖。讓我感動的是，我明明沒給什麼，但他們（案家）卻那麼感謝。」這些都讓她「轉向」，又有力量面對她的工作與日常。

是後輩，更是寶貝

近年來，郭淑宜與同伴們一起帶領青醫團成員參與義診，徐榮源、謝金龍、邱鴻基、張治球、林俊傑……等醫師志工，每每看到年輕人來，眼裡總藏不住晶亮與欣喜。

青醫團的成立與投入，如發光的種子，把這些資深人醫最擔心的「沒有年輕力量的參與」給稍稍破除了些，「青醫團隊很強，淑宜很用心帶，不愧是慈青學姊又是老師，而我們還是要傳承啊！」謝金龍說。四、五年前，他便開始建立牙科義診、牙科助理培訓的標準化流程與簡報檔案、親自上課培訓牙助講師。當青醫團找上謝金龍，希望舉辦牙助培訓課程時，一切順水推舟。傳承的火炬一旦點燃，光亮便漸漸傳遞、擴散了。緊接著，向來如拚命三郎般的牙科管線志工群組也跟謝醫師提出，他們也需要青年志工、也要辦培

訓。這三年來，牙助、管線課程紛紛開辦，一梯又一梯；辦的不只是課程，更是人醫會的傳承與希望。

許多前輩醫師們也用盡心思把二代「拐」進人醫會，但不那麼容易。年輕人有自己的想法，並且在「長出自我」時，似乎都有個共通點，就是或明或暗對父母說「不」；更關鍵的是，醫療體系的養成過程，年輕醫師總是非常忙碌，經常連睡覺時間都不夠。沒有關係啊，他們教別人的孩子，只要願意學，來到義診的後輩都是他們眼中的寶貝，總是傾囊相授。而自家孩子如果來了，那，就是賺到了！

「唉，我們這些老叩叩的想法，真的落伍了……」謝金龍醫師摸著頭、笑說著自己老了，「有青醫團真棒！」但這是他謙虛。1996年人醫會成立，這29年來，沒有如他、如前後期各區隊長、如數千位人醫會各職類志工長期且無私的奉獻，擦不亮「國際慈濟人醫會」這塊招牌，成就不了人醫的春天，他們是萬紫千紅的芬芳，是人醫的精神與標竿，更是這個時代的島嶼天光。

前輩引路，青醫團蓄勢待發，這超過四分之一世紀的醫愛關懷，還要繼續傳遞給鄉親，一分都不會少！

▲ 2023年.青醫團參與臺東特殊牙科義診，在臺東仁愛之家，慈濟援建的互愛樓前合影，左起蔡雅妽、劉芷妘、郭淑宜、吳觀瑜、徐強。洪玉玲／攝

靜思人文 JING SI CULTURE

悅讀健康系列HD3210

我們都是「醫」家人：
北區慈濟人醫會義診行記

作　　者／楊金燕
選　書　人／林小鈴
主　　編／陳玉春

協力主編／慈濟醫療法人 人文傳播室 曾慶方、楊金燕
校　　對／慈濟醫療法人 人文傳播室、慈濟人文出版社

行銷經理／王維君
業務經理／羅越華
總　編　輯／林小鈴
發　行　人／何飛鵬

出　　版／原水文化
　　　　　115臺北市南港區昆陽街16號4樓
　　　　　電話：（02）2500-7008　　傳真：（02）2502-7676
　　　　　網址：http://citeh2o.pixnet.net/blog　E-mail：H2O@cite.com.tw
　　　　　靜思人文志業股份有限公司
　　　　　台北市大安區忠孝東路三段217巷7弄19號1樓
　　　　　電話：(02)28989888　　傳真：(02)28989889
　　　　　網址：https://www.jingsi.org

發　　行／英屬蓋曼群島商家庭傳媒股份有限公司城邦分公司
　　　　　115台北市南港區昆陽街16號8樓
　　　　　書蟲客服服務專線：02-25007718；25007719
　　　　　24小時傳真專線：02-25001990；25001991
　　　　　服務時間：週一至週五9:30～12:00；13:30～17:00
　　　　　讀者服務信箱E-mail：service@readingclub.com.tw

劃撥帳號／19863813；戶名：書蟲股份有限公司
香港發行／香港九龍土瓜灣土瓜灣道86號順聯工業大廈6樓A室
　　　　　電話：852-25086231　傳真：852-25789337
　　　　　電郵：hkcite@biznetvigator.com
馬新發行／城邦（馬新）出版集團 Cite (M) Sdn Bhd 41, Jalan Radin Anum,
　　　　　Bandar Baru Sri Petaling, 57000 Kuala Lumpur, Malaysia.
　　　　　電話：(603)90563833　傳真：(603)90576622
　　　　　電郵：services@cite.my

城邦讀書花園 www.cite.com.tw

設　　計／鄭垚垚
插　　畫／盧宏烈
製版印刷／科憶資訊科技有限公司
初　　版／2025年4月17日
定　　價／480元
ISBN：978-626-7521-52-6（平裝）
ISBN：978-626-7521-53-3（EPUB）

有著作權・翻印必究（缺頁或破損請寄回更換）

國家圖書館出版品預行編目資料

我們都是「醫」家人：北區慈濟人醫會義診行記／
楊金燕著. -- 初版. -- 臺北市：原水文化出版：英屬
蓋曼群島商家庭傳媒股份有限公司城邦分公司發行,
2025.04
　面；　公分. --（悅讀健康系列；HD3210）
ISBN 978-626-7521-52-6（平裝）

1.CST: 志工 2.CST: 醫療服務

547.16　　　　　　　　　　　　　　　114002981